高等职业教育系列教材

信息检索与科技论文写作

主编 周 冰
参编 排立军
主审 张美英 董桂英

机械工业出版社

本书共 7 章，分为三个部分：第一部分（第 1 章）介绍信息检索基础知识；第二部分（第 2~6 章）介绍各种信息检索方法，包括网络、图书、期刊、报纸、特种文献、中文数据库资源等；第三部分（第 7 章）介绍科技论文写作方面的知识。

本书适合高职和中职院校在校学生学习，也可作为普通本科院校学生和从事信息情报工作的人员的参考用书。

为配合教学，本书配有电子课件，读者可以登录机械工业出版社教材服务网 www.CMPedu.com 免费注册后下载，或联系编辑索取（QQ：1239258369，电话（010）88379739）。

图书在版编目（CIP）数据

信息检索与科技论文写作 / 周冰主编. —北京：机械工业出版社，2015.9
（2024.1 重印）
高等职业教育系列教材
ISBN 978-7-111-51041-3

Ⅰ. ①信… Ⅱ. ①周… Ⅲ. ①情报检索－高等职业教育－教材②科学技术－论文－写作－高等职业教育－教材 Ⅳ. ①G252.7②H152.3

中国版本图书馆 CIP 数据核字（2015）第 177758 号

机械工业出版社（北京市百万庄大街 22 号　邮政编码 100037）
责任编辑：刘闻雨　　责任校对：张艳霞
责任印制：单爱军
北京虎彩文化传播有限公司印刷
2024 年 1 月第 1 版·第 7 次印刷
184mm×260mm·16 印张·395 千字
标准书号：ISBN 978-7-111-51041-3
定价：49.00 元

电话服务　　　　　　　　　网络服务
客服电话：010-88361066　　机　工　官　网：www.cmpbook.com
　　　　　010-88379833　　机　工　官　博：weibo.com/cmp1952
　　　　　010-68326294　　金　书　网：www.golden-book.com
封底无防伪标均为盗版　　　机工教育服务网：www.cmpedu.com

前　言

当今社会信息量的剧增已成为不争的事实。信息作为一种资源，已与材料、能源并列成为社会科技发展的三大支柱。信息检索也成为人们日常工作和生活中不可或缺的一部分。虽然现在的信息检索工具越来越人性化，简单易操作，但是要在这浩如烟海的信息中检索到有具体需求的信息，还应该掌握一定的信息检索的技巧。有效存储和获取信息资源是人们在日常工作、学习中所必须掌握的基本技能。

学习信息检索技术，提高信息素养，是职业教育的重要组成部分，掌握信息检索技术会为培养在校生成为创新型、复合型人才助一臂之力。

本书在编写过程中，遵循理论与实践相结合的原则，以实用性为主导。从信息的分类入手，对各类信息的检索方法、信息检索工具的使用及特征加以阐述。对具有代表性的数据库进行了较为详细的介绍，并在各个章节中配有大量的检索图示，以增强该书的实用性。在每章后面编有"知识链接"部分，以拓展读者的知识面。同时所有章节后还附有习题，以方便学生掌握知识重点、难点和教师教学使用。

本书共分三个部分，第一部分为信息检索基础知识（第 1 章），第二部分（第 2~6 章）为各类信息的检索方法，第三部分为科技论文写作（第 7 章）。其中，第 1~4 章由周冰编写；第 5~7 章由排立军编写。张美英、董桂英两位教授担任了本书的主审。

本书在编撰过程中，参考、引用了大量专家、学者的科研成果，在此表示由衷的敬意！

由于编者水平有限，书中疏漏不妥之处在所难免，敬请读者批评指正。

编　者

目 录

前言

第1章 信息检索基础知识 ... 1
  1.1 文献与信息 ... 1
    1.1.1 文献概述 ... 1
    1.1.2 信息概述 ... 3
    1.1.3 文献与信息的关系 ... 4
  1.2 文献信息类型 ... 4
  1.3 文献信息检索基本原理 ... 7
    1.3.1 文献信息检索概述 ... 7
    1.3.2 检索工具 ... 8
    1.3.3 检索语言 ... 10
    1.3.4 检索途径 ... 14
    1.3.5 检索方法 ... 14
    1.3.6 检索步骤 ... 15
  知识链接 ... 16
  习题 ... 19

第2章 网络信息检索 ... 21
  2.1 网络信息资源检索基础知识 ... 21
    2.1.1 网络信息资源 ... 21
    2.1.2 网络信息检索技术 ... 23
  2.2 网络搜索引擎 ... 27
    2.2.1 搜索引擎 ... 27
    2.2.2 搜索引擎类型 ... 27
    2.2.3 常用中文搜索引擎的使用方法与技巧 ... 28
  知识链接 ... 41
  习题 ... 43

第3章 图书信息检索 ... 44
  3.1 中文工具书信息检索 ... 44
  3.2 馆藏图书信息检索 ... 47
    3.2.1 手工卡片式检索图书信息系统 ... 48
    3.2.2 计算机检索图书信息系统 ... 48
  3.3 电子图书 ... 50

	3.3.1 超星数字图书馆	51
	3.3.2 书生之家	57
	3.3.3 方正 Apabi 数字图书馆	61
3.4	网上书店	65
	3.4.1 当当网网上书店	65
	3.4.2 亚马逊网上书店	66
	3.4.3 爱读爱看网上书店	67
知识链接		68
习题		68

第4章 报刊信息检索

4.1	全国报刊索引	70
	4.1.1 全国报刊索引沿革	70
	4.1.2 收录内容	70
	4.1.3 全国报刊索引数据库	70
4.2	期刊数据库信息检索	72
	4.2.1 维普资讯网	73
	4.2.2 万方数据资源系统	84
	4.2.3 中国知网	88
知识链接		94
习题		96

第5章 特种文献检索

5.1	科技报告及其检索	97
	5.1.1 科技报告的特点	97
	5.1.2 科技报告的类型	97
	5.1.3 印刷型美国四大科技报告	98
	5.1.4 美国政府科技报告的检索工具	99
	5.1.5 科技报告的国内外检索工具	103
	5.1.6 科技报告的馆藏信息	106
5.2	科技会议文献及其检索	107
	5.2.1 会议文献概述	107
	5.2.2 印刷型会议文献的检索工具	107
	5.2.3 会议论文和会议录的检索工具	108
	5.2.4 ISTP 光盘数据库的使用方法	109
	5.2.5 会议文献的馆藏信息	110
	5.2.6 会议文献的网络检索	110
5.3	知识产权和专利检索	113

    5.3.1 知识产权和专利基础知识 ········· 113
    5.3.2 专利文献及其检索 ············· 114
    5.3.3 中国专利及其文献的检索 ········· 123
  5.4 标准文献及其检索 ················· 129
    5.4.1 标准文献的定义和作用 ·········· 129
    5.4.2 标准文献的种类和特点 ·········· 129
    5.4.3 中国标准文献及其检索 ·········· 130
    5.4.4 国际标准及其检索 ············· 134
  5.5 国内外学位论文及其检索 ·············· 138
    5.5.1 学位论文概述 ··············· 138
    5.5.2 国内学位论文的检索 ············ 139
    5.5.3 国外学位论文的检索 ············ 141
    5.5.4 学位论文原文的获取 ············ 142
  知识链接 ··························· 142
  习题 ····························· 145

第6章　中文数据库检索 ·················· 147
  6.1 数据库的基本知识 ················· 147
  6.2 数据库的检索方法 ················· 150
  6.3 数据库检索的一般步骤 ··············· 151
  6.4 数据库检索的技巧 ················· 152
  6.5 典型数据库介绍 ··················· 153
  知识链接 ··························· 174
  习题 ····························· 177

第7章　科技论文写作 ··················· 179
  7.1 科技论文概述 ···················· 179
    7.1.1 科技论文的概念 ·············· 179
    7.1.2 科技论文的分类 ·············· 180
    7.1.3 科技论文写作与发表的意义 ········ 181
    7.1.4 科技论文的特点和写作要求 ········ 182
    7.1.5 科技论文规范表达的概念与作用 ····· 184
  7.2 科技论文的撰写格式 ················ 185
    7.2.1 题名 ··················· 188
    7.2.2 署名 ··················· 190
    7.2.3 摘要 ··················· 191
    7.2.4 关键词 ·················· 193
    7.2.5 分类号和文献标识码 ············ 194

- 7.2.6 引言 ... 195
- 7.2.7 正文 ... 196
- 7.2.8 结论和建议 ... 201
- 7.2.9 致谢 ... 202
- 7.2.10 参考文献 ... 202
- 7.2.11 附录 ... 205
- 7.2.12 注释 ... 206
- 7.3 常见科技论文写作要求和特点 ... 211
  - 7.3.1 科技报告类文体 ... 211
  - 7.3.2 学位论文的写作 ... 216
  - 7.3.3 技师论文写作 ... 237
  - 7.3.4 毕业实习报告写作 ... 239
- 知识链接 ... 243
- 习题 ... 246

参考文献 ... 248

第1章 信息检索基础知识

1.1 文献与信息

1.1.1 文献概述

1. 文献的定义

"文献"一词最早见于《论语·八佾》，南宋朱熹《四书章句集注》认为"文，典籍也；献，贤也"。所以这时候的文献中"文"指的是典籍文章，"献"指的是古代先贤的见闻、言论以及他们所熟悉的各种礼仪和自己的经历。随着社会的发展，"文献"的概念已发生了巨大变化，关于文献的定义多种多样。在《辞海》（1999年版）中"文献"解释为：原指典籍与宿贤，后来专指具有历史价值的图书文物资料，如科技文献、历史文献等。在国际标准化组织《文献情报术语国际标准》（ISO/DIS5217）中将"文献"解释为："在存储、检索、利用或传递记录信息的过程中，可作为一个单元处理的，在载体内、载体上或依附载体而存储有信息或数据的载体。"在《中华人民共和国国家标准·文献著录 第1部分：总则》（GB 3792.1—2009）中定义为："文献是记录有知识的一切载体"。在这一定义中，有两个关键词："知识"是文献的核心内容，"载体"是知识赖以保存的物质外壳，即可供记录知识的某些人工固态附着物。

从以上对文献的解释来看，它们的基本含义是相同的，都强调了文献的三个基本属性，即文献的知识性、记录性和物质性。从而不难看出，文献的范围非常广泛。不仅古代的甲骨文、碑刻、竹简、帛书是文献；图书、报纸、期刊是文献，现今的机读资料、缩微制品、电子出版物等也是文献。因此可以这样来给"文献"定义：文献是用特定符号记录知识的一切载体的总称。特定符号包括文字、图形、符号、音频、视频等。

2. 文献的功能

文献在科学和社会发展中起着非常重要的作用，是人类知识宝库的组成部分，是人类的共同财富。文献的功能主要表现在以下几个方面。

1）存储知识的功能。自古以来，人类认识世界、改造世界所取得的各种知识，主要依靠文献来存储。虽然文献不能把人类知识的全部内容存储下来，但它能够记录保存人类知识的精华。因此，文献一直是人类了解过去、认识现在和预测未来的重要工具。正因为如此，文献早已成为存储人类知识的最重要的形式。

2）传递和交流信息的功能。文献能记录人类精神文明、物质文明的历史和现状，是传递人类社会知识的最佳工具。

3）保存文化遗产的功能。在漫长的历史长河中，人类积累了大量的文化知识，这是人类的宝贵财富。随着社会的发展，科学的进步，这笔财富与日俱增。怎样保存它，虽然不能全部借助文献，但是长期的实践证明历史上许多珍贵的文化遗产，大多数是依赖文献才保存流传至今的。因此，文献具有保存文化遗产的功能。

3. 文献的等级

按文献加工层次的不同，人们习惯将文献分为一次文献、二次文献、三次文献。

(1) 一次文献

一次文献又称为原始文献，是以著者本人的研究工作或研究成果为依据而撰写创作的论著、论文、技术说明书等。一次文献的判断不是根据它的载体及存在的形式或出版方式，而是根据它的内容性质，只要是作者根据自己的科研成果而发表的原始创作，都属于一次文献。一次文献是获取原始文献信息的主要来源。

一次文献不仅具有创造性的特点，而且还具有原始性和分散性。

一次文献的创造性是指作者根据工作和科研中的成果而撰写的具有创造性劳动的结晶。它包含着新观点、新发明、新技术、新成果，具有直接参考、借鉴和使用价值。

一次文献的原始性是指它是作者的原始创作和首次发表。因此，它既有可靠性的一面，又有不成熟和特定性的一面。

一次文献的分散性是指它是根据作者的成果个别形成的，因此，在内容上不够系统、比较零散；在形式上有研究报告、论文等多种形式。

(2) 二次文献

二次文献是人们将大量的、分散的、无序的一次文献收集起来，按照一定的方法进行加工、整理，使之系统化以便查找而形成的文献。它是在一次文献的基础上加工后产生的产品，是检索文献时所利用的主要工具。二次文献并不是新的信息。二次文献的主要类型有题录、目录、文摘、索引等。

二次文献具有汇集性、检索性和系统性的特点。

二次文献的汇集性是指它是在大量分散性的基础上加工整理而形成的。它汇集了某个特定范围的文献。因此，它能比较完整地反映出某个情报信息部门、某个学科、某个专题等的文献情况。

二次文献的检索性是指它所汇集的不是一次文献本身，而是某个特定范围的一次文献的线索。它的重要性在于给人们提供了一次文献信息的线索。因此，它是打开一次文献信息宝库的金钥匙，从而大大减少了人们查找一次文献信息所花费的时间。

二次文献的系统性是指它能将无序的一次文献，按特定范围加工、整理而形成有序的、系统的文献信息，以便人们使用。

(3) 三次文献

三次文献是对现有成果加以评论、综述并预测其发展趋势的文献。通常是围绕某个专题，利用二次文献检索收集的大量相关文献，对文献内容进行深度加工、编写而形成的，具有较高的使用价值。属于这类文献的有综述、评论、评述、进展、动态等。

三次文献不仅具有综合性的特点，而且还具有价值性和针对性。

三次文献的综合性是指它是在大量有关文献的基础上，经过综合、分析、研究而形成的。也就是说将大量分散的有关特定课题的文献、事实和数据进行综合、分析、评价、筛选后，以简练的文章扼要地叙述出来，其内容十分概括。

三次文献的价值性是指它是对大量的有关课题的文献中所包含的知识、素材、事实和数据进行综合、分析、研究后编写出来的。它可以直接提供使用、参考、借鉴，有很高的实际使用价值。

三次文献的针对性是指它大多都是为特定的目的而编写的。在通常情况下，它是信息情报部门受用户委托而从事信息研究的成果。

总之，从一次文献、二次文献到三次文献，它是一个由分散到集中，由无序到有序，由博而略地对知识信息进行不同层次的加工过程。它们所包含的信息的质和量是不同的，对于改善人们的知识结构所起到的作用也是不同的。一次文献是最基本的信息源，是文献信息检索和利用的主要对象；二次文献是一次文献的集中提炼和有序化，它是文献信息检索的工具；三次文献是把分散的一次文献、二次文献，按照主题或者知识的门类进行综合分析加工而成的成果，是高度浓缩的文献信息，它既是文献信息检索和利用的对象，又可作为检索文献信息的工具。

1.1.2 信息概述

1. 信息的概念

"信息"一词有着很悠久的历史，早在两千多年前的西汉，即有"信"的出现。"信"常可作消息来理解。作为日常用语，"信息"通常是指"音讯、消息"，但至今对于信息，还没有一个公认的定义。

在信息论中"信息"是一个术语，常常把消息中有意义的内容称为信息。控制论的创始人维纳曾说："信息是人们在适应外部世界并且使这种反应作用于外部世界的过程中同外部世界进行交流的内容和名称。"信息论的创始人香农从研究通信理论出发，认为信息是关于环境事实的可通信的知识。信息通过各种形式，包括数据（字母、符号和数字）、代码、图形、报表、指令等反映出来。

国内学界有对信息的定义是：信息是系统的组成部分，是物质和能量的形态、结构、属性、和含义的表征，是人类认识客观世界的纽带。如物质表现为具有一定质量、体积、形状、颜色、温度、强度等性能。这些物质的属性都是以信息的形式表达的。我们通过信息认识物质、认识能量、认识系统、认识周围世界。

广义地说，信息就是消息。一切的存在都有信息。对人类而言，人的五官生来就是为了感受信息的，它们是信息的接收器，它们所感受到的一切，都是信息。然而，大量的信息是我们的五官不能直接感受的，因此人类正通过各种手段，发明各种仪器来感知它们、发现它们。

人类今天已进入一个信息化时代，信息的传播极大地改变着人们的生活面貌，人类社会的发展令人眩目。人们一般所说的信息多是指信息的交流。此外，信息还可以被储存和使用。所读过的书，所听到的音乐，所看到的事物，所想到或者做过的事情，这些都是信息。

近年得到普遍认可的"信息"定义是这样的：信息是人们认识世界，改造世界，取之不尽，用之不竭的宝贵资源。信息是组成信息资源的原料，人是信息资源的生产者和利用者。信息只有经过人类开发与组织，并有序化，才能成为供人类使用的信息资源。

2. 信息资源的类型

根据不同的标准和视角，信息资源可以划分出不同的类型。为了便于掌握和利用，将信息资源分为文献信息资源、口头信息资源、实物信息资源三大类型。

1）文献信息资源。文献信息资源可分为原始文献资源、纸质文献资源和电子文献资源。原始文献资源主要是手工刻写型文献，以龟甲（甲骨文）、青铜器（铭文）、石片、竹帛等为代表；纸质文献资源包括印刷型文献和书写型文献；电子文献资源包括数据型文献、音像型文献、多媒体文献和网络型文献。

2）口头信息资源。口头信息资源是人类以口头方式传递的信息资源，如交谈、讲演、讨论等。口头信息资源具有选择性、针对性强的特点，另外还有获取速度快的特点。但是，由于直接获取口头信息的机会有限，因此它容易失真、丢失，不便于检验和控制其质量。

3）实物信息资源。实物信息资源是以实物形式呈现的信息资源，常以姿态、情感、样品、模型等实物进行交流和展示，如舞蹈、杂技、体育比赛、文物、雕塑、产品样本等。实物信息资源具有真实、直观、易检验、易仿制的特点。利用实物信息资源时，需要对其进行认真分析、研究和开发。

1.1.3 文献与信息的关系

文献与信息两者之间既有共同点又有些区别，在一定条件下二者可以相互转化。它们的关系可归结为：文献是记录有知识信息的物质载体，是传播信息、知识、情报的重要手段；信息是文献更系统化的表现形式。信息资源是我们利用和开发的重要资源，文献是重要的信息资源。我们进行信息检索的目的，就在于查找、获取和利用文献内容中有用的信息资源。

1.2 文献信息类型

在我们的学习、工作、科研和生活中都离不开文献信息，不同人员对文献信息的需求是不同的，掌握文献信息类型的划分标准，对于有针对性地查找文献信息是十分有帮助的。

关于文献信息类型的划分有多种标准，如出版形式、载体形式等。在这里着重介绍以出版形式为划分标准的文献信息类型。

1. 图书

图书又称为书籍。联合国教科文组织对图书的定义是：凡由出版社（商）出版的不包括封面和封底在内 49 页以上的印刷品，具有特定的书名和著者名，编有国际标准书号（ISBN），有定价并取得版权保护的出版物称为图书。按其篇幅和出版形式的不同，可分为小册子、单卷书、多卷书、丛书等。

图书记录的是对已有的科研成果与知识的系统的、全面的概括和论述，并经过著者认真的核对、鉴别、筛选、提炼和融会贯通而成。图书是以印刷方式单本发行的，从内容上看具有成熟可靠、资料系统、理论性强的特点；从形式上看具有比较完整定型的装帧；从时间上，由于编写时间、出版周期较长，因此所反映的文献信息的新颖性相对较差。

对要获取某一专题较全面的、系统的知识，或对于不熟悉的问题要获得基本了解的人员，参阅图书是行之有效的方法。

2. 期刊

期刊又称为连续出版物，是指有固定名称，汇集多位著者论文，定期或不定期连续出版的文献载体。期刊又分为不同的类型，有学术型、快报型、资料型、休闲型等。

期刊具有出版周期短、内容新颖、报道速度快、信息含量大等特点。学术型期刊还能及时反映国内外科技最新成果和新动向，是人们进行科学研究、交流学术思想经常利用的文献信息资源。

对于休闲型的期刊，通常称之为杂志，它们之间存在着一定的区别，这要从它们刊载文章的内容加以区分。杂志登载的文章比较通俗，娱乐新闻等方面的内容较多；期刊则报道科技最新成果和专业学科研究的最新动向。

3．专利文献

专利文献是指各个国家专利局出版发行的专利公告和专利说明书，以及有关部门出版的专利文献，记载着发明的详细内容和受法律保护的技术范围的法律文件。包含已经申请或被确认为发现、发明、实用新型和工业品外观设计的研究、设计开发和实验成果的有关资料，以及保护发明人、专利所有人及工业品外观设计和实用新型注册证书持有人权利的有关资料的已出版或未出版的文件。

专利文献是一种标准化的连续出版物，它的出版数量庞大，报道速度快，学科领域广阔，具有新颖性、实用性、独创性和可靠性等特点。

4．科学报告

科学报告又称为研究报告和技术报告，是指国家有关部门或科研生产单位关于某项研究项目或活动的正式报告或记录，大多是研究、设计单位或个人以书面形式向提供经费和资助的部门或组织汇报其研究、设计和开发项目的成果或进行情况的报告。

由于研究报告是科研项目研究和实验过程的如实记录，其内容比较专深具体，完整可靠；还由于研究报告的内容具有一定的保密性和专门性，一般采用出版单行本独立成册，在一定的范围内流通。

5．学位论文

学位论文是指高等院校和研究机构的本科生、研究生为申请学士、硕士、博士学位资格而撰写的学术性较强的研究论文。

学位论文是一种原始研究的成果，其理论性、系统性较强，内容专一，阐述详尽，具有一定的独创性，是一种重要的参考信息源。学位论文是非卖品，除有极少数以期刊论文的形式发表外，一般不出版，目前国内已有万方数据公司的学位论文数据库、清华同方的中国优秀博硕士学位论文全文数据库等可提供学位论文查询。

6．会议文献

会议文献是指各种科学技术会议上所发表的论文、报告稿、演讲稿等与会议有关的文献。

会议文献一般以论文集的形式出版或发表。有很多学会的会议论文逐年连续出版，出版时间较快，涉及特定的专业主题，所刊载的论文反映了具有代表性的各种观点，学术水平较高。会议论文已形成了类似于期刊的连续出版物，但与期刊相比在内容上还欠成熟。

会议文献具有论题集中、内容新颖、专业性强、学术水平高、富有一定的创造性等特点，是了解科技水平方向的重要途径和获取科技情报的重要信息源。

7．标准文献

标准文献是指标准化工作的文件，是技术标准、技术规格和技术规则等文献的总称。标准化工作的文件是指按照规定程序编制并经过权威机构批准的，对工农业新产品、工程建设、对外贸易和文化教育等领域的质量、规格、参数及检验方法所做的规定性文件。标准不仅是从事生产、建设工作的一个共同的依据，而且也是国际贸易合作、商品质量检验及管理的依据。

由于一个国家的标准文献反映着该国的生产工艺水平和技术经济政策，而国际现行标准则代表了当前世界水平。国际标准和工业先进国家的标准常常是科技生产活动的重要依据和情报来源。

标准文献具有计划性、协调性的特点，同时作为一种规章性文献，标准文献还有一定的法律约束性。它可以促使产品规格化、系列化、产品质量标准化，对提高生产水平、产品质量、合理利用资源、节约原材料、推广应用研究成果、促进科技发展等有着非常重要的作用。

8．科技档案

科技档案是指单位在技术活动中所形成的技术文件、图纸、原始技术记录等资料，包括任务书、协议书、技术指标、审批文件、研究计划、方案、大纲、技术措施、调研材料、技术合同等，是生产建设和科研活动中的重要文献。

科技档案具有保密性和内部使用的特点，一般不公开，有些有密级限制，因此在参考文献和检索工具中极少引用。

9．产品技术资料

产品技术资料是对定型产品的性能、构造、原理、用途、使用方法和操作规程、产品规格等所做的具体说明。包括产品目录、产品样本、产品说明书等。

产品技术资料图文并茂，形象直观，出版发行迅速、更新速度快。产品技术资料可以反映国内外同类产品的技术发展过程、当前的技术水平和发展动向，技术上比较新颖，参数也比价可靠，具有一定的技术价值，是新产品开发、设计、订货等方面不可缺少的信息源。

10．政府出版物

政府出版物是指各国政府部门及其设立的专门机构发表、出版的文件，有行政性、政策性文件，科研报告和科技成果公布等。

政府出版物的特点是内容可靠，与其他信息源有一定的重复。借助于政府出版物，可以了解某一国的科技政策、经济政策等，而且对于了解其科技活动、科研成果等有一定的参考作用。互联网上经常有免费的、非常有价值的信息，包括学术资源。

11．报纸

报纸是指有固定名称，以刊载各类最新消息为主的、出版周期较短的定期连续出版物。报纸通常每天或每周发行，它收集了时事和新闻的各种文章。

报纸的特点是内容新颖、报道速度快，时效性非常强、出版发行量大、影响面宽。阅读报纸是了解时事与新闻、收集最新科技信息的有效途径。但报道内容不具体、不系统。

12．声像资料

声像资料是指以感光材料为载体，采用光学感光或磁转换技术记录声音和图像的文献信息源。

声像资料是一种非文字形式的文献，包括录像资料和录音资料。常见的有各种视听资料如唱片、录音带、电影胶片、激光声视盘、幻灯片等。主要特点是速度快，能给人以直观的感觉，在帮助人们观察科技现象、学习各种语言、传播科技知识信息等方面有独特的作用。

13．电子出版物

电子出版物是指以数字代码方式将图、文、声、像等有知识性、思想性内容的信息，存储在固定物理状态的磁、光、电等介质上，通过电子阅读、显示、播放设备读取使用的大众传播媒体。常见的介质有磁带、磁盘和光盘。

电子出版物与传统纸质出版物相比具有不同的特性：信息量大、可靠性高、承载信息丰富，具有较强的交互性，制作和阅读过程需要相应软件的支持。同时还有设备昂贵、使用费用高的缺点。

14. 互联网出版物

互联网出版物是指互联网信息服务提供者将自己或他人创作的作品经过选择和编辑加工，登载在互联网上或者通过互联网发送到用户端，供公众浏览、阅读、使用或者下载的在线传播的产品。

互联网出版物包括图书、报纸、杂志、音像、电子、学术、文学、教育、地图、游戏等多种内容形式。

互联网出版物具有检索功能强、检索途径多、检索速度快等特点。用户可以通过网络从任一节点开始，检索、阅读到各种数据库、杂志、电子版工具书、专利信息等有关信息。可以方便地存取、检索和下载，而且不受时间和空间的限制。

1.3 文献信息检索基本原理

1.3.1 文献信息检索概述

文献信息检索是信息检索和文献检索两个概念的统一。

信息检索是依据一定的方法，从已组织好的有关大量信息集合中，查找出特定的相关信息的过程。

文献检索是依据一定的方法，从已组织好的大量有关文献集合中，查找特定的相关文献的过程。在这个过程中检索的结果可能是原始文献，也可能是获取原始文献的线索。如果获得的是查找文献的线索，则需要通过所得到的线索来获取原始文献。

随着全文检索系统和超文本检索系统的出现，人们已经有了从全文系统或超大文本系统中，查找出文献原文的检索过程归入文献检索范畴的倾向。甚至，还有人认为文献检索与信息检索是完全相同的，因为两者的目的都是为了获取信息，两者的对象都是文献，因此可将两者统一起来称之为文献信息检索。我们可以把文献信息检索定义为：依据一定的方法，从已经组织好的文献信息中，查出所需要的特定文献信息的过程。文献信息是指关于文献的信息和文献记录着的信息。

文献信息检索包括文献信息的存储和文献信息的检索两个过程。其中文献信息的存储是为了检索，而文献信息的检索又必须先进行存储，存储和检索之间是相互依存的关系。

文献信息检索的基本原理，就是为了文献信息的充分交流和有效利用，为了文献信息用户能在文献信息的海洋中准确、及时、全面地获取特定的文献信息，通过对大量的、分散的、无序的文献信息进行搜集、加工、组织、存储，建成各种各样的检索系统，如检索工具、计算机检索的各类数据库等。在统一存储过程和检索过程中所用检索语言和名称规范的基础上，将用户表达检索课题的标识与检索系统中表达文献信息内容和形式特征的标识进行相符性比较，凡是双方标识一致的，就将具有这些标识的文献信息按要求从检索系统中输出。

简单地说，文献信息检索就是用户利用书目、索引、文摘等检索工具或检索系统，从浩如烟海的文献信息中查询出与课题有关的文献和排除无关文献的过程。如对某项研究课题有哪些可供参考的文献；某一学科领域研究动态与进展情况如何；某一人物对某一问题有何观点和论述；某一成语典故、某一诗句出自何处；某一学科专业与人才的发展及就业前景如何等，都需要对相关文献信息的检索与利用，以找出解决问题的方法和答案。

文献信息检索的最终目的就是获得个人所需要的有用信息。

1.3.2 检索工具

文献信息的检索工具是指人们用来存储、查找和报道文献信息的工具。它是在不同学科范围内对某一阶段出版的有关文献进行收集、整理、报道并提供检索途径的二次文献。它便于用户从不同的角度，比较快捷地查找到大量有用的文献信息线索。

检索工具类型依据不同的划分标准或方法，可以得到不同的结果。在此着重介绍的类型有以下几种：目录、题录、文摘、索引及搜索引擎。

1. 目录

目录主要是记录具体出版或收藏单位情况的工具。它是以一个完整的出版或收藏单位为著录单元，一般著录文献的名称、著者、文献出处等内容，它主要揭示和报道文献的外部特征，而不涉及书中的具体内容。目录的种类有很多，如国家目录、联合目录、馆藏目录等。

国家目录是出版物的国家等级制度的产物，是有关一个国家全部出版物的现状和历史的记录。国家目录为用户提供某个国家最权威、最全面的图书出版情况，通常它可以反映一个国家的文化、科学和出版水平，是进行图书采购、整理、利用及开展信息查询和咨询服务的重要工具。我国的国家目录有《全国总书目》《全国新书目》。

联合目录是汇总若干个图书馆或其他收藏单位所藏文献而编制的目录。它反映了书刊在全国或某些地区若干图书馆或收藏单位的收藏情况。便于开展馆际互借和复制，有利于实现文献信息资源共享。

馆藏目录是用来反映一个图书馆文献收藏状况的目录。它代表了收藏单位实用的文献，是馆藏文献的缩影。馆藏目录是图书馆收藏情况的真实记录，是读者到图书馆查找和借阅图书的重要工具。在开展检索服务过程中，最后往往要归结到提供原文这一步，馆藏目录就是查找原文和获取原文的必备工具。因此馆藏目录大部分是向读者开放的，读者可通过馆藏目录查找到该馆所收藏的文献信息。为了便于读者查询，图书馆根据不同的检索点，编制了不同的馆藏目录，如书名目录、分类目录、著者目录和主题目录等。

2. 题录

题录是以单篇文献作为基本著录单位，揭示文献外表特征的检索工具。对于著录对象题录只著录文献的篇名、著者、文献出处等外部特征，无须撰写内容摘要。因此题录具有加工容易、报道量大、出版周期短等特点，是查找最新文献信息的重要检索工具。

题录与目录虽然在形式上有所雷同，但它们有着本质的区别。主要区别在于著录的对象不同。目录著录的对象是单位出版物，题录著录的对象是单篇文献；题录在报道文献、揭示文献内容方面的程度要比目录深入一些，另外，题录收录文献信息范围较广，著录相对简单。

3. 文摘

文摘是以单篇文献为著录单位，揭示文献外部特征和内部特征的检索工具，是在索引的基础上发展而来的。它用简明扼要的文字摘录文献的主要内容和原始数据，向读者报道最新的研究成果，传递文献信息和查找文献线索。文摘是原文内容的浓缩，通常不包括对原文的补充、解释或评论，基本上能反映原文的技术内容，信息量大，参考价值高。读者通过阅读，一般可以代替查看原文。

文摘性检索工具的作用主要表现在如下方面：通报最新的科学文献；吸引读者阅读原文；节省阅读时间，避免阅读那些无关紧要的原文；便于读者进行回溯性检索。

一种结构完善的文摘性检索工具一般由编辑说明与凡例、文献分类表和主题词、文摘部分、辅助索引和资料来源目录、附录五个部分组成。

4. 索引

索引是根据需要将文献中具有重要检索意义的知识单元摘录出来，并标明出处，按照一定顺序排列，为读者提供文献线索的一种检索工具。这些知识单元可以是书名、刊名、篇名、主题、人名、地名、名称术语，也可以是分子式、结构式、各种号码（合同号、专利号、标准号、报告号、分类号）、各种缩写字等。

索引是一种附属性的检索工具，主要起检索作用，它不但广泛应用于各种类型的文献中，也广泛应用于各种检索工具中。索引一般附在检索工具的后部，但也有的工具本身全部是由索引构成。

在检索工具中，常用的索引类型有分类索引、主题索引、关键词索引、著者索引等。无论哪种类型索引，它都能够较好地满足读者从不同途径检索的要求，以提高检索效果和检索深度。

分类索引是以文献内容特征的分类号作为检索标识，按照特定分类法的类目体系进行编排的一种索引。不同的检索工具可能采用不同的分类法来组织分类索引。使用分类索引的关键在于：掌握分类法，正确地在分类表中查出所需要的分类号。

主题索引是将文献中具有实质意义的词语或能揭示文献主题概念的词语抽出来，除关键词外，一律要经过规范化处理，然后再按照字顺排列起来组成标识系统，或在各个主题词的下面给出副标题词、文摘和文献出处，或在各主题词的下面给出篇名性的说明语，或关键词的说明语，然后在说明语的后面列出文献号而编制的索引。

关键词索引。关键词又称键词，它是直接从文献的题目、正文或文摘中抽出的具有实际意义，且能反映主题内容或文献类型的词语。关键词索引按关键词字顺排列，出自同一篇文章的关键词采用轮排形式，按字顺依次排列在各自相应的位置。一条索引中每个关键词之间是简单的排列组合，彼此之间不存在语法上的结构关系。关键词的规范化程度较低，接近自然语言，结构简单，检索方便，可起到快速提供主题检索途径的作用。

著者索引是以文献中著者的姓名作为检索标识，并按字顺编排的一种索引，主要包括：个人著者索引、团体著者索引、专利发明人索引及专利权人索引等。

5. 搜索引擎

搜索引擎（Search Engine）是指根据一定的策略、运用特定的计算机程序从互联网上搜集信息，对信息进行组织和处理，为用户提供检索服务，将用户检索相关的信息展示给用户的系统。搜索引擎以网页为著录单元。

借助搜索引擎已经成为人们查询信息的首选方式，但在利用这种手段获取学术信息资源时，要对非学术性信息进行筛选，费时费力，增加了人们获取学术信息的困难。为了满足人们对学术性、专业性信息资源的需求，互联网上出现了许多以检索学术信息资源为对象的学术搜索引擎。

1.3.3 检索语言

检索语言又称为标引语言、索引语言、文献检索语言、信息存储和检索语言等，是应文献信息的加工、存储和检索的共同需要而编制的专门语言，它是表达一系列概括文献信息内容和检索课题内容的概念及其相互关系的一种概念标识系统，是文献信息标引的规则与标准。标引人员标引文献，将文献存储在检索系统中，信息用户表达信息检索内容，以便把所需文献从检索系统中检索出来。检索语言是将文献信息的存储与检索联系起来的约定人工语言。它是连接文献信息标引人员与信息用户的纽带、桥梁，有助于准确、全面、迅速地从检索系统中获得所需要的文献信息。

1. 检索语言的功能

信息检索的全过程包括信息的存储和检索两个方面。无论是信息的存储，还是检索，都必须使用检索语言进行标引与表达，检索语言在信息检索中起着极其重要的作用，它是沟通信息存储和信息检索两个过程的纽带，是沟通标引人员与检索者的桥梁。否则，无法从检索工具中迅速而准确地查找到文献信息。

检索语言的功能主要表现在以下几个方面。

1) 能保证标引人员对信息的内容及外部特征标引的规范化，做到简明、准确，并能使信息标引工作保持一致性和连续性。

2) 可使文献信息的存储集中化、系统化、组织化，便于检索者按一定的排列次序进行有序化检索，提高检索效率，优化检索结果。

3) 可对内容相同或相关的文献信息加以集中或揭示其相关性。

4) 便于将标引用语和检索用语进行相符性比较，利于标引者与检索者对文献信息主题概念的一致理解与应用，提高检索准确度。

2. 检索语言的类型

检索语言的基本原理是一致的，但是，它们在表达概括文献信息内容和检索信息内容的概念及其相互关系时，所采取的具体方法及适应性各有特色，因而形成了不同的检索语言的类型。

按标识的性质与原理划分，检索语言可分为：分类语言、主题语言、代码语言三种。

按照文献信息特征的描述划分，检索语言可分为两种类型：一是表达文献信息外部特征的检索语言，可称为文献外部特征检索语言，如书名索引、篇名索引、著者索引、引文索引、序号索引等。文献外部特征检索语言是以文献上显而易见的书名、篇名、著者、引文、序号等作为文献标识和检索的依据，它们具有客观性和唯一性。以此编制的检索工具使用起来较简单，容易掌握。二是表达文献内部特征的检索语言，可称为文献内部特征检索语言，主要是分类语言与主题语言。文献内部特征检索语言在揭示知识内容和文献特征方面，具有提高标引和检索文献信息的深度和广度的特征。

检索语言的类型分类见表1-1。

表 1-1 检索语言的类型分类表

检索语言	文献内部特征	分类语言	体系分类语言	分类索引
		主题语言	标题词语言	主题索引
			叙词语言	
			关键词语言	关键词索引
			其他	分子式、结构式索引
	文献外部特征	题名（书名、刊名、篇名）索引		
		著者（个人、团体）索引		
		文献编号（报告号、合同号、专利号等）索引		
		其他（人名、文献类型、引文文献目录等）		

（1）分类语言

分类语言是在科学分类体系的基础上，用分类号来表达文献主题概念的检索语言。分类是一种社会现象，自古以来，无论是社会科学还是自然科学，人们都有分类的习惯。图书的分类体系就是运用逻辑分类的原理，按照文献内容所属的学科、专业性质及特征，对文献信息进行系统化组织而形成的。现代图书分类体系一般是按照一定的立场和观点，以科学知识分类为基础，结合图书资料的内容及其特征，运用概念划分和归属的方法，采取从总到分，从一般到个别，从抽象到具体，从低级到高级，从简单到复杂这样层层划分，逐级展开而成的。

由于用分类表和分类规则来标引、组织、检索文献信息的方法被称为分类法，所以，人们习惯上将某种分类语言称为分类法。国内常用的分类语言包括：《中国图书馆分类法》（简称《中图法》）、《中国图书资料分类法》（简称《资料法》）、《中国科学院图书馆图书分类法》（简称《科图法》）、《中国人民大学图书馆图书分类法》（简称《人大法》）。国外常用的分类法包括：《杜威十进分类法》（Dewey Decimal Classification and Related Index，DDC）、《国际十进分类法》（Universal Decimal Classification）、《国际专利分类法》（International Patent Classification）。当前我国主要使用的是《中图法》，因此，将《中图法》作为重点介绍对象。

《中图法》始编于 1971 年，1975 年第一版正式出版，1980 年出版第二版，于 1981 年被定为国家标准分类法的试用本，1990 年出版第三版，1999 年出版第四版，2010 年 8 月由国家图书馆出版社正式出版发行第五版。《中图法》是我国图书馆和情报单位普遍使用的一部综合性的分类法。它是在科学分类的基础上，结合图书的特性所编制的分类法。它将学科分为五个基本部类，二十二个基本大类。《中图法》体系见表 1-2。

表 1-2 《中图法》基本部类和基本大类

基 本 部 类	基 本 大 类
马列主义、毛泽东思想	A 马克思主义、列宁主义、毛泽东思想
哲 学	B 哲学
社会科学	C 社会科学总论
	D 政治、法律
	E 军事
	F 经济

(续)

基本部类	基本大类
社会科学	G 文化、科学、教育、体育
	H 语言、文字
	I 文学
	J 艺术
	K 历史、地理
自然科学	N 自然科学总论
	O 数理科学和化学
	Q 生物科学
	R 医药、卫生
	S 农业科学
	T 工业技术
	U 交通运输
	V 航空、航天
	X 环境科学、安全科学
综合性图书	Z 综合性图书

《中图法》由类目表、说明和索引三部分组成，设置类目数万条。采用汉语拼音字母与阿拉伯数字相结合的混合编码，用一个字母代表一个大类，以字母顺序反映大类的次序，在字母后用数字作为标记。另外，还采用了一些特殊符号，以作为辅助标记类目或辅助类号组合使用。

1）类目表。

类目表由基本大类表、简表、详表和复分表等组成。

基本大类表共 22 个，是在 5 个基本部类的基础上扩展而来的，是整个分类表的第一级概括性的类目。它是类目表的纲目，又称为大纲。基本大类的特点是由独立性的学科或几个性质相近而又能组成统一体的学科组合而成的。

简表，又称为基本类目表，它是由二级类目及若干重要的三级类目共同组成，包括 300 多个类目。简表有承上启下的作用，通过它可以寻找详细的类目。

详表是在简表的基础上，根据各学科的发展情况、文献出版情况，并结合使用对象的情况，继续逐级展开而形成的。详表又称为正表，是整个《中图法》的正文，它集中体现了《中图法》的分类思想和分类规则，是类分文献的具体依据，但对于一些继续要求如关于地域、时代或编辑出版形式等细分的类目，还需要用复分表进行细分。

复分表是为适应详表中某些类目需要进一步细分的要求而设立的，又称为辅助表。它又分为适用于全部类目的通用复分表和仅适用于某个类目的专用复分表。通用复分表包括总论复分表、世界地区表、中国地区表、国际时代表、中国时代表、世界种族与民族表、中国民族表等。复分表增强了类目的细分程度，并使详表篇幅大幅缩小；配上号码后，具有一定的助记性，但它们不可以单独使用。

2）说明。

说明是《中图法》的重要组成部分,包括编制说明、使用说明和类目注释。编制说明是对整个分类法的编制目的、原则体系结构、标记制度及类目注释等的说明;使用说明是分别阐述各个级别大类的内容范围、编制原则、类目体系以及分类规则和方法等,通常单独出版;类目注释说明类目的含义、覆盖范围和使用规则,如"……入此"(指明范围),"宜入……"(指出交替类的选择),"参见……"(指出相关类目),"依……分"(指出细分方法)等,附在相关类目之后。

3）索引。

中图法索引是将《中图法》的全部类目按字顺排列并标出相应类号,用以快速查阅《中图法》类目的辅助工具。

(2) 主题语言

主题语言是用自然词汇来描述文献信息的主题概念,以主题词表和标题表作为词汇规范工具来组织、检索文献信息的检索语言。主题概念之间不论其相互关系如何,完全按字顺排列。主题语言包括标题词语言、单元词语言、关键词语言和叙词语言。

1）标题词语言。

标题词语言又称为标题法,它是主题语言系统中最早的一种类型。标题词语言是一种规范化的检索语言。标题词是从自然语言中选取的、经过规范处理的、表示事物概念的词、词组或短语。标题词按字顺排列,词间语义关系用参照系统显示,并以标题词表的形式体现。如美国《工程索引》的文摘就是按标题词排列的,标题词选自《工程标题词表》。《工程标题词表》主要由主标题词、副标题词和说明语组成。

标题法通常用主标题词和副标题词来构成检索标识,以达到一定的专指度。由于标题词语言是一种完全先组式规范化主题词标识系统,用标题词语言编制的标题词表中的主、副标题词已事先固定组配,标引和检索时,只能选用表中已给出的标题词作标引词和检索词,反映文献的主题概念必然受限制,使用户难以迅速查找到所需文献信息。

2）单元词语言。

单元词语言是从文献内容中抽选出来的最基本的词汇,是以代表最一般、最基本的、不可分割的概念单元的词作为单独标引文献的单位。例如"信息检索"就不是单元词,而"信息"和"检索"分别表示单一的概念,才是单元词。

3）关键词语言。

关键词是指出现在文献标题、文摘、正文中,对表征文献主题内容具有实质意义的词语,对揭示和描述文献主题内容是重要的、关键性的词语。关键词未经过规范化处理,即对同义词、近义词等不进行严格优选。

以关键词作为文献内容标识和检索入口的检索语言叫作关键词语言。关键词语言有两种类型:一类是带有上下文的关键词索引,包括题内关键词索引、题外关键词索引和双重关键词索引;另一类是不带上下文的关键词索引,包括单纯关键词索引、词对式关键词索引和简单关键词索引。关键词不受词表控制,适用于计算机自动编制各种类型的关键词索引。

4）叙词语言。

叙词是从文献题目、正文或摘要中抽取出来的用以表达文献基本内容的概念单元。叙词语言是以叙词作为文献内容标识和检索依据的一种主题语言。叙词取自叙词表,叙词表中所选的叙词，一般都具有概念性、描述性、组配性，经过规范化处理后，还具有语义的关联性、动态性和直观性。叙词表将意义相近的词编排在一起，非常适合于计算机信息检索。我国的《汉语主题词表》就是利用叙词语言编制而成的。

1.3.4 检索途径

在进行文献信息检索时，人们可以依据存储文献信息载体的内部特征和外部特征，通过检索工具进行检索。外部特征包括题名、责任者、序号、出版者等项；内部特征包括文献的分类、主题等。归纳起来检索途径主要有以下几种。

1．题名检索途径

题名是表达、象征、隐喻文献内容及特征的词或短语，是文献的标题或名称，包括书名、刊名、篇名等。题名检索途径就是根据文献题名来编排和查找文献的途径。它把文献的题名按照字顺排列编成索引，如书名目录、刊名索引、篇名索引、标准名称索引、数据库名称索引等，这些可统称为题名索引。这类索引编排方法简单易行，查检方便。题名检索在计算机检索系统中应用得比较多。

2．著者检索途径

著者是文献的著、编、译者，是文献的责任者。著者检索途径是指根据已知文献著者来查找文献的途径，它依据的是著者索引，包括个人著者索引和团体著者索引。著者检索途径是外文检索工具较为重要和惯用的检索途径，在使用时须注意名字的构成。文种不同，名字的排列方式也有所不同，欧美人的姓名习惯名在前、姓在后，而目前使用的各种著者、目录和著者索引则按姓在前、名在后的方式以字序排列，因此，在具体检索时应按姓在前、名在后的字顺查找。

3．序号途径

序号途径也称为代码途径，是通过文献已知的文献专用代码查找文献的途径。代码是一些文献类型特有的标志，与文献有对应关系，如专利号、合同号、索引号、国际标准书号（ISBN）、国际标准连续出版物号（ISSN）等。

4．分类检索途径

分类检索途径是按照文献所属学科（专业）内容的分类体系进行检索的途径。主要检索工具有分类目录和分类索引。分类检索工具的主要依据是分类表，它是以学科概念的上下左右关系反映事物的平行、隶属、派生等关系，能将同类学科的文献集中，满足人们按学科查找文献的需求。在利用分类检索途径检索时，首先应该了解分类表的学科分类体系，再将概念变换成分类号，然后按分类号进行检索。分类检索途径的缺点是对于较难分类的新兴学科和边缘学科有一定的难度。

5．主题检索途径

主题检索途径是通过表达文献信息内容的主题词，及其派生出来的关键词进行检索的途径。主题检索途径的依据是各种主题索引或关键词索引。主题检索途径检索信息的关键在于分析主题、提炼主题概念，运用词语来表达主题概念。主题词具有直接、准确、灵活、专指度高的特点，通过主题检索途径，能够将分散于不同学科的同一主题文献集中，提高检索效率。

1.3.5 检索方法

文献信息检索常用的检索方法主要有四种：工具法、追溯法、直检法和循环法。

1．工具法

工具法又称为常用法，是通过各种信息检索工具查找信息的方法。工具法是信息检索的主要方法，它又可分为顺序法、倒查法和抽查法。

顺序法。利用信息检索工具，按时间顺序，按检索需求的起始年代由远及近，从前往后逐年查找，直至最近的查找信息的方法。这种方法漏检较少，查全率较高，适用于围绕特定主题普查一定时期、一定范围的文献。可以在查找过程中，对所查信息进行筛选。

倒查法。利用信息检索工具由近及远地逆着时间顺序查找信息的方法。利用这种方法检索信息，只需查到基本上掌握所需的信息即可。它适用于新主题及某些关键技术问题解决时的检索。使用该方法可以节省时间，可以检索到比较新的信息，但容易漏检。

抽查法。根据课题研究的需要，抽查一定时期的、一定内容的文献的一种检索方法。该方法可用较少的时间查到较多的信息，检索效率高。但要求检索人员对相关课题文献信息范围比较了解，否则容易误检或漏检。

2．追溯法

追溯法又称为引文法。它不是按时间的倒序检索信息的方法，而是指以文献所附的参考文献为线索，逐一追踪不断扩展检索范围查找文献的方法。这种方法简单易行，但工作量大，有时检索到的信息过于陈旧，有的甚至远离检索需求。一般在检索工具不全或没有检索工具的情况下，才使用这种方法。

3．直查法

直查法就是直接从原始文献中检索信息的一种方法。这种检索方法费时、费力，查全率和查准率都比较低。

4．循环法

循环法又称为交替法。它实际上就是直接法和追溯法互相结合使用的检索过程。一般先使用工具法检索出相关的信息，然后再利用这些文献所附的参考文献用追溯法进行扩展检索。如此循环往复，获得越来越多的文献，直到满足信息检索的要求。循环法兼有工具法和追溯法的优点，检索效率高，效果也比较好，是一种"立体型"的检索方法。

1.3.6 检索步骤

1．分析研究课题，明确文献信息需求

当研究课题确定之后，首先要将该课题的内容实质与所涉及的学科范围及其相互之间的关系进行周密的分析研究，明确所要研究检索的文献内容、性质等。其次根据课题的要点抽出能准确反映课题核心内容的主题概念，明确主要概念和次要概念，并初步确定出逻辑组配。抽取的主题概念越准确、具体、细致，检索的效果就越好，从而保持检索目的、检索策略、检索效果的一致性。最后要根据检索课题的检索目的和要求，确定检索年限、语种、文献类型等。

2．选择合适的检索工具

选择恰当的检索工具进行检索是提高检索效率的必备条件之一。检索工具的选择要根据检索题目的内容、性质来确定。在选择检索工具时，不仅要着眼于综合性检索工具，还要以专业性检索工具和单一性检索工具相配合；在机检工具和手工检索工具并存的情况下，应首选机检工具；在一种检索工具同时具有机读数据库和印刷型文献两种形式的情况下，应以检索数据库为主。

3. 确定检索途径

检索工具确定后，需要确定检索途径。文献信息的检索途径各有所长，在选择时要根据课题的要求及所包含的检索标识来确定。当检索课题内容涉及面较广，文献需求范围较宽时，应选用分类途径；当课题内容较窄，文献需求专指性较强时，应选用主题途径；当文献标识以序号的形式出现时，应检索以序号为标识的各类索引；当有多个检索途径进行检索时，应考虑综合应用，相互补充，避免单一检索途径的不足。

4. 优化检索方法

优化检索方法的目的在于，通过综合分析寻求一种快速、准确、全面地获取文献信息的检索效果。

5. 制定检索策略

在检索工具、检索途径和检索方法确定后，需要制定一种可执行的方案，也就是检索策略。检索策略的制定是对计算机检索而言的，在使用计算机进行信息检索时，需确定检索词并构建检索式，检索式即为检索策略。检索词是表达文献信息需求的基本元素，也是计算机检索系统中进行匹配的基本单元。检索式是检索策略的表达，能将检索词之间的逻辑关系、位置关系等用检索系统规定的组配符连接起来，成为计算机可以识别和执行的命令形式，实施有效检索。但这个检索式不是一成不变的，而是要把检索结果和检索需求不断地进行判断、比较之后，对检索式进行相应的修改和调整，从而获得更加理想的检索效果。

6. 查找文献线索，获取原始文献信息

通过检索工具实施文献信息检索，检索的结果可能是原始文献，也可能是查找文献的线索，对文献线索的整理、分析、识别是检索过程中极其重要的一个环节。

检索的最终目的是获取原始文献信息。传统的文献检索可根据检索到的文献线索，利用馆藏目录查找收藏单位、收藏点，采用借阅或复制等方式获取原始文献。在计算机网络环境下需要根据检索系统提供的检索结果输出格式，选择需要的记录以及相应的字段，以将检索结果显示在显示器屏幕上、存储到磁盘或直接打印输出，网络数据库检索系统还可提供电子邮件发送功能，从而完成整个检索功能。

 知识链接

信息组织的方式

信息组织方式目前有六类：字序法、分类法、主题法、时序法、地序法和网络信息组织法，简介如下。

（1）字序法

字序法包括汉字检字法和外文检字法两类。

1）汉字检字法。

汉字检字法是按汉字的书写结构和发音结构来排列汉字的方法，中文字典、词典和索引等大都是采用这种排检法，它分为两种。

① 形序法。

它是按汉字形体差异排检汉字的方法，具体又分为部首法、笔画法、笔形法和号码法四种。

ⅰ 部首法。部首法是依据汉字形体结构的特点，按偏旁归类的方法。汉字除少数是"独体字"（如大、人、火）外，大多数是由几部分构成的"合体字"（如花、杰、这）。"艹、灬、辶"就分别是合体字"花、杰、这"的偏旁。把偏旁相同的字归为一部，偏旁就是这部字的部首。如"杰、烈、熊"的偏旁是"灬"，那么这些字就属"灬部"，"灬"就是部首。部首法始于《说文解字》一书，为东汉许慎所创。自古以来，许多字典、辞典均采用部首检字法。其中，《康熙字典》代表旧部首法，《辞海》（1979年版）代表新部首法。

ⅱ 笔画法。笔画法是根据汉字笔画多少来排列汉字次序的方法。笔画少的字排在前面，笔画多的字排在后面。同笔画的字，再按部首或起笔笔形加以区分。如"托、刚、传、刘、防"，同属六画，若按部首区分，则归入"扌、刂、亻、阝"；若按起笔笔形区分，则归入"一、丨、丿、㇇"五种笔形中。《十同索引》的"单字笔画检字表"，就是按笔画部首法编排的。《辞海》（1979年版）的"笔画检字表"，则是按笔画笔形法编排的。

笔画法虽然简单易学，但也存在不足，如繁体字的差异和各人书写习惯不同，都会给确定汉字笔画多少和起笔笔形造成一定的困难。

ⅲ 笔形法。笔形法是根据汉字起笔笔形的统一性来确定汉字顺序的方法。汉字起笔笔形究竟有多少种，目前说法不一。一般认为，汉字起笔笔形主要有"丶（点）、一（横）、丨（竖）、丿（撇）、㇇（折）"五种。将汉字按起笔笔形进行排列的方法有："元、亨、利、贞"（一横、丶点、丿撇、丨竖、）法，"江山千古"（丶点、丨竖、丿撇、一横）法，"寒来暑往"（丶点、一横、丨竖、丿撇）法。

笔形法虽然笔形位置固定，方法简单，但终是因人而异，起笔无严格的规范，查检不便，故用此法来编排的工具书很少。多数工具书仅用它作为其他编排方法的补充。如《现代汉语词典》的"部首目录"，先按笔画数排列部首，对于同笔画的部首再按起笔笔形"丶点、一横、丨竖、丿撇、㇇折"顺序排列。

ⅳ 号码法。号码法是把汉字分解成若干种笔形，用若干个固定数字（代码）表示出来，将这些数字按照一定规则连接成为号码，然后根据号码的大小来确定所代表的汉字的次序。号码法主要是四角号码法。四角号码法是根据汉字方块的特点，将汉字的四角笔形各取号码，按四角号码大小顺序来排列汉字的方法。此法由商务印书馆于1926年创立，以后又在此基础上产生了新四角号码法。新法与旧法略有不同，因目前大多数工具书均采用新法，故在此主要介绍新四角号码的使用方法。

新四角号码把汉字笔形归纳为10种，用"0、1、2、3、4、5、6、7、8、9"10个数字来表示。它按一定规则给汉字的四角笔形取号码，顺序是：左上角、右上角、左下角、右下角。例如：

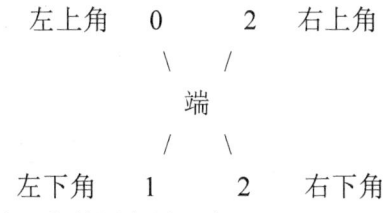

在上例中，"端"字的四角号码为"0212"。

四角号码取号口诀是："横1垂2点捺3，叉4插5方框6，7角8八9是小，点下有横变0头。"熟记口诀便于快速应用四角号码法。

四角号码还有一些特殊的取号规则：①缺角号码为0，如"弓"字取号为"1702"；②一笔可以分角取号，如"乙"字取号为"1771"；③一种笔形在一角取号后，在另一角上看是同一种笔形就取号为0，如"一"字取号为"1000"；④一笔的上下两段和别笔构成两种笔形的，分两角取号，如"木"字取号为"4090"；⑤外围是"囗、门"形的，左上角、右上角取外面的笔形，左右两下角取里面的笔形，如"园"字取号为"6021"，"闭"字取号为"3724"；⑥为了区别四角同号表示为"6060$_4$"。使用四角号码编排的工具书，要参考书后附的《新旧号码对照表》。在取号上，新法和旧法有些差异（如"大"，旧号码为4003，新号码为4080）。

② 是音序法。音序法是根据汉字读音的语言符号顺序来排列汉字的方法，分为汉语拼音字母法、注音字母法和声部韵部法三种。

i 汉语拼音字母法。汉语拼音字母法是根据1958年公布的《汉语拼音方案》的字母顺序来排列汉字的方法。这是一种比较科学而又流行的编排方法，已被应用到绝大多数工具书中，如《中国大百科全书》《新华字典》《现代汉语词典》等，均按照汉语拼音字母顺序编排。

采用该方法编排工具书的条目，首先按汉语拼音的第一个字母排，第一个字母相同时，再按该条目的第二个字母排，以此类推。当读音相同时，则按声调阴平、阳平、上声、去声次序排列。

汉语拼音字母法不受汉字字体繁简的影响，检索率较高，并且符合国际上工具书的编排规则，同时也适用于计算机检索，《辞海》等工具书虽然采用了部首检字法，但同时又附有汉语拼音索引作为参考。但不足是，对于不认识或读音不准的字，查检很不方便。

ii 注音字母法。注音字母法是《汉语拼音方案》公布之前所采用的注音符号排列汉字的方法。新中国成立前及初期出版的一些工具书，大多按此法编排。查检按此法编排的工具书时，先查声母，后查韵母，同声同韵的则按阴、阳、上、去四声次序查找。自从汉语拼音方案问世，这套注音字母被逐渐淘汰。除香港、台湾地区出版的一些工具书仍然采用外，中国内地的工具书均不采用。一些原来使用过这种方法编排的工具书再版时，也另附有汉语拼音索引。

iii 声部韵部法。声部韵部法是我国古代按照古声母、古韵母的分类来编排汉字的方法。它分为如下两种。

一是声部法。声部法是将汉字按古声母分类后进行排列的方法。所谓古声母，是指中世纪人们分析汉语语言构成所产生的用汉字代表的中古时期声母，共归纳出36个字母。按古声部法编排的词典著作是清代王引之编著的《经传释词》等。

二是韵部法。韵部法是将汉字按其读音的古韵母分类后进行排列的方法。古代将汉字按韵母归类，称作"韵部"，按韵部编排的字典称为"韵书"。各个朝代采用的韵部多少不等，其中以"平水韵"最为流行。"平水韵"是南宋末代金人王文郁编著的《平水新刊礼部韵略》中所列的韵部。因该书刊行于平水（原平阳府城，今山西临汾市），故名。"平水韵"把汉字按声调上平声、下平声、上声、去声、入声分为五类，每类下按韵母分部。其中上平声15韵，下平声15韵，上声29韵，去声30韵，入声17韵，共计106韵。每一韵部下再按同音字分类排列。按韵部编排的工具书有《佩文韵府》《词通》《经籍籑诂》等。由于现代大多数人不熟悉这种编排法，查检起来比较困难，所以再版这类韵书，均附有笔画或四角号码编排的辅助索引。

2）外文检字法。

① "word by word" 法。实词逐个比较：排检标目中，以各个独立实词为排检单位，逐词相比，第一个实词相同，比较第二个实词，第二个实词相同，再比较第三个实词，如此类推。此种排列法的优点在于：能将某主题相关联的信息集中在一起。外语书名目录排列采用此法。

② "letter by letter" 法。字母逐个比较：排检索标目中，以字母为实际排检单位，逐个相比，第一个字母相同，比较第二个字母，第二个字母相同，再比较第三个字母，如此类推。外语词典词目排列大多采用此法。

（2）分类法

分类法是按照一定的规则，把形式、体裁和内容不同的文献资料，分门别类地组织成科学系统的、便于人们查找利用的文献信息的排检方法。它是文献信息管理工作部门最常用的传统方法。它的优点是系统性强，便于从学科的角度存储和查找文献；缺点是范围很细小，不能在类目上反映出来。

分类法按其性质可分为两类：一类是按学科系统分类，一类是按实物性质分类。

第一类，按学科系统分类法，有六分法、四分法和中国图书分类法等。

第二类，按实物性质分类法。我国古代类书、政书，以及现代的部分手册、指南、年鉴等常采用这种方法编制。《尔雅》是我国最早的一部按事物性质分类解释各种词语的著作。

（3）主题法

各种文献资料都要表达一定的内容，而内容所论述的核心问题和主要对象就叫作主题。能够表达主题概念的、经过规范化的、具有检索意义和组配性能的词语，就称为主题词。采用主题词作为文献主题标识和查找依据的文献编排检索方法，就是主题法。按不同词的用途和结构标准，可分为标题法、元词法、键词法、叙词法四种。

（4）时序法

时序法是按照时间顺序来编排事物、事件的发生发展或人物的生平事迹及其生卒年月的一种方法。它具有线索清晰、检索方便的优点。

按这种方法编排的工具书，主要有各种年表、历表、大事记和专门性表谱，如《中国历史纪年表》《两千年中西历对照表》等。

（5）地序法

地序法是按照一定时期的行政区划次序来编排文献资料的方法。用这种方法编排的工具书，大多用于检索地理资料以及一些地方性文献。

（6）网络信息组织法

网络信息组织法是将超媒体技术与传统的分类法、主题法高度融合而形成的一种信息组织方法。它采用网状连接。

 习题

1. 名词解释

（1）文献

（2）图书

(3) 文献信息检索
(4) 检索工具

2．填空

(1) 期刊又称为（　　）。

(2)（　　）、（　　）是揭示文献外部特征的检索工具。（　　）是揭示文献外部特征和内部特征的检索工具。

(3) 声像资料是指以（　　）为载体，电子出版物是指以数字代码方式将图、文、声、像等信息存储在（　　）介质上。

(4) 文献信息的检索途径包括（　　）、（　　）、（　　）、（　　）。

(5) 文献的等级分为（　　）、（　　）、（　　）。

(6) 文献信息检索的目的是（　　）。

(7) 检索工具的类型有（　　）、（　　）、（　　）、（　　）、（　　）、（　　）。

3．简答题

(1) 文献信息的类型有多少种？并列出其中的 10 种。

(2) 图书的特点是什么？

(3) 信息资源的类型有几种？并加以简要说明。

(4) 简述获取原始文献的方法。

4．操作题

(1) 利用课余时间到图书馆了解并认识各种类型的文献信息。

(2) 查找与你所学专业有关的 5 种书籍并列出图书名称。

(3) 查找鲁迅的生平。

(4) 查找太空飞行方面的文献信息。

第2章 网络信息检索

2.1 网络信息资源检索基础知识

随着计算机技术、通信技术、信息处理技术的发展及其在信息检索领域中的应用，信息的存储、加工传递、检索和利用的模式都发生了深刻的变革，特别是计算机技术、网络技术与信息检索技术的结合，更使信息检索向网络化、智能化的方向发展。

2.1.1 网络信息资源

1．网络信息资源

网络信息资源也称为虚拟信息资源，是指通过计算机网络可以利用的各种信息资源的总和。具体地说是指所有以电子数据形式把文字、图像、声音、动画等多种形式的信息存储在光、磁等非纸介质的载体中，并通过网络通信、计算机或终端等方式再现出来的资源。目前网络信息资源以因特网信息资源为主，同时也包括其他没有连入因特网的信息资源。

网络信息资源和传统信息资源相并列，有时候是传统信息资源的网络化和数字化，但并不仅仅是传统信息资源的简单复制。随着网络化、信息化在各个领域的深入发展，以网络信息进行传播的网络信息资源越来越多。与传统信息资源相比，网络信息资源作为一种新的信息资源类型，既继承了一些传统的信息组织方式，又在网络技术的支撑下，出现了许多与传统信息资源显著不同的独特之处。总之，网络信息资源的一些特点，使其逐渐成为人们获取信息的首选。

2．网络信息资源的特点

随着互联网发展进程的加快，信息资源网络化成为一大潮流，与传统的信息资源相比，网络信息资源在数量、结构、分布和传播的范围、载体形态、内涵传递手段等方面都显示出新的特点。

（1）以网络为传播媒体

在网络时代，信息的存在需要借助一种不同于以往载体的信息载体——网络，为用户提供的信息是来自互联网的各种网络服务器上的虚拟信息，而不是实实在在的实体形式的信息。信息的存储和查询更加方便，而且信息存储密度高、容量大，可以无损耗地被重复利用。

（2）以多媒体为内容特征

互联网上的信息资源的存储和处理采用文本、超文本和多媒体等。

文本形式的信息资源的知识单元是按线性顺序排列的。读者阅读时，是跟随文本的线性流向逐级向下浏览，当需要了解某一内容的全面或相关信息时，需要另外查阅相关参考资料。

超文本形式的信息资源是按知识单元及其关系建立的知识结构网络。它通过网上各节点的链路把相关信息（文字信息、图片、地图和其他直观信息）有机地编织在一个网状结构内，检索用户能够从任何一个节点开始，从不同角度检索到感兴趣的信息。超文本信息资源是人-机交互式的，可随时调用、检索和存储信息。

多媒体信息资源是包括文本、图像和声音在内的各种信息表达或传播形式的总称。它提供的信息集图、文、声于一体，可以为用户提供文本、图像、声音信息以及它们的组合。

（3）以现代信息技术为记录手段

网络信息以数字形式存在，可以借助网络进行远距离传播，从而使全球信息资源的共享成为可能。

（4）数据结构具有通用性、开放性和标准化

数据结构的通用性、开放性和标准化使得信息资源易于扩充，各个系统之间易实现互联和互操作。

（5）具有高度的整合性，便于多种媒体一体化

易于实现各种网络资源的相互转化和二次开发，在新的平台上形成新的综合性信息产品，便于检索，增加了信息资源的利用价值。

（6）交互性能增强

传播方式的多样性、交互性，从多方面贴近人们的生活，具有潜在活力，也最具表现力。

3．网络信息资源的类型

网络信息资源类型非常复杂，可按照多种标准进行划分。按信息传播采用的网络传输协议可分为如下六类。

（1）WWW 网络资源

WWW 的含义是环球信息网（World Wide Web），又称为万维网，它是一个基于超文本（Hyper Text）方式的信息查询工具，是目前互联网上使用最广泛的信息存储与查询的数据格式和显示方式。

WWW 网络资源又称为 Web 信息资源，是指通过超文本传输协议（HTTP）在WWW网络上进行传输的信息资源，这类信息资源是互联网信息资源的主流，使用简单，功能强大，能方便迅速地浏览和传递分布于网络各处的文字、图像、声音和多媒体超文本信息。

（2）FTP 信息资源

FTP 信息资源是指在因特网上通过文件传输协议（File Transfer Protocol，FTP）所能利用的信息资源。FTP 相当于在网络上两个主机之间复制文件，目前仍是发布、共享、传递软件和长文件的主要方法。通过 FTP 传递网络信息资源的形式一般在组织或机构内部比较常见。对 FTP 信息资源的利用一般通过FTP 搜索引擎搜索匿名 FTP 服务器上的信息资源。

（3）Telnet 信息资源

Telnet 信息资源是指基于 Telnet 远程登录协议所能利用的信息资源。Telnet 信息资源包括硬件资源和软件资源。许多机构都提供远程登录的信息系统，如图书馆的公共目录系统，信息服务机构的综合信息系统等。通过 Telnet 形式使用信息资源只在特殊的情况下应用，如服务器的维护和管理。

（4）用户服务组信息资源

用户服务组是指由一组对某一主题有共同兴趣的网络用户组成的新闻组、电子邮件组、电子论坛、邮件列表等。用户服务组之间的信息交流产生大量的信息资源，这些以电子通信组形式所传递和交流的信息资源是网络上最自由、最具开放性的资源。但是这类信息资源并不常见。

（5）广域信息服务器WAIS

WAIS是一种网络数据库文本检索系统，它为用户提供几百个数据库（包括许多图书馆联机目录）的入口信息，并对用户选择的数据进行检索。这类信息资源并不常见。

（6）Gopher信息资源

Gopher服务器中的所有信息都以目录或文件的形式表达，并基于菜单提供服务。如同需要用网络浏览器（如IE）利用WWW信息资源一样，Gopher信息资源的利用也需要通过Gopher客户端与Gopher进行交互，这类信息资源现在已属罕见。

按信息内容的表现形式和内容划分，可以分为如下六类。

（1）全文型信息

全文型信息是指直接在网上发行的电子期刊、网上报纸、印刷型期刊的电子版、网络学院的各类教材、政府出版物、标准全文等。

（2）事实型信息

事实型信息主要包括天气预报、节目预告、火车车次、飞机航班、城市或景点介绍、工程实况、IP地址等。

（3）数值型信息

数值型信息主要是指各种统计数据。

（4）数据库类信息

数据库类信息是传统数据库的网络化，如DIALOG、万方等。

（5）微内容（Web 2.0 特征）

微内容包括博客、播客、微信、BBS、聊天、邮件讨论组、网络新闻组等。

（6）其他类型

其他类型包括投资行情和分析、图形图像、影视广告等。

按信息的加工层次划分，可以把网络信息资源分为图书馆藏目录、电子书刊、参考工具书、数据库等。

按信息的存取方式划分，网络信息资源可分为邮件型、电话型、揭示板型、广播型、图书馆型和书目型等。

2.1.2 网络信息检索技术

网络信息检索技术源于计算机检索技术。它经历了20世纪50年代的单元词组配检索，60年代脱机批处理检索及联机检索，70年代的联机网络检索，80年代联机检索普及和光盘检索、网络检索的兴起等阶段。在网络环境下，信息存储时间跨度越来越大；信息传输空间越来越广；信息更新速度越来越快。在这瞬息万变的信息时代，信息检索已成为人们工作、学习和研究必须掌握的技术。网络信息检索技术归纳起来有以下几种。

1．关键词检索技术

关键词又称为自由词，属自然语言范畴。可以从文献中直接选取能够表现主题概念的词作为关键词来检索文献信息。关键词检索是搜索引擎提供的最基本的功能，几乎所有的搜索引擎都采用了这种方法。当需要快速查找所需的网络资源，或者无法确定所要搜索的网络资源的类别时，可以使用关键词检索方法。只需在搜索引擎的提问框中输入合适的提问关键词，按〈Enter〉键后，搜索引擎便会将与该提问关键词匹配的结果进行反馈。大多数的搜索引擎是以模糊检索原理来实现关键词检索功能的。

2．分类检索技术

网络信息资源一般都是按网页的主题性质进行分类，形成一定的分类体系。确定每一类的主题范畴，然后列出具体相关网站。分类检索多用于目录搜索引擎，无需输入任何文字，只要根据目录搜索引擎提供的主题分类目录，层层点击进入，便会查找到所需要的网络信息资源。这种检索方法适用于没有精确检索范围，但可以通过分类主题目录逐层查找信息的检索，用户使用起来非常简单、便捷。因网络信息资源的分类体系是通过人工编制的，相关资源比较集中，有利于提高查准率。同时，用户与分类目录编制者对信息分类认识上的差异，又使分类检索技术存在一定的局限性，会降低检索的效率。但总的来说这种检索技术功能还是比较强大的。

3．布尔逻辑检索技术

布尔逻辑检索技术是指利用布尔逻辑运算符进行检索词语（关键词、主题词）和代码之间的逻辑组配运算，凡符合逻辑组配所规定条件的为命中文献，否则为非命中文献。这是计算机信息检索中最基本也是最常用的检索技术之一。逻辑算符主要有以下三种。

1）逻辑"与"。逻辑"与"组配是具有概念交叉关系或限定关系的一种组配，通常用"and"或"*"运算符表示。可以增强专指性，缩小检索范围，提高查准率。

例如，在某信息库中，要查出关于"高职生心理测试"的文献，也就是说要检索出既包含"高职生"又包含"心理测试"这两个词语的文献，必须使用逻辑"与"的概念组配。实际在心理学数据库进行检索的结果为：

有关　高职生　71150

有关　心理测试　33450

有关　高职生和心理测试　1676

由以上可看出，包含有"高职生"的文献有 71150 篇，包含有"心理测试"的文献有 33450 篇。但是，同时包含有这两个概念词的文献只有 1676 篇。由此可以看出，使用逻辑"与"命中的文献远远低于单个词语命中的数量。

2）逻辑"或"。逻辑"或"是表示并列概念关系的一种组配，通常用运算符"or"或"+"表示。可以扩大检索范围，提高查准率。

例如，要检索"教学评价或教学评估"的文献，表明包含"教学评价"或者包含"教学评估"，两类文献中任意一个都是用户需要的。在教育文摘数据库中检索的结果为：

有关　教学评价　1210

有关　教学评估　736

有关　教学评价或教学评估　1940

由以上可看出，包含"教学评价"的文献有 1210 篇；包含"教学评估"的文献有 736 篇。去掉重复的文献6篇，共检索到有关"教学评价或教学评估"的文献1940篇。

3）逻辑"非"。逻辑"非"组配是指不包含某种概念关系的一种组配，是一种排斥关系的组配，用于从原来的检索范围中排除不需要的概念或影响检索结果的概念。一般用"—"表示。可以缩小检索范围，提高查准率。

例如，要检索"非儿童的心理测试"，对用户来说，需要包含"心理测试"的文献，但是要去掉那些包含儿童心理测试的文献。在心理学数据库检索到的结果为：

有关　心理测试　　　　　　　43150
有关　儿童　　　　　　　　　115600
有关　心理测试 not 儿童　　　 1500

由以上可看出，包含"心理测试"的文献有 43150 篇；关于"儿童"的文献有 115600 篇。通过"非"的逻辑组配后剩余1500 篇。

布尔逻辑的三种关系如图 2-1 所示。

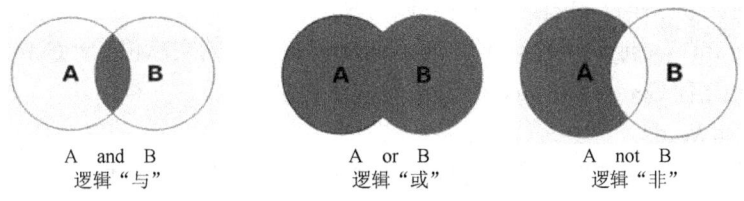

图 2-1　布尔逻辑关系图

布尔逻辑检索中逻辑算符的使用是最频繁的。逻辑算符使用的技巧决定检索结果的满意程度。用布尔逻辑表达检索要求，除要掌握检索课题的相关因素外，还应注意布尔算符对检索结果产生的影响。另外，对同一个布尔逻辑提问式来说，不同的运算次序会有不同的检索结果。

4．截词检索技术

截词检索就是用截断的词的一个局部进行的检索，并认为凡满足这个词局部中的所有字符（串）的文献，都为命中的文献。截词符多采用通配符"*"，可以用它代表多个字符。例如，"热点*"代表"热点问题""热点新闻""热点报道"。

按截断的位置来分，截词可分为后截断、前截断、中截断三种类型。截词检索能够帮助提高检索的查全率。

截词检索也是一种常用的检索技术，是防止漏检的有效工具，尤其在西文检索中更是应用广泛。由于西文的构词特性，在检索中经常会遇到名词的单、复数形式不一致，词的不同拼写法，词干的前缀、后缀的不同变化等情况，使检索式过于冗长，要占用过多的时间来输入检索词。截词检索技术恰恰解决了这个难题。截词检索技术可以作为扩大检索范围的手段，具有方便用户、增强检索效果的特点，但一定要合理使用，否则会造成误检。

5．概念检索技术

它是指使用某一检索提问词进行检索时，能同时对该词的同义词、近义词、广义词、狭义词同样进行检索，可以达到扩大检索、避免漏检的目的。

例如，当你用"自行车"检索时，检索结果不仅包括自行车的内容，还包含脚踏车、单车等内容。

6．限制检索技术

限制检索技术就是对检索词的范围（时间、国别、语种、信息类型等）进行约束或压缩的方法，它大多通过检索系统的限制符号或限制命令来实现。

7．位置检索技术

位置检索也叫作全文检索、邻近检索。所谓全文检索，就是利用记录中的自然语言进行检索，词与词之间的逻辑关系用位置算符组配，对检索词之间的相对位置进行限制。这是一种可以不依赖主题词表而直接使用自由词进行检索的技术方法。不同的检索系统其位置算符的表示方法不尽相同，美国 DIALOG 检索系统的位置算符的用法意义如下。

（1）(W)—With

(W)表示该算符两侧的检索词相邻，且两者之间只允许有一个空格或标点符号，不允许有任何字母或词，顺序不能颠倒。(W)也可以简写为( )。

例如，Aircraft( )design 可检索出含有 Aircraft design 的文献记录。Computer( )aided( )design 可检索出含有 Computer aided design 的文献记录。

（2）(nW)—nWords

(nW)表示在此算符两侧的检索词之间最多允许间隔 n 个词（实词或虚词），且两者的相对位置不能颠倒。

例如，laser(1w)printer 可检出含有 laser printer 和 laser color printer 的文献记录。

（3）(N)—Near

(N)表示该算符两侧的检索词相邻，但两者的相对位置可以颠倒。

例如，computer(N)network 可检出含有 computer network、network computer 形式的文献记录。

（4）(nN)—nNear

(nN)表示此运算符两侧的检索词之间允许间隔最多 n 个词，且两者的顺序可以颠倒。

例如，computer (2N) system 可检索出含有 computer system、computer code system、computer aided design system、system using modern computer 等形式的文献记录。

（5）(S)—Subfield

(S)表示其两侧的检索词必须是在文献记录的同一子字段中，而不限定它们在该子字段中的相对次序和相对位置的距离。在文摘字段中，一个句子就是一个子字段。

例如，computer ( ) control(S)system 可检索出文摘中含有 "This paper is concerned with an application of the computer control technique in a intelligent system for testing inner walls of pipes." 这样的一句文摘记录。

（6）(F)—Field

(F)表示其两侧的检索词必须是在文摘记录的同一字段中，而它们在该字段中的相对次序和相对位置的距离不限。

例如，Water ( ) pollution (F)control 的文献记录均可检索出来。

2.2 网络搜索引擎

2.2.1 搜索引擎

在互联网发展初期，网站相对较少，信息查找比较容易。然而伴随着互联网爆炸性的发展，普通网络用户很难在浩如烟海的资料中找到所需信息，这时为满足大众信息检索需求的专业搜索网站便应运而生。最早现代意义上的搜索引擎出现于 1994 年 7 月。当时 Michael Mauldin 将 John Leavitt 的蜘蛛程序接入到其索引程序中，创建了大家现在熟知的 Lycos。同年 4 月，斯坦福大学的两名博士生，David Filo 和美籍华人杨致远（Jerry Yang）共同创办了超级目录索引 Yahoo，并成功地使搜索引擎的概念深入人心。从此搜索引擎进入了高速发展时期。

所谓搜索引擎就是指根据一定的策略，运用特定的计算机程序从互联网上搜集信息，在对信息进行组织和处理后，为用户提供检索服务，将用户检索的相关信息展示给用户的系统。它是以网页为著录单元，能够通过互联网接受用户的查询命令，并向用户提供符合查询要求的信息资源网址。从某种意义上说，它就是提供检索、导航服务的网点，搜索引擎为用户提供的导航服务，已成为互联网上最重要的网络服务之一。

2.2.2 搜索引擎类型

搜索引擎按其工作方式主要可分为三种，分别是全文搜索引擎（Full Text Search Engine）、目录式搜索引擎（Search Index/Directory）和元搜索引擎（Meta Search Engine）。

1. 全文搜索引擎

全文搜索引擎是名副其实的搜索引擎，它是通过从互联网上提取的各个网站的信息（以网页文字为主）而建立的数据库中检索与用户查询条件匹配的相关记录，然后按一定的排列顺序将结果返回给用户，因而它们是真正的搜索引擎。国外最具代表性的搜索引擎有 Google、AllTheWeb（已关闭）、AltaVista（已关闭）、Inktomi、Teoma、WiseNut、Bing 等；国内著名的有百度、搜狗等。

从搜索结果来源的角度，全文搜索引擎又细分为两种，一种是拥有自己的检索程序（Indexer），俗称"蜘蛛"（Spider）程序或"机器人"（Robot）程序，并自建网页数据库，搜索结果直接从自身的数据库中调用，如上面提到的几家引擎。另一种则是租用其他引擎的数据库，并按自定的格式排列搜索结果。

该类型搜索引擎的优点是信息量大、更新及时、不用人工介入。缺点是返回信息多，有很多无关信息，用户必须从结果中进行筛选。

2. 目录式搜索引擎

目录式搜索引擎一般称为网络目录、分类式搜索引擎、主题指南等，是互联网上最早提供网址资源查询的工具。目录式搜索引擎虽然有搜索功能，但在严格意义上不算是真正的搜索引擎，仅仅是按目录分类的网站链接列表而已。用户完全可以不用进行关键词（Keywords）查询，紧靠分类目录也可以找到需要的信息。目录式搜索引擎由于加入了人工智能，所以信息准确、导航质量高。缺点是需要人工介入、维护量大、信息量少。这类搜索引擎的代表是 Yahoo、网易、新浪、搜狐等。

3. 元搜索引擎

元搜索引擎一般都没有自己的网络机器人及数据库，它们的搜索结果是通过调用、控制和优化其他多个独立搜索引擎的搜索结果并以统一的格式在同一界面集中显示。元搜索引擎虽既没有"网络机器人"或"网络蜘蛛"，也无独立的索引数据库，但在检索请求提交、检索接口代理和检索结果显示等方面，均有自己研发的特色元搜索技术。比如"metaFisher 元搜索引擎"就调用和整合了 Google、Yahoo、AllTheWeb、百度、OpenFind 等多家搜索引擎的数据。

2.2.3 常用中文搜索引擎的使用方法与技巧

1. 百度

百度于 2000 年 1 月由李彦宏、徐勇两人创立于北京中关村。"百度"二字源于中国宋朝词人辛弃疾的《青玉案·元夕》词句"众里寻他千百度"，象征着百度对中文信息检索技术的执着追求。百度的核心价值观是简单可依赖。百度大厦如图 2-2 所示。

图 2-2　百度大厦

（1）搜索方法

百度搜索首页设计得非常简洁、清新。它以"网页"为默认的常规检索，在分类项的下面有一个长长的文本框，可以在此输入关键词，单击"百度一下"按钮，就可以搜索到有关内容的所有网页，搜索速度非常快，搜索内容也非常全面。百度搜索引擎首页如图 2-3 所示。

图 2-3　百度搜索引擎首页

1）关键词搜索。

百度最常规的搜索就是关键词搜索，它是最基本也是最有效的检索方法。百度搜索引擎可以用任何一个或多个文字（中文、英文）、数字、符号或一句话等作为关键词进行检索，输入的关键词越多，搜索到的信息越少，结果会越准确。在用多个关键词搜索时，词与词之间用空格分开，检索时结果会更精确。例如，搜索[北京 暂住证]，可以找到几万条资料。而如果搜索[北京暂住证]，则只有严格含有"北京暂住证"连续 5 个字的网页才能被找出来，不但找到的资料只有几百条，资料的准确性也比前者差得多。

在百度首页给出了简洁的信息的分类类型，有新闻、网页、贴吧、知道、音乐、图片、视频、地图、百科和文库等。用户可以根据信息类型，确定关键词然后进行搜索，这样搜索的结果更有针对性。例如查询"北京市市区图"，可以先单击"地图"，然后输入关键词"北京市"，再单击"百度一下"按钮，网页上就直接显示出北京市的市区图，如图 2-4 所示。

图 2-4 百度地图搜索页面

2）分类搜索。

百度对所搜集的网站进行了分类，共六大板块，即娱乐休闲、生活服务、电脑网络、文化教育、实用查询和酷站大全。百度网站分类检索界面如图 2-5 所示。在每个大的板块中又列出了若干种与各个主题内容相关的小类目。在利用百度的分类检索功能时，只要逐层单击需要查找网站的所属类目，即可得到相关网站信息。

3）布尔逻辑检索。

百度搜索引擎支持布尔逻辑检索和通配符的使用。在使用百度搜索引擎用"逻辑与"关系检索时，可以用空格代替"逻辑与"的通配符"AND"或"+"，用每个空格将多个检索词隔开，系统将会自动在检索词之间加"+"，以扩大检索结果的范围；使用百度搜索引擎用"逻辑非"关系检索时，可以用通配符"-"编辑检索式，以限定检索结

果不包含"-"后面的检索词,缩小检索范围。需要注意的是,在编辑检索式时,前一个检索词与减号之间必须留一空格,否则,减号会被当成连字符处理,而失去了减号的语法功能;减号与后面一个关键词之间有无空格均可。例如,要搜寻关于"武侠小说",但不含"古龙"的资料,可使用如下查询:将"武侠小说 -古龙"输入检索框,单击"百度一下",在检索结果中看不到有关"古龙"的字样。如果不带空格,将"武侠小说-古龙"输入检索框,单击"百度一下",那么在检索的结果中就会出现多个含有"古龙"的资料,减号没有起到应有的功能。在使用"逻辑或"检索时,即搜索"或者包含关键词A,或者包含关键词B"的网页,可以用检索式"A | B"检索。例如,要查询"图片"或"写真"的相关资料,无须分两次查询,只要输入"图片 | 写真"搜索即可。百度会提供与"|"前后任何关键词相关的网站和资料。

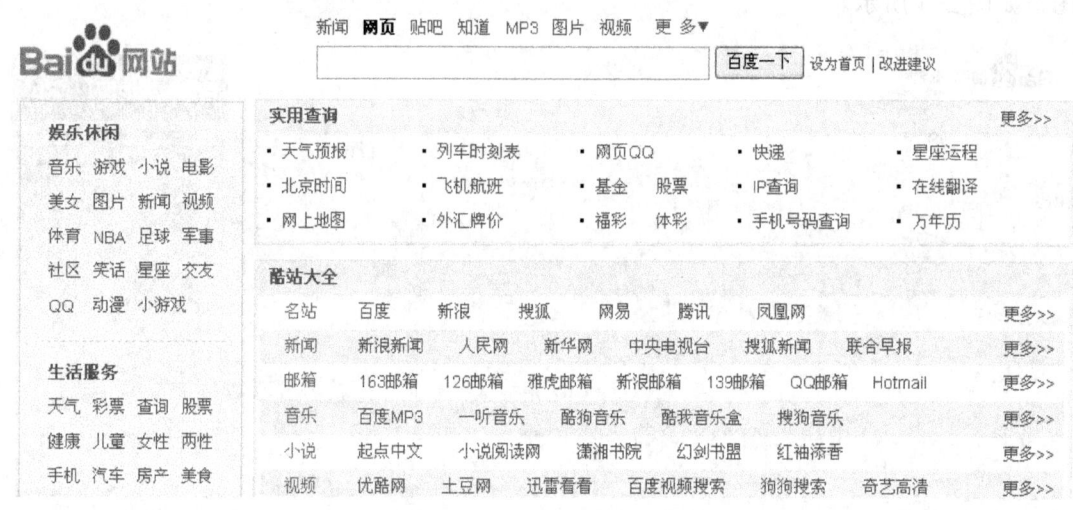

图2-5 百度网站分类检索界面

(2) 搜索技巧

1) 相关检索。如果用户无法确定输入什么关键词才能找到满意的资料,百度相关检索可以帮助用户。用户先输入一个简单词语搜索,然后,百度搜索引擎会提供"其他用户搜索过的相关搜索词"作为参考。单击任何一个相关搜索词,都能得到那个相关搜索词的搜索结果。

2) 关键词。百度搜索对关键词的要求非常严谨,可以说是"一字不错"。所以在搜索时,可以用不同的词进行检索,都会得到满意的效果。例如,分别搜索"李白"和"李太白"会得到不同的结果。

3) 搜索语法。"intitle"可以把搜索范围限定在网页标题中。例如,搜索林青霞的写真,可以这样查询:写真 intitle:林青霞。intitle:和后面的关键词之间,不要有空格。"site"可以把搜索范围限定在特定站点中。有时候,如果知道某个站点中有自己需要找的东西,就可以把搜索范围限定在这个站点中,以提高查询效率。方法是在查询内容的后面,加上"site:站点域名"。例如,在天空网下载软件,就可以这样查询:msn site:skycn.com。注意,

"site:"后面跟的是站点域名，不要带"http://"；另外，site:和站点名之间，不要带空格。"inurl"可以把搜索范围限定在 url 链接中。网页 url 中的某些信息常常有某种有价值的含义，因此把搜索结果的 url 作某种限定，就可以获得更好的效果。例如，搜索关于 photoshop 的使用技巧，可以这样查询：photoshop inurl:jiqiao。上面这个查询串中的"photoshop"是可以出现在网页的任何位置，而"jiqiao"则必须出现在网页 url 中。注意，inurl:语法和后面所跟的关键词之间不要有空格。

4）双引号。在百度搜索中如果输入的查询词过长，百度在经过分析后，给出的搜索结果中的查询词，可能是拆分的。如果对这种情况不满意，可以尝试让百度不拆分查询词。给查询词加上双引号，就可以达到这种效果。例如，搜索上海科技大学，如果不加双引号，搜索结果被拆分，效果不是很好，但加上双引号后，查询"上海科技大学"获得的结果就基本是符合要求的了。

5）书名号。书名号是百度独有的一个特殊查询语法。在其他搜索引擎中，书名号会被忽略，而在百度中，中文书名号是可被查询的。加上书名号的查询词，有两层特殊功能，一是书名号会出现在搜索结果中；二是被书名号扩起来的内容，不会被拆分。书名号在某些情况下特别有用，例如，查名字很通俗且常用的电影或者小说。比如，查电影"手机"，如果不加书名号，很多情况下搜索出来的是通信工具——手机，而加上书名号后，《手机》结果就都是关于电影的了。

6）字母大小写。在百度搜索引擎中对英文字母的大小写不予区分，所有字母均当作小写处理。对于中文的简繁体的检索，只要用户输入标准编码的繁体中文或简体中文，就可以同时搜到繁体中文和简体中文网页，并且搜索结果中的繁体网页摘要信息会自动转成简体中文。

7）高级搜索。如果希望更准确地利用百度搜索，却又不熟悉繁杂的搜索语法，百度的高级搜索功能可以使用户更轻松地自定义要搜索的网页的时间、地区、语言、关键词出现的位置，以及关键词之间的逻辑关系等。高级搜索功能将使百度搜索引擎功能更加完善，使用百度搜索引擎查找信息也更加准确、快捷。百度高级搜索界面如图 2-6 所示。

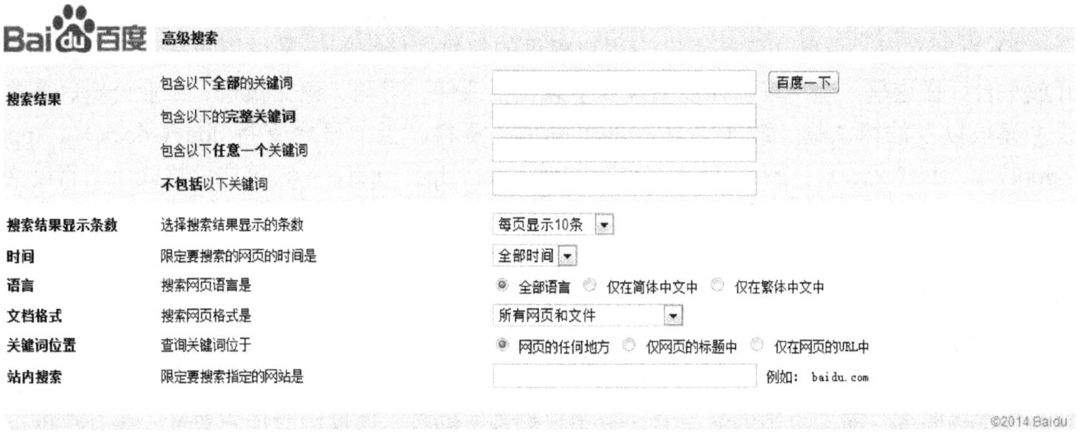

图 2-6　百度高级搜索界面

（3）特色功能

1）百度快照。平时在上网的时候肯定都遇到过"该页无法显示"（找不到网页的错误信息）的情况。在百度的服务器上保存了几乎所有网站的大部分页面，使用户在不能链接所需网站时，能获得百度快照暂存的网页。而且通过百度快照寻找资料要比常规链接的速度快得多，因为百度快照的服务相对稳定，下载速度也比较快，所以不会再受死链或网络堵塞的影响；在快照中，用户的关键词均已用不同颜色在网页中标明，一目了然；单击快照中的关键词，还可以直接跳转到它在文中首次出现的位置，使得浏览网页更方便。百度快照是百度网站最具魅力和实用价值的功能。图2-7所示为百度快照界面。

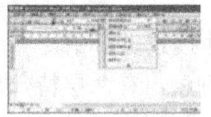

图2-7 百度快照界面

2）IE搜索伴侣。IE搜索伴侣是最新一代的互联网冲浪方式。它使IE浏览器地址栏增加了百度搜索引擎功能，用户无须登录百度网站，直接利用浏览器地址栏，就能快速访问相关网站，或快速获得百度搜索结果。

3）百度文库。百度文库是百度为用户提供的信息存储空间，是供用户在线分享文档的开放平台。在这里，用户可以在线阅读和下载包括课件、习题、论文报告、专业资料、各类公文模板以及法律法规、政策文件等多个领域的资料。当前平台支持.doc（.docx）、.ppt（.pptx）、.xls（.xlsx）、.pot、.vsd、.rtf、.wps、.et、.dps、.pdf、.txt等文件格式。"百度文库"搜索界面如图2-8所示。

此外百度还提供拼音提示、错别字提示、英汉互译词典、计算器和度量衡转换、股票、列车时刻表和飞机航班查询、天气查询及货币换算等功能。

2．新浪

新浪网搜索引擎是面向全球华人的网上资源查询系统，提供网站、网页、新闻、软件、游戏等查询服务。网站收录资源丰富，分类目录规范细致，遵循中文用户习惯，是互联网上最大规模的中文搜索引擎之一。新浪搜索为用户提供准确、全面、详实、快捷的优质服务，以用户需求为本，旨在使用户获得最满意的服务。

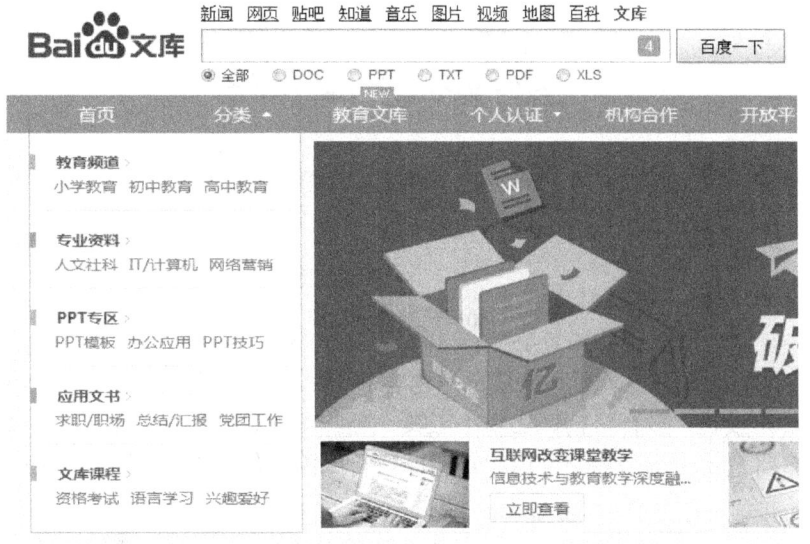

图 2-8 "百度文库"搜索界面

除搜索服务外,新浪网搜索引擎还推出了更多的内容和服务,包括:生活信息、理财与投资、教育与机构、实用小工具、趣味测算、网络与通信等。新浪首页如图 2-9 所示。

图 2-9 新浪首页

(1)搜索方法

从新浪首页单击"搜索"即可进入新浪搜索引擎首页,如图 2-10 所示。

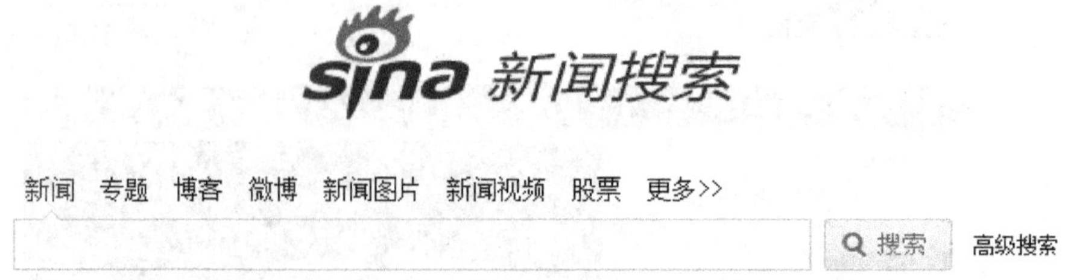

图 2-10　新浪搜索引擎首页

1）按类搜索。新浪将所搜集的信息按内容和形式分为七大板块，包括：搜索服务、生活信息、理财与投资、教育机构、实用小工具、趣味测算、网络与通信。每个板块下又设若干频道。用户将查找内容与各个频道相对应即可得到搜索结果，也可通过下拉菜单提示进行搜索。

2）快速查找。打开新浪网导航，有"快速查找"入口，输入查找名称，即可快速查找。

3）高级搜索。新浪网对新闻搜索设定了高级搜索。可以通过设定关键词、限定检索条件来达到理想的检索结果。限定条件包括：对搜索类别、搜索结果显示条数、搜索内容的时间。

（2）特色功能

1）拼音提示。如果不知道汉字怎样写，或不想输入汉字，可以直接在搜索框输入拼音，新浪搜索引擎会提示最有可能的汉字组合。例如，输入"jisuanji"，下拉菜单中就会显示出"计算机世界"，"计算机"，如图 2-11 所示。如果单击"搜索"按钮，则会显示出提示："您要找的是不是：计算机"，如图 2-12 所示。

图 2-11　新浪搜索引擎拼音提示功能（1）

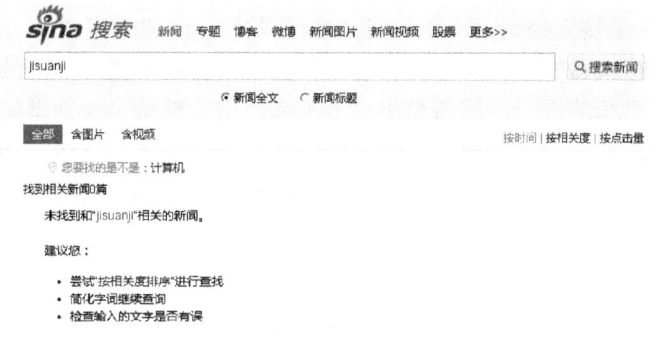

图 2-12　新浪搜索引擎拼音提示功能（2）

2）错别字提示。当输入的关键词有错别字时，新浪搜索有强大的纠错能力会帮助纠正错误。例如，输入"九寨勾"，单击"搜索"按钮，在页面的上方会显示出提示："您要找的是不是：九寨沟"，如图 2-13 所示。

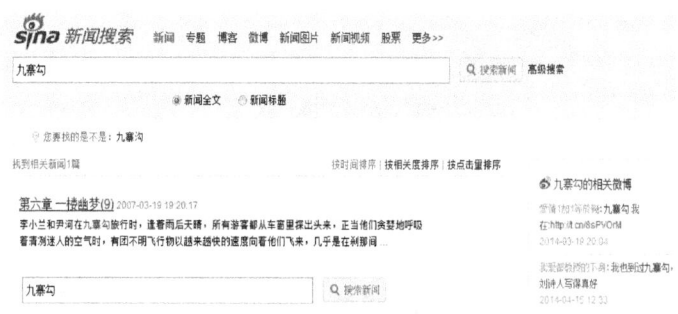

图 2-13　新浪搜索引擎纠错功能

3）提供相关检索。当用户输入的关键词有多种含义时，在搜索页面上会出现相关搜索提示，通过提示词选择，可以更加精确地查找到用户需要的结果。

4）其他查询。新浪搜索还提供电话号码、天气预报、区号、股票、IP 地址等特殊信息的查询。

3. 搜狐

搜狐首页如图 2-14 所示。

图 2-14　搜狐首页

搜狗（Sogou）是搜狐公司旗下子公司，是搜狐公司于 2004 年 8 月 3 日推出的全球首个第三代互动式中文搜索引擎，即以计算机与用户在互动提示下进行互动式搜索。在搜索过程中用户可根据搜索引擎的提示，逐渐缩小检索范围，更加准确、快速地筛选出与自己查询主题相关的信息。它以搜索技术为核心，致力于中文互联网信息的深度挖掘，帮助中国上亿网民加快信息获取速度，是一种更加智能化、人性化、简单化的新型搜索引擎。搜狗首页如图 2-15 所示。

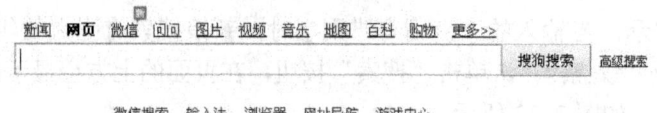

图 2-15　搜狗首页

（1）搜索方法

1）关键词检索。

搜狗关键词查询简洁、方便，只要输入查询内容的关键词并按〈Enter〉键，或用鼠标单击"搜狗搜索"按钮即可得到相关查询信息。搜索输入框上方分为不同的模块，默认的是搜索网页模块。用户可根据所查询信息的类型，确定选择适合的模块，然后在输入框中输入关键词，单击"搜狗搜索"按钮，就可使查询的结果更有针对性。例如，查询歌曲《隐形的翅膀》。先选择"音乐"模块，然后在输入框输入"隐形的翅膀"，再单击"搜狗搜索"，可搜索到包含该关键词的所有信息，包括有关《隐形的翅膀》的不同格式的音频文件。关键词搜索如图 2-16 所示。

图 2-16　搜狗关键词搜索

2）分类检索。

搜狗分类目录先按主题分成 16 个大类目，再进一步细分为二级、三级子类目。搜狗网站分类目录是互联网上查找信息的在线指南。搜狗专业编辑把所有的中文网站资源整理后组织起来，按不同的主题放在相应的目录下，从而形成搜狗的网站分类目录体系。

3）布尔逻辑检索。

在默认情况下，搜狗查询只会返回那些符合全部查询条件的网站信息。不需要在关键词之间加上"and"或"+"等符号。如果想缩小搜索范围，只需要输入更多的关键词，并在关键词之间留空格即可。如查询有关计算机病毒方面的信息，只要输入"计算机　病毒"，按〈Enter〉键后即得到包括"计算机"与"病毒"的全部信息。

（2）搜索技巧

1）搜索提示。

搜狗在中文搜索领域率先推出了互动式搜索："搜索提示"，即当用户输入一个查询词时，搜索引擎尝试理解用户可能的查询意图，给予多个主题的搜索提示，引导用户更快速准确地定位自己所关注内容。这种与用户的"对话交流"，大幅度提高了搜索相关度。例如，用户输入"绿茶"一词，搜索引擎会快速将绿茶可能出现的主题进行分类，给出如茶文化、健康知识、电影介绍、化妆品等主题提示，用户单击自己所需的类别就可以轻松找到答案。

此外还可以对用户搜索结果所在分类进行统计计算，用来提供某个关键词的相关分类，用户可以根据自己的个人喜好，选择在相关的类目里进行查询。

2）扩展搜索。

搜索结果不佳，有时候是因为选择的查询词有多种不同的含义，而搜索引擎提供的结果并不一定是用户所需要的。比如用户在搜索"绿茶"这个词汇的时候，绿茶有多种含义，如电影绿茶，茶叶绿茶，饮料绿茶等。搜狗的"扩展搜索"就是提供给用户查询词不同含义下的参考。搜狗的"扩展搜索"排布在搜索结果页的下方，按搜索热门度排序，通过提示词的选择，可以更加精确地查找到用户确实需要的搜索结果信息。例如，图 2-17 是"绿茶"的扩展搜索。单击这些词，可以直接获得它们的搜索结果。

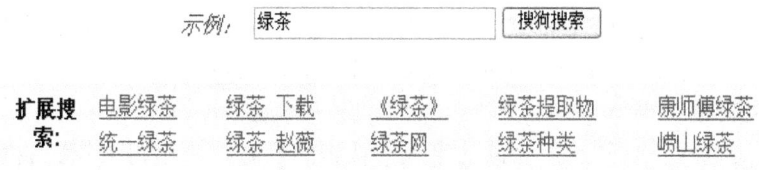

图 2-17　搜狗扩展搜索界面

（3）特色功能

1）智能纠错。

由于汉字输入法的局限性或偶然发生的错误，在搜索时经常会输入一些错别字，导致搜索不到需要的结果，而搜狗的错别字纠正系统可以轻而易举地解决这个问题。搜狗会自动对用户输入的词汇进行扫描，并在搜索结果上方提供提示，帮助用户纠正可能有的错别字。例如，搜索"多轮多"，搜狗自动提示："您是不是要找：多伦多"。如果单击"多伦多"，则搜狗会把正确的"多伦多"的结果搜索出来。

读者可以尝试搜索：宫其俊 张绍含 谢庭峰。

2）拼音查询。

搜狗拥有强大的汉语拼音转换功能，对于一些不会写的词汇，可以直接在搜索框中输入汉语拼音进行搜索，搜狗能够自动地将汉语拼音转换回词汇再进行搜索。例如，用户输入"liudehua"，搜狗自动提示："您是不是要找：刘德华"。

3）网页快照。

搜狗所有收录的网站都有一份网页快照，以备在找不到原来的网页时使用。当用户无法打开搜索结果中的网页时，单击后面的"网页快照"，将看到对应此网页的"网页快照"。为提高浏览速度，搜狗对网页快照中的图片以及一些格式进行了过滤。用户看到的"网页快照"和原始页面并不完全相同。在显示网页快照时，其顶部有提示"搜狗和网页的作者无关，不对网页的内容负责"，用来提醒用户这不是实际的网页。尚未编入索引的网页没有"网页快照"，另外，如果网页的所有者要求搜狗删除其快照，则这些网站也没有"网页快照"。

4）在线翻译。

用户只要输入"翻译"便可激活在线翻译的工具，支持中英、中日、中韩、中法等互译，给用户提供专业的翻译结果。

如果用户遇到不认识的单词，将其直接输入搜索框，搜狗也会立即告诉用户此单词对应的中文意思。

搜狗致力于用户体验的改善，为了方便用户，搜狗将操作最简化。原来搜狗就支持英文单词的翻译查询，但是为了给用户带来最方便的使用体验，搜狗对单词翻译进行了改进，搜狗的单词翻译将是最简单的查询方式之一。当用户搜索某一个英文单词时，例如"search"，搜狗会在右侧提示该单词的中文解释：

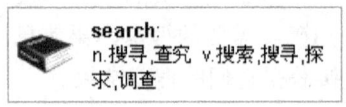

另外，如果用户搜索的是多个英文单词时，右侧给出的是这些英文单词中最长的那个单词的解释。读者可以尝试：future collaborative to find information。

5）生字快认。

当用户在浏览网页时碰到不会读的字或不认识的字时，不用再去找在线字典了，用户可以把这个字复制到搜狗的搜索框中进行搜索，例如，搜索"饕"第一行就会默认提示：

饕 tao
〈动〉 (1) (形声。从食,號(ha4o)声。本义:极贪欲;极贪财)。查看解释

结果里不仅有汉语解释，还有英文解释。

读者可以尝试：饕 燚 醴。

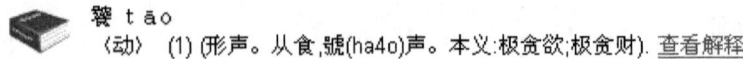

6）成语查询。

成语是我们民族文化的精髓，搜狗现在也集成了成语词典的功能，当用户搜索成语的时候，例如"相濡以沫"，第一行就会默认提示：

　　相濡以沫 xiāng rú yǐ mò
　　【近义】同甘共苦、生死与共　【反义】自私自利　【释义】濡.. 查看解释

读者可以尝试：东山再起　脱颖而出　卧薪尝胆。

7）热书荐读。

当用户在搜索框里输入某一热门原创/连载图书名称时，例如"幸福的过山车"，在搜索结果页的右侧就会出现该书的具体信息提示和链接：

　　　　推荐：幸福的过山车
　　　　原创、连载图书精品阅读

读者可以尝试：幸福的过山车　爱你两周半　本色。

　　示例：　幸福的过山车　　　　搜狗搜索

4．网易

网易的搜索引擎是"有道搜索"。2007 年 12 月，由网易自主研发的"有道搜索"正式上线，它是目的是把设想中的服务一点点变成现实，分享给用户使用，让搜索引擎使用者更快地找到想要的内容。有道搜索首页如图 2-18 所示。

图 2-18　有道搜索首页

(1) 搜索方法

有道的搜索方法以分类检索、关键词检索为主。

网易的分类目录采取"开放式目录"管理方法,在功效齐全的散布式编纂和管理体系的支撑下,现有 5000 多位各界专业人士介入可阅读分类目录的编纂工作,极大地适应了互联网信息爆炸式增长的潮流。网易的分类目录功能比较强,所有目录专门为中国用户设计,分类比较符合中国人的习惯。

有道搜索在增强与其他搜索引擎合作的基础上,新版搜索引擎支持使用关键词对所有网站进行检索。

(2) 特色功能

1) 预览功能,实用快捷。

在有道搜索中提供了预览功能,使用该功能,无需打开链接地址,就可以在弹出窗口中快速浏览结果页面的文本信息,这样就可以确定是否需要打开该链接。在有道搜索结果中,可以看到有的搜索结果前面有一个"预览功能"按钮,当用户把鼠标移动到该按钮上时,就会弹出一个预览窗口,在该窗口中显示了链接地址的文本信息。

2) 博客卡片,统计简单。

在 2006 年博客得到了长足的发展,许多网站都推出了博客服务,中国的博客用户也在成倍地增长,要想知道谁引用了自己的博客,或想知道自己博客的活跃度与关注度,就可以使用有道搜索的博客搜索功能。有道可以把找到的博客以博客卡片的形式呈现出来,在博客卡片中不仅包含着博客名称、作者、头像与博客描述信息,还包含着各种统计信息,如博客的活跃度、关注度、被引用的数量、平均发文间隔等。

3) 即时提示,快速准确。

有道搜索提供了即时提示功能,只要用户在使用有道搜索时,在搜索框中输入要搜索关键字的第一个汉字或字母,有道搜索就会根据用户的搜索输入,将最常见和可能的搜索关键词在搜索输入框中提示出来,用户只要使用鼠标或键盘的上下、回车键进行选择,即可快速找到搜索结果,另外有道搜索还支持直接符合查询要求的结果,选中后可以直接访问结果网页。

4) 网络释义功能。

有道搜索提供了海量词典的翻译功能,通过海量词典可以帮助用户翻译一些不认识的英文单词,另外有道搜索的海量词典还提供了网络释义功能。所谓的网络释义是指通过搜索引擎对网页的数据挖掘与文本分析,获取大量存在于网络中但普通词典却找不到的英文名称与缩写,其中包括影视作品、品牌名称、名人姓名、地名与专业等。例如用户想知道"芝加哥公牛队"的英文缩写,只要在有道搜索中打开"海量词典"标签,然后输入"芝加哥公牛队",单击"搜索"按钮,就可以看到其英文缩写及介绍了。有道词典版本已升级到 6.0,增加了口语练习功能。

5) 有道云笔记。

2011 年 6 月,有道推出有道笔记 1.0Beta 版,旨在以云存储技术帮助用户建立一个可以轻松访问、安全存储的云笔记空间,解决个人资料和信息跨平台、跨地点的管理问题。2011 年 12 月 6 日,有道笔记升级为正式版,并更名为"有道云笔记"。截至 2013 年 6 月,有道云笔记用户量已突破 1500 万。

其特点主要表现在以下几点：一是随心记录，随时同步。可用文字、手写、录音、拍照多种方式记录，并支持任意附件格式。同时一处记录，各终端都可以查看；二是云端备份，安全可靠。通过有道云笔记可以不怕意外断电、计算机损坏，资料可以云端找回，珍贵照片不会丢失、资料加密不会外泄，安全稳定；三是为中国用户贴心设计手写体验，流畅，笔迹完美。微博、QQ 账号都可登录传邮件、发微博，分享变得十分容易。

 知识链接

搜索引擎发展简史

现代意义上的搜索引擎的祖先，是 1990 年由蒙特利尔大学学生 Alan Emtage 发明的 Archie。虽然当时 WWW 还未出现，但网络中文件传输已经相当频繁，而且由于大量的文件散布在各个分散的 FTP 主机中，查询起来非常不便，因此 Alan Emtage 想到了开发一个可以以文件名查找文件的系统，于是便有了 Archie。Archie 工作原理与现在的搜索引擎已经很接近，它依靠脚本程序自动搜索网上的文件，然后对有关信息进行索引，供使用者以一定的表达式查询。由于 Archie 深受用户欢迎，受其启发，美国内华达 System Computing Services 大学于 1993 年开发了另一个与之非常相似的搜索工具，此时的搜索工具除了索引文件外，还能检索网页。

当时，"机器人"一词在编程者中十分流行。计算机"机器人"（Computer Robot）是指某个能以人类无法达到的速度不间断地执行某项任务的软件程序。由于专门用于检索信息的"机器人"程序像蜘蛛一样在网络间爬来爬去，因此，搜索引擎的"机器人"程序就被称为"蜘蛛"程序。世界上第一个用于监测互联网发展规模的"机器人"程序是 Matthew Gray 开发的 World Wide Web Wanderer。刚开始它只用来统计互联网上的服务器数量，后来则发展为能够检索网站域名。与 Wanderer 相对应，Martin Koster 于 1993 年 10 月创建了 ALIWEB，它是 Archie 的 HTTP 版本。ALIWEB 不使用"机器人"程序，而是靠网站主动提交信息来建立自己的链接索引，类似于现在我们所熟知的 Yahoo。

随着互联网的迅速发展，使得检索所有新出现的网页变得越来越困难，因此，在 Matthew Gray 的 Wanderer 基础上，一些编程者将传统的"蜘蛛"程序工作原理做了改进。其设想是，既然所有网页都可能有连向其他网站的链接，那么从跟踪一个网站的链接开始，就有可能检索整个互联网。到 1993 年底，一些基于此原理的搜索引擎开始纷纷涌现，其中以 JumpStation、The World Wide Web Worm（Goto 的前身，也就是今天 Overture）和 Repository-Based Software Engineering（RBSE）Spider 最负盛名。

然而 JumpStation 和 WWW Worm 只是以搜索工具在数据库中找到匹配信息的先后次序排列搜索结果，因此毫无信息关联度可言。而 RBSE 是第一个在搜索结果排列中引入关键字串匹配程度概念的引擎。

1991 年 1 月，第一个可搜索浏览的分类目录 EINet Galaxy（Tradewave Galaxy）上线。除了网站搜索，它还支持 Gopher 和 Telnet 搜索。

1991 年 4 月，斯坦福大学的两名博士生，美籍华人 Jerry Yang（杨致远）和 David Filo 共同创办了 Yahoo（雅虎），并成功地使搜索引擎的概念深入人心，从此搜索引擎进入了高速发展时期。随着访问量和收录链接数的增长，Yahoo 目录开始支持简单的数据库搜索。因为 Yahoo 的数据是手工输入的，所以不能真正被归为搜索引擎，事实上只是一个可搜索的目录。Wanderer 只抓取 URL，但 URL 信息含量太小，很多信息难以单靠 URL 说清楚，搜索效率很低。而 Yahoo 中收录的网站，因为都附有简介信息，所以搜索效率明显提高。Yahoo 几乎成为 20 世纪 90 年代互联网的代名词。Yahoo 以后陆续使用 Altavista、Inktomi、Google 提供搜索引擎服务。2002 年 10 月 9 日，Yahoo 放弃自己的网站目录默认搜索，改为默认 Google 的搜索结果，成为一个真正的搜索引擎。2004 年 2 月，Yahoo 正式推出自己的全文搜索引擎，并结束了与 Google 的合作。

1995 年一种新的搜索引擎形式出现了——元搜索引擎（A Meta Search Engine Roundup）。用户只需提交一次搜索请求，由元搜索引擎负责转换处理后提交给多个预先选定的独立搜索引擎，并将从各独立搜索引擎返回的所有查询结果集中起来。

目前，互联网上的搜索引擎已达数百家，其检索的信息量也与从前不可同日而语。

随着互联网规模的急剧膨胀，一家搜索引擎光靠自己单打独斗已无法适应目前的市场状况，因此现在搜索引擎之间开始出现了分工协作，并有了专业的搜索引擎技术和搜索数据库服务提供商。像国外的 Inktomi（已被 Yahoo 收购），它本身并不是直接面向用户的搜索引擎，但向包括 Overture（原 GoTo，已被 Yahoo 收购）、LookSmart、MSN、HotBot 等在内的其他搜索引擎提供全文网页搜索服务。国内的百度也属于这一类（百度已于 2001 年 9 月开始提供公共搜索服务），搜狐和新浪用的就是它的技术（搜狐二级网页搜索现已改为中文搜索的引擎，而新浪则已转用 Google 的搜索结果）。因此从这个意义上说，它们是搜索引擎的搜索引擎。

搜索引擎的发展趋势

一个好的搜索引擎，不仅数据库容量要大，更新频率、检索速度要快，支持对多语言的搜索，而且随着数据库容量的不断膨胀，还要能从庞大的资料库中精确地找到正确的资料。

1）提高搜索引擎对用户检索提问的理解。为了提高搜索引擎对用户检索提问的理解，就必须有一个好的检索提问语言。为了克服关键词检索和目录查询的缺点，现在已经出现了自然语言智能答询。用户可以输入简单的疑问句，比如"如何能杀死计算机中的病毒"，搜索引擎在对提问进行结构和内容的分析之后，或直接给出提问的答案，或引导用户从几个可选择的问题中进行再选择。自然语言的优势在于，一是使网络交流更加人性化，二是使查询变得更加方便、直接、有效。就以上面的例子来讲，如果用关键词查询，多半人会用"病毒"这个词来检索，结果中必然会包括各类病毒的介绍，病毒是怎样产生的等许多无用的信息，而用"如何能杀死计算机中的病毒"检索，搜索引擎会将怎样杀死病毒的信息提供给用户，提高了检索效率。

2）垂直主题搜索引擎有着极大的发展空间。网上的信息浩如烟海，网络资源以惊人的速度增长，一个搜索引擎很难收集全所有主题的网络信息，即使信息主题收集得比较全面，由于主题范围太宽，很难将各主题都做得精确而又专业，使得检索结果垃圾太多。这样一来，垂直主题的搜索引擎以其高度的目标化和专业化在各类搜索引擎中占据了一席之地。目前，一些主要的搜索引擎，都提供了新闻、音乐、图片、Flash 等的搜索，加强了检索的针对性。

3）元搜索引擎能够提供全面且较为准确的查询结果。现在的许多搜索引擎，其收集信息的范围、索引方法、排名规则等都各不相同，每个搜索引擎平均只能涉及整个 Web 资源的 30%～50%，这样导致同一个搜索请求在不同的搜索引擎中获得的查询结果的重复率不足 34%，而每一个搜索引擎的查准率不到 45%。元搜索引擎（META Search Engine）是将用户提交的检索请求发送到多个独立的搜索引擎上去搜索，并将检索结果集中统一处理，以统一的格式提供给用户，因此有搜索引擎之上的搜索引擎之称。它的主要精力放在提高搜索速度、智能化处理搜索结果、个性化搜索功能的设置和用户检索界面的友好性上，查全率和查准率都比较高。

习题

1．名词解释
（1）搜索引擎
（2）布尔逻辑检索技术
2．简答题
（1）浏览新浪、网易、搜狗、百度等网站，熟悉各个网站信息收集的内容及编辑方式，找出它们各自的特点。
（2）分别写出百度、新浪、搜狗搜索引擎的主要检索途径。
3．操作题
（1）自己确定同一检索内容，利用不同的搜索引擎进行检索，然后查看结果有何不同。
（2）检索出唐代关于中秋节的诗词两首，并简要说明你的检索过程。
（3）实例检索：信息检索 AND 计算机
（信息检索 OR 文献检索） AND 计算机
文献检索 NOT 文献检索课

第3章 图书信息检索

3.1 中文工具书信息检索

人们无论从事何种工作，都要依靠或利用一定的工具。我们在工作、学习、科学研究也离不开工具。书籍中有一部分属于工具的性质，我们把它们称为"工具书"。所谓工具书就是专供查找知识信息的图书文献。它是根据一定的社会需要，系统汇编各门类或某一门类的知识和资料，按一定的方法加以编排，作为专供需要时查考用的图书文献。工具书是帮助人们读书治学和工作生活的一种利器，素来享有"学海津梁""案头顾问""无声老师"等美誉。要想在书山学海中迅速而准确地查找到所需要的某一本书、一篇文章、一段话、一个数据、一个字，或者有关某方面的专题文献资料，借助工具书是最为有效的途径。

1. 工具书的特点及功用

工具书有别于一般图书，有其自身的特点。总结起来，工具书有以下三个方面的特点。

首先，从编辑目的而言，它主要是供人们查考、检索解决疑难问题用的，一般不用于人们的系统阅读。其次，从编排方法而言，工具书总是按某种特定体例编排，以体现其工具性、易检性、一查即得。工具书的编排体例主要按部首、字顺、分类、音序、地序、号码等方式，方便查询。第三，从编撰内容而言，工具书广泛吸收已有的研究成果，所提供的知识、信息比较成熟可靠，而且叙述简明扼要，具有高度的概括性和广泛性。

正是由于工具书的这些特点，使它成为人们工作、学习中不可缺少的"良师益友"。具体地说，它的功用主要有以下几个方面。

1）它可以解答疑难问题。字典、词典、百科全书、年鉴、手册等，能够帮助人们解决各种疑难问题。

2）它可以指示读书门径。无论研究何种问题，都必须查找有关图书资料来作参考。而图书目录、书目提要、推荐书目、导读书目等能够评价图书的得失，指导读书的方法和步骤，所以借助这些工具书，可以引导人们正确选择图书参考资料。

3）它可以提供研究资料。汇编、年鉴等工具书，可以直接向人们提供研究资料。

4）它可以提供资料线索。利用书目、索引、文摘等检索性工具书提供的资料出处和线索，可以帮助人们迅速查找到原始文献，节省宝贵的时间。

2. 工具书的类型

根据工具书的基本性质、使用功能及编排体例，工具书可以划分为检索性工具书和参考性工具书。另外还可以根据语种、学科内容、规模大小等标准划分成不同类型。

3. 常用检索性工具书简介

（1）字典和词典

字典、词典是人们经常使用的最普通的工具书。它们是按一定方法编排，汇集各种语言中的字词及短语，分别给予拼写、发音和词义解释等信息，并按字顺组织起来方便读者随时查检特定词语信息的语言工具书。在汉语中字和词是有一定区别的。

字典是汇集单字，按某种查字方法编排，介绍字的形、音、义及其用法的工具书。其主要作用在于查找字的正确写法、标准读音以及字的意义和用法。按字典收录材料的范围，可分为现代汉语字典，如《新华字典》《汉语大字典》等；古汉语字典，如《康熙字典》《古汉语常用字字典》等；文字形体词典，如《甲骨文编》《金文编》等。我国最早的一部字典是东汉时期许慎编纂的《说文解字》，它根据字形结构，首创部首编排法，并用"六书"理论来解释字的意义。而《康熙字典》则是我国第一部用字典名称的字书。《汉语大字典》是我国目前规模最大、形音义最完备的大型汉语字典，被誉为"共和国的《康熙字典》"。新版《汉语大字典》现收楷书单字60370个，总字数超过1500万字。

词典是汇集语言中的词语，按一定的方法编排，解释词语的概念、意义和用法的工具书。它的主要作用在于查找词语的意义和用法。按词典收录材料的范围，可分为：现代百科词典，如《辞源》《辞海》；现代汉语词典，如《现代汉语词典》《新华词典》等；古汉语词典，如《辞源》《辞通》；文言虚语词典，如《词诠》《古书虚字集释》；成语典故词典，如《汉语成语小词典》《汉语成语词典》；方言俗语词典，如《方言》；专科性词典，如《政治经济学词典》《中国人名大辞典》等。我国最早的一部词典是儒家经典之一的《尔雅》。它首创的按意义分类编排的体例和多种释词方法，对后代词书、类书的发展产生了很大的影响。

（2）百科全书

百科全书是一种重要的知识密集型工具书，它总结和组织了世界上累积的知识，是百科知识的汇总。它搜集社会科学和自然科学的各种专门术语、重要名称（如人名、地名、物名、事件名称等）分列条目，以详细的叙述和说明，并附有参考书目。现代的百科全书是概括人类一切知识的科学概述。它不仅可以供人们查找疑难问题使用，而且可供人们系统地学习知识之用，是一种理想的参考工具书。常用的百科全书有：《中国大百科全书》《新不列颠百科全书（中、英文版）》《计算机科学技术百科全书》《数学百科全书》《科学家传记百科全书》等。

百科全书具有以下特点：概述性，是对人类知识的整理和概括总结，集众家之说于一书，表述语言准确、精练；完备性，几乎囊括了各方面的知识，内容广泛；权威性，是供长期查检和引据的权威工具书，带有"知识标准"的性质；可靠性，百科全书收录的知识内容严谨、规范、确切，可引以为据，供人查阅。

百科全书可分为三大类：一是综合性百科全书，如《中华常识百科全书》《中国大百科全书》；二是专业性百科全书，如《社会科学百科全书》《中国文学百科全书》；三是地域性百科全书，如《西藏百科全书》《北京百科全书》等。

要查询以下问题就会用到百科全书，如概念、定义、背景性材料、人物传记资料、地名、组织机构、规范材料、图像材料、事件、活动、奇特事物等一般事实性咨询问题。

（3）年鉴

年鉴是汇集过去一年内的重要时事文献和统计资料，按年度连续出版的工具书。它的资料主要来源于政府公报和文件及重要报刊上的统计数据等。年鉴一般按分类编排，由概况、文选和文献、统计资料、大事记和附录等构成。它具有时限性、资料性、可靠性和连续性的特点。年鉴可以提供一年间国内外大事、法规文献、各类统计数字等方面的信息,人们通过年鉴可以获得比较系统、可靠的新资料和统计数字。它为我们掌握某学科领域一年内的新成果和发展趋势提供了一个重要途径,并可弥补百科全书不能及时修订的缺陷。年鉴也被人们称为"微型百科全书"。

年鉴分为综合型、专门型和统计型三种。常用的综合型年鉴有《中国年鉴》《中国百科年鉴》《世界大事记年鉴》《世界知识年鉴》等;常用的专门型年鉴有《中国教育年鉴》《世界经济年鉴》《中国农业年鉴》等;常用的统计型年鉴有《中国统计年鉴》《联合国统计年鉴》《英国统计文摘年刊》等。

(4)手册

手册汇集某一方面经常需要查考的基本资料,以供读者手头随时翻检之用。其内容通常是简明扼要地概述某一专业、专题的基本知识、资料以及一些公式、数据、规章、条例等。手册也称为指南、要览、备览、必备、大全等。

手册可分为综合性和专业性两种。综合性手册为一般读者提供基本知识和学习资料,如《中华人民共和国资料手册》《生活科学手册》《世界各地手册》等。专业性手册是为专业技术人员提供专门知识或资料,如《实用经济工作手册》《国际知识手册》《电工手册》《新会计制度实用手册》《电子器件数据手册》等。

中文工具书的发展简况见下表。

中文工具书发展简况

	发展概况	字典/词典	百科全书/类书/政书	年鉴/手册	书目/索引/文摘	表谱/图录	其他
春秋、战国	少数贵族掌握文化,典籍靠背诵						
汉	工具书发展的奠基时期	•《尔雅》——我国第一部分类词典 •扬雄《𬨎轩使者绝代语释别国方言》 •许慎《说文解字》——我国第一部完备字典,首创部首法			•刘向、刘歆整理推出《别录》《七略》——我国最早的综合性解题目录 •《七略》基础上班固《汉书·艺文志》——我国第一部史志目录	•司马迁《史记》创"十表" •军事政治斗争需要,地图大发展	
魏、晋、南、北朝		•魏国李登《声类》——我国第一部韵书 •隋代陆法言《切韵》 •梁元帝《同姓名录》——第一部人名词典	魏国刘劭、王向《皇览》——我国第一部类书		目录学: •荀勖《中经新簿》 •李充《四部书目》——开"四部分类法"先河	•地图发展重要阶段。裴秀"制图六说" •杜预《春秋长历》——较早的历表	

（续）

	发展概况	字典/词典	百科全书/类书/政书	年鉴/手册	书目/索引/文摘	表谱/图录	其他
唐、宋	经济文化发展，推广科举，封建士大夫、读书人可编工具书	诗词盛行，韵书新发展编撰体例趋于完善。宋代陈彭年等人《广韵》，丁度等人《集韵》	• 类书：（唐）欧阳询等人《艺文类聚》；徐坚《初学记》，（宋）李昉等人《太平御览》、王钦若、杨亿《册府元龟》；王应麟《玉海》 • （唐）杜佑《通典》——我国第一部完备的政书；（宋）郑樵《通志》		• 《隋书·经籍志》——我国第二部史志目录，奠定了"四分法"基础 • 宋代《崇文总目》（官修目录） • 宋代三部私人藏书目；晁武公《郡斋读书志》、陈振孙《直斋书录解题》、尤袤《遂初堂书目》		
辽、金、元		（金）王文郁《平水新刊礼部韵略》，归《广韵》206韵为106韵	（元）马端临《文献通考》，政书发展				
明	国家统一，经济文化发展，工具书发展	字书发展，梅膺祚《字汇》，减《说文》540部为214部，为后代字典创下新体例	类书发展突出，官修《永乐大典》——我国历史上最大的类书				
清	对过去成果的集大成	• 《康熙字典》——第一部以"字典"命名的字书 • 《佩文韵府》是韵书新发展	《古今图书集成》		《四库全书总目》		
近代	工具书内容变革，总类增加，编排方式改进，大量涉及当代事物	• 《中华大字典》 • 《辞源》——用现代方法编写的我国最早的大型百科词典		反映新情况、新资料的年鉴与手册出现	索引（引得）大量发展	年表出现：陈坦《中西西回日历》，万国鼎《中西对照历代纪年图表》	工具书编检方法革新，不限于部首法
现代	工具书内容不同，数量大增				书目、索引大发展：《全国总书目》《中国丛书综录》《全国报刊索引》《中国史学论文索引》等		• 古代工具书出版受到重视 • 汉语拼音音序法排检

3.2 馆藏图书信息检索

馆藏图书信息检索系统分两种形式。一种是手工卡片式检索图书信息系统；另一种是计算机检索图书信息系统。

3.2.1　手工卡片式检索图书信息系统

　　手工卡片式检索系统主要利用图书馆目录检索图书信息。图书馆目录是揭示馆藏、宣传图书、指导阅读、检索文献的重要手段和基本工具。图书馆或藏书单位对图书进行加工，编制成各个款目，根据不同的检索点，将款目编制成各种检索目录，一般图书馆为读者提供如分类目录、书名目录、著者目录等，以满足读者从不同角度检索馆藏图书的需求。这三套目录互相联系、功能互补、各有所长，形成一个比较完整的目录体系，检索起来非常方便。

　　为了更好地揭示馆藏图书，图书馆还可编制文摘、题录、索引等二次文献，方便读者利用馆藏信息资源。

3.2.2　计算机检索图书信息系统

　　计算机检索图书信息系统主要是指联机公共书目查询系统 OPAC。OPAC 是 Online Public Access Catalogue 的缩写，即为联机公共目录查询系统。多数图书馆都有自己的馆藏联机公共目录查询系统。该系统是利用计算机终端来查询基于图书馆局域网内的馆藏数据资源的一种现代化检索方式。OPAC 主要供公共用户使用，支持布尔逻辑组合的复杂检索，并提供多种检索限制。数据库记录的字段一般有：文献索取号、文献名称（包括书名、期刊名称）、责任者、主题词、ISBN/ISSN、收藏地点等，其中文献索取号和收藏地点是借阅文献的重要依据。OPAC 已成为国内外文献信息服务机构的书目网上查询的通用模式，随着互联网的发展，许多图书馆都已经将自己的 OPAC 服务向整个网络发布了。

　　OPAC 的种类很多，从不同的角度有不同的分类方法。按文献的类型可分为图书联合目录、期刊联合目录、会议文献联合目录等；按文献的语种可分为中文图书文献查询系统、西文图书文献查询系统、中文期刊查询系统、西文期刊查询系统等；按文献入藏单位的多少可分为馆藏目录查询系统和联合目录查询系统。下面主要介绍馆藏目录查询系统和联合目录查询系统。

1. 馆藏目录查询系统

　　馆藏目录查询系统只反映某个特定图书馆的文献入藏情况，如国家图书馆联合公共目录馆藏查询系统、某高校图书馆书目查询系统、科研院所信息中心的联机公共目录等。馆藏书刊的检索，实现了 Web 方式下对图书馆数据库的实时访问，为读者提供了更方便快捷的服务，读者可以从书刊题名、著者、中图分类号等多个检索点入手，查看本馆图书、现刊、过刊的流通信息等。下面以中国国家图书馆为例加以说明。

　　从中国国家图书馆主页，如图 3-1 所示，单击右侧"馆藏目录"，进入联机公共目录查询系统，如图 3-2 所示。

　　在登录联机公共目录查询系统后，可以在文本框内输入一个或多个关键词直接检索，还可以单击左侧下拉列表和文本框下方单选按钮加以限制，这样检索的结果更准确。联机公共目录查询系统检索字段包括：所有字段、正题名、其他题名、著者等 19 项内容供选择；数据库有中文文献、外文文献和全部文献供选择。最后单击"书目检索"按钮，即可显示检索结果。

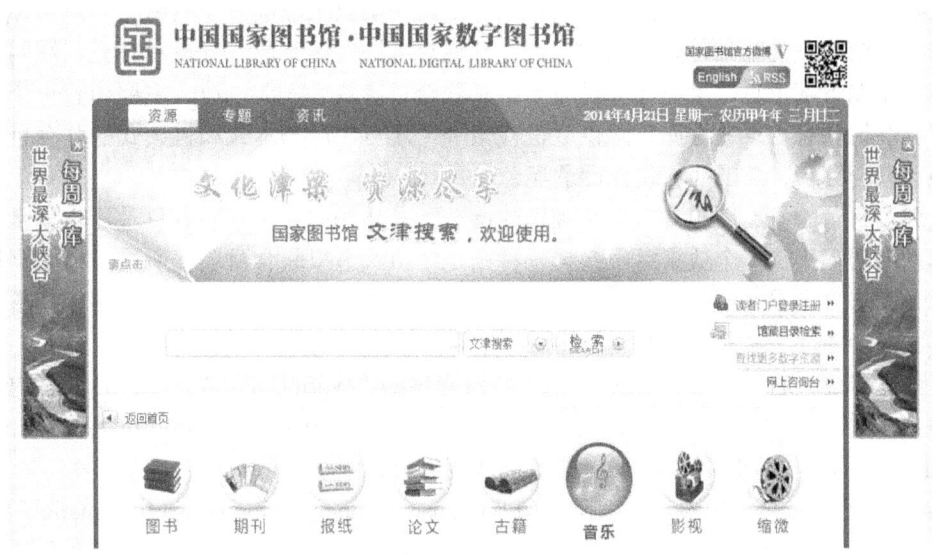

图 3-1　中国国家图书馆主页

图 3-2　联机公共目录馆藏查询系统

联机公共目录查询系统还可以利用"读者信息库"查询读者借阅文献的情况。

2．联合目录查询系统

联合目录（Union Catalogue）是指一种联合两所以上图书馆馆藏目录的数据库。使用者从单一窗口网站来检索国内多所图书馆的馆藏，能够获得哪个图书馆收藏了他所需要的馆藏的资讯。联合目录能扩大读者检索和利用文献的范围，也便于图书馆藏书协调、馆际互借和实现图书馆资源共享。

我国从 20 世纪 80 年代开始采用计算机编制联合目录。联合目录通常由若干文献收藏单位合作编制。事先须制定统一的著录项目和标准，明确收录范围。一般由一个或若干个收藏丰富的图书馆馆藏为基础，负责提供草目，其他有关图书馆对此进行核对补充，注明收藏单位，最后由编辑部汇总。采用计算机技术编制联合目录较为方便迅速，主要由若干个图书馆共同建立联机联合目录数据库，除供联机检索外，还可生产书本式和机读式的联合目录。如北京地区联合目录、全国期刊联合目录等。

从联合目录的发展历史看，有两种模式：一种是传统的集中式联合目录，也就是将多个图书馆的数据汇集在一个数据库中；另一种则是模拟式虚拟联合目录。所谓虚拟联合目录就是指每一个书目数据库都是相对独立的，只有在用户检索时将它们视为一个整体，通过一个通用界面同步并行检索书目数据库，然后将检索结果返回。

目前全球最大的线上联合目录为 OCLC 所提供的"WorldCat"数据库；目前国内最大的线上联合目录为"全国图书书目资讯网"（National Bibliographic Information Network，NBINet）。下面以 CALIS 的联合目录的查询为例进行介绍。

CALIS 是中国高等教育文献保障系统（China Academic Library & Information System, CALIS），CALIS 管理中心设在北京大学，下设了文理、工程、农学、医学四个全国文献信息服务中心，华东北、华东南、华中、华南、西北、西南、东北七个地区文献信息服务中心和一个东北地区国防文献信息服务中心。从 1998 年开始建设以来，CALIS 管理中心引进和共建了一系列国内外文献数据库，包括大量的二次文献库和全文数据库；采用独立开发与引用消化相结合的道路，主持开发了联机合作编目系统、文献传递与馆际互借系统、统一检索平台、资源注册与调度系统，形成了较为完整的 CALIS 文献信息服务网络。迄今参加 CALIS 项目建设和获取 CALIS 服务的成员馆已超过 500 家。

3.3 电子图书

电子图书又称为 e-book，是指以数字代码方式将图、文、声、像等信息存储在磁、光、电介质上，通过计算机或类似设备使用，并可复制发行的大众传播媒体。其类型有：电子图书、电子期刊、电子报纸和软件读物等。

1. 电子图书特点

电子图书拥有与传统书籍许多相同的特点：包含一定的信息量，比如有一定的文字量、彩页；其编排按照传统书籍的格式以适应读者的阅读习惯；通过被阅读而传递信息等。

电子图书作为一种新形式的书籍，又拥有许多与传统书籍不同或者是传统书籍不具备的特点。

1）必须通过电子计算机设备读取并通过屏幕显示出来，数字化资料可以包含图文声像等各种资料，具备图文声像结合的优点。

2）检索功能强大，方便信息检索，提高图书信息的利用率。

3）可以复制图书内容，在阅读电子图书时，通过单击鼠标就可以轻松完成对所需内容的保存、复制、修改、编辑等操作。

4）信息含量大，存储介质相较传统书籍而言容量更大，可以容纳更多的信息。

5）具有稳定性。图书的特点决定了电子图书同样具有稳定性，只要图书被数字化之后，就会被永久保存下来。

6）有更多样的发行渠道。

2. 电子图书的主要功能

用户可以订阅众多电子期刊、书籍和文档，从网上自动下载所订阅的最新新闻和期刊，显示整页文本和图形，并通过搜索、注释和超链接等增强阅读体验。采用翻页系统，类似于纸制书的翻页，可随时把网上电子图书下载到电子阅读器上，也可以将自己购买的书籍和文档存储到电子阅读器上。

3.3.1 超星数字图书馆

超星数字图书馆成立于 1993 年，它由北京世纪超星信息技术发展有限责任公司投资兴建。1998 年该公司组建了国内规模最大的数字化扫描生产线，建立了数字化加工中心。2000 年 1 月，在互联网上正式开通。目前拥有数字图书八十多万种，为用户提供大量的电子图书资源，其中包括文学、经济、计算机等五十余大类，数十万册电子图书，300 万篇论文，全文总量 4 亿余页，数据总量 30000GB，并且每天仍在不断地增加与更新。迄今为止超星公司已与全国百家图书馆或情报中心建立了数据共享及战略伙伴关系，为目前世界最大的中文在线数字图书馆。2000 年 6 月，超星公司入选国家"863"计划中国家数字图书馆示范工程。超星数字图书馆的主页如图 3-3 所示。

图 3-3 超星数字图书馆的主页

超星数字图书馆包括图书、学术视频、共享资料和学习空间等资源和平台。超星读书包括 35 万种授权著作，近 40 万种电子图书。收藏了全国五千多位名师名校的数万集学术视频资源。其共享资料提供专业学术文献共享。

1. 超星数字图书馆的阅读

超星数字图书馆的读书频道的图书可通过两种方式阅读：一是网页阅读（免费）；二是注册 VIP 会员下载阅读器阅读（需付费）。

超星阅读器是超星公司推出的一款超星网电子书阅读及下载管理的客户端软件。通过软件可以方便地阅读超星网的图书，并可以下载到本地阅读，软件集成书签、标记、资源采集、文字识别等功能。其主要特点是：

① 便捷操作。针对图书在计算机及笔记本电脑上的特点，专门设计的阅读操作界面，可以让用户很方便地翻页、放大缩小页面，以及更换阅读背景等。

② 功能强大。支持在图书原文上做多种标记及添加书签，并可以导出保存，高速下载图书，便捷图书管理，可手动导入导出图书；图片文字识别；图书文本编辑；提供多种个性化设置。

③ 下载阅读。软件支持下载图书离线阅读，并支持其他图书资料导入阅读，支持的图书资料文件格式有 PDG、PDZ、PDF、HTM、HTML、TXT 等多种常用文件格式。

④ 快速导航。软件内嵌数字图书馆资源列表，囊括超星网所有超过 40 万种图书，可以帮助读者更方便准确地查找图书。本地图书馆列表方便读者管理下载的图书。

超星阅读器的下载非常简单。在主页选择资源阅读时，会有提示，提醒用户注册并下载阅读器。选择好路径直接下载即可。超星数字图书馆阅读器下载界面如图 3-4 所示。

图 3-4　超星数字图书馆阅读器下载界面

2. 检索方法

（1）分类检索

超星数字图书馆将所有电子图书分为 15 大类。具体分类如图 3-5 所示。

通常在需要查找某方面的图书时，利用分类检索较为方便。例如，查找"职业教育"方面的图书。首先在分类类目中找到"教育"类目打开，得到"教育"类目的所有次级类目，如图 3-6 所示，在这级类目中找到"职业技术教育"，打开即可得到有关"职业教育"方面的所有图书。图 3-7 为检索结果。

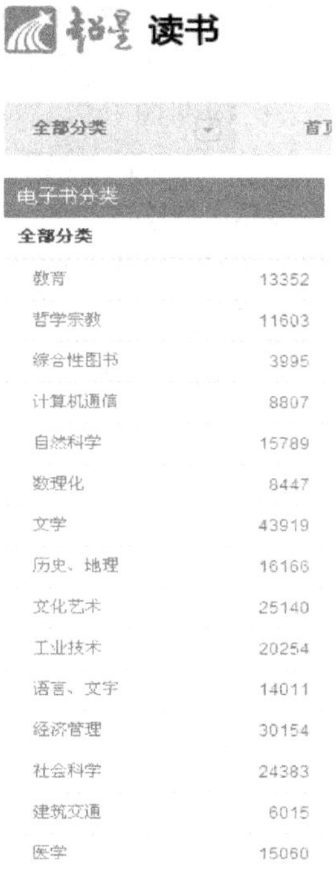

图 3-5　超星数字图书馆分类类目 　　　　图 3-6　超星数字图书馆"教育"次级类目

图 3-7　超星数字图书馆分类检索结果

（2）关键词检索

关键词检索是用所需信息的主题词（关键词）进行查询的方法。在检索框中输入关键词，单击"搜索"即可得到检索结果。在检索框中可以输入多个关键词，但每个关键词之间需要用空格隔开。输入的关键词越多，检索结果的范围越小，但精确率越高；输入的关键词

越少,检索结果的范围越大,还需进一步选择确定检索结果。

在用关键词检索图书时还可通过选择检索信息显示类别,得到更为精确的检索结果。检索信息显示类别包括:全部字段、书名、作者和全文。选择不同的类别,会得出不同的检索结果。选择"全部字段"检索,即显示检索库中所有包含关键词的图书信息,包括图书封面、书名、作者、页数、出版社、出版日期、目录等信息;选择"书名"检索,即显示检索库中"书名"字段与关键词相符的图书信息;选择"作者"检索,即显示检索库中"作者"字段与关键词相符的图书信息;选择"全文"字段检索,即显示检索库中"全文"字段与关键词相符的图书信息。检索信息显示类别只能选择一个,不能同时选择两个或两个以上。

例如,将"血色黄昏"作为关键词进行检索。选择不同的信息显示类别,会出现不同的检索结果。选择"全文字段"检索结果如图3-8所示。

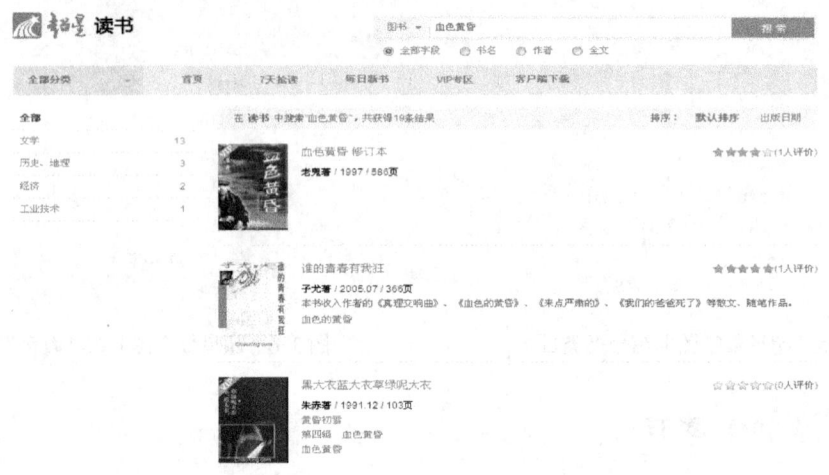

图3-8 选择"全文字段"检索结果

选择"书名"检索结果如图3-9所示。

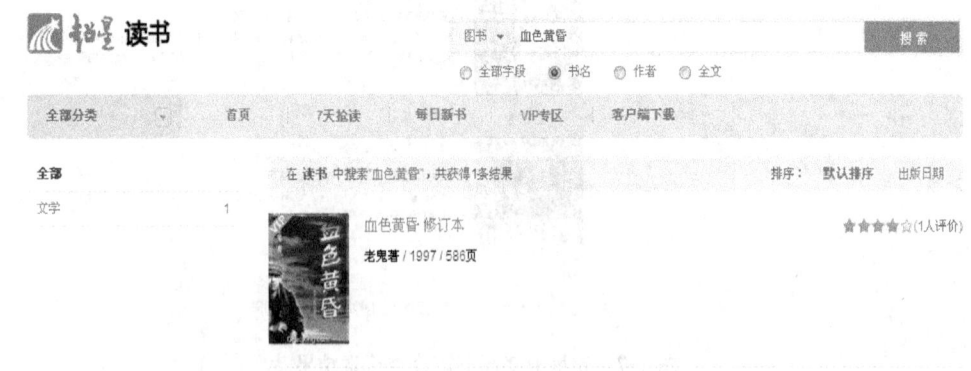

图3-9 选择"书名"检索结果

选择"作者"检索结果如图3-10所示。

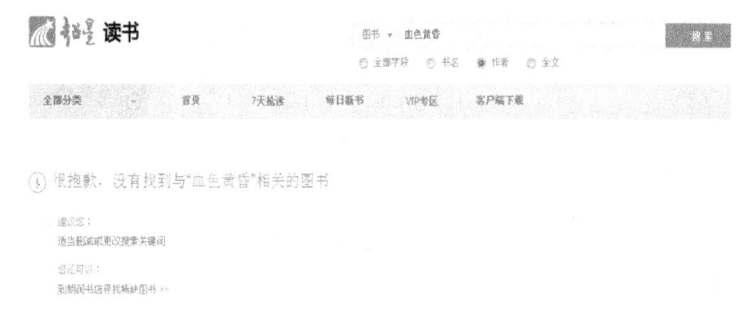

图 3-10　选择"作者"检索结果

选择"全文"检索结果如图 3-11 所示。

图 3-11　选择"全文"检索结果

3．电子图书阅读

检索后，出现电子图书的阅读界面，如图 3-12 所示，单击图书名称可根据需要选择"网页阅读"或"阅读器阅读"两种阅读方式。

图 3-12　超星数字图书馆阅读界面

选择"网页阅读"可直接进入阅读界面，如图3-13所示。

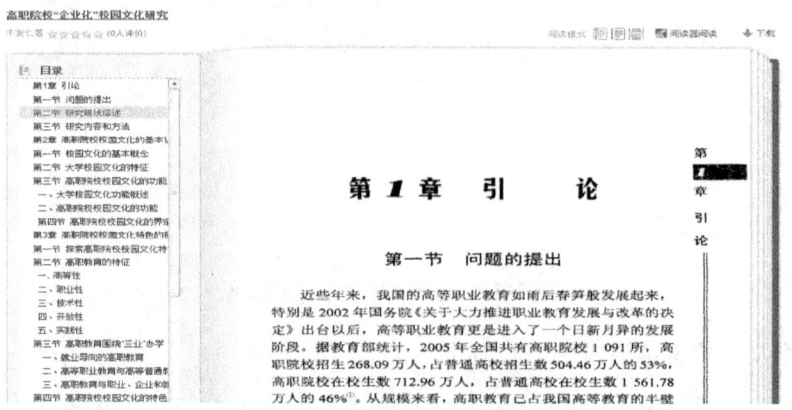

图3-13　超星图书网页阅读界面

对于使用超星浏览器进行阅读，关于它的下载方法前面已经做了介绍，该浏览器的功能非常完备，不仅有阅读的功能，还可对阅读内容进行识别、编辑、添加个人书签等。阅读器阅读界面如图3-14所示。

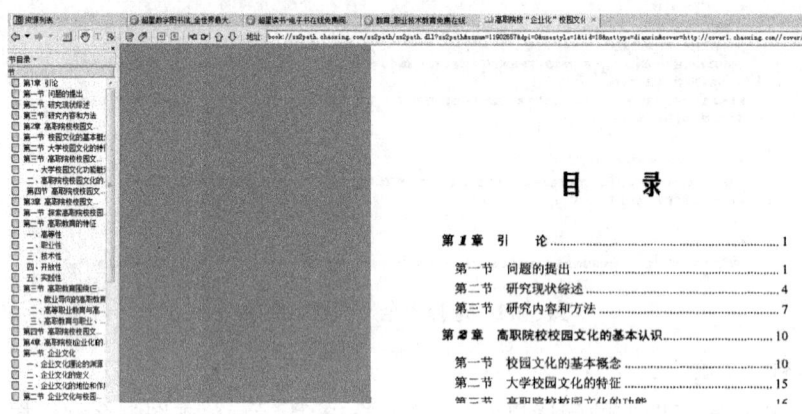

图3-14　阅读器阅读界面

（1）添加个人书签

对于一些阅读频率较高的图书，在超星数字图书镜像站点中可以添加"个人书签"，这样就免去了每次检索的麻烦。具体步骤如下。

1）注册成为登录用户。

单击主页中的"注册新用户"进入注册页面，按照提示填入用户的个人信息，填写完成后，单击"提交"按钮，此时，如果填写的个人信息合法，系统将提示"注册成功，点击返回"回到主页。

2）回到主页后，在用户登录栏中填入刚注册成功的用户名和密码。单击"登录"图标。此时，如果填写正确，系统将提示"登录成功，点击返回"回到主页。

3）此时，用户可以添加"个人书签"。添加书签的方法如下。

在每一本图书书目的下方有一个"添加个人书签"按钮，单击就可以把该图书添加入超星阅读器嵌入的 OCR 文字识别系统，它的功能是将图像格式的图书转换成文本格式，加为个人书签，更加方便读者对电子图书的保存和利用。单击该书签就可以直接进入该书的阅读状态。如果想删除该书签，直接单击书签左侧的"删除"标记即可。

（2）文字识别

在阅读电子图书时，可以充分利用文字识别功能，进行文章摘录。操作方法如下：单击浏览器窗口的工具栏中的"选择图像进行文字识别"按钮（或者单击鼠标右键，选择文字识别），屏幕上出现了"+"，把它移到要转换的段落前，按住鼠标的左键并拖动它，把该段落圈在方框里，屏幕上弹出文字识别窗口，此时该段的文字转换成了文本格式，可以通过单击"保存"按钮以 TXT 格式存放在本地硬盘或者软盘上，也可以通过单击"加入制作"按钮以 PDG 格式存放在"制作窗口"上，并再保存到本地硬盘或者软盘上。注意："文字识别"功能是有错误率的，还需与原稿进行校对。

（3）复制

"文本图书"可以使用复制功能，对文字进行复制，选择"阅读器阅读"，单击阅读器工具栏按钮，按下鼠标左键在页面上拖动，选中的字体变成蓝色，单击鼠标右键选择"复制"即可。

（4）下载、打印

阅读图书时单击"工具"图标或鼠标右键，在下拉菜单中选择"下载"或"打印"，确定存放路径，单击"确定"按钮即可。右键单击选项框中"我的图书馆"图标，可根据自己的需要重建分类，便于下载图书存放到相应的类目。

（5）书评功能简介

在每本图书的书目下方有一个"发表评论"的入口，单击进入后会看到书评发表的信息栏。每一位读者都可以发表对此书的读后感（可以用匿名发表）。填写完成后，单击"提交"按钮。此时评论已经可以让所有的读者分享了。

当另外的读者来到此书的评论发表信息栏时，就可以看到之前对此书发表的评论。

（6）学习空间

"学习空间"包括学习计划、动态、日志、收藏、任务等项目。

学习计划是新版超星网推出的一个特色功能，用来帮助督促用户学习，提高学习效率。动态会记录用户与其好友在超星网的所有操作。通过日志功能，超星网留下自己所写的文章。通过收藏来收藏全站的图书、视频、日志和文档。用户可以通过做任务来增加等级和获得经验星币奖励。

3.3.2 书生之家

书生之家数字图书馆是建立在中国信息资源平台基础之上的综合性数字图书馆，是由北京书生数字技术有限公司开发制作推出的数字图书馆系统平台。电子图书设有四级目录导航，并提供强大的全文检索功能。书生之家现有 40 万种电子图书，图书内容涉及各学科领域，涵盖文学艺术、科学技术、政治经济等所有学科，较侧重教材教参与考试类、文学艺术类、经济金融与工商管理类图书，并以每年六、七万种的数量递增。

书生电子图书、期刊、报纸的特点是完全忠实于原始印刷版的出版物，保留原印刷版的全部信息，包括文字、图表、公式、脚注、字体字号、修饰符号、版式位置等，并在其基础上进行二次加工，增加了各种检索信息及导读、超文本链接等信息。图 3-15 为书生之家数字图书馆首页。其网址为http://edu.21dmedia.com/index/login.vm。

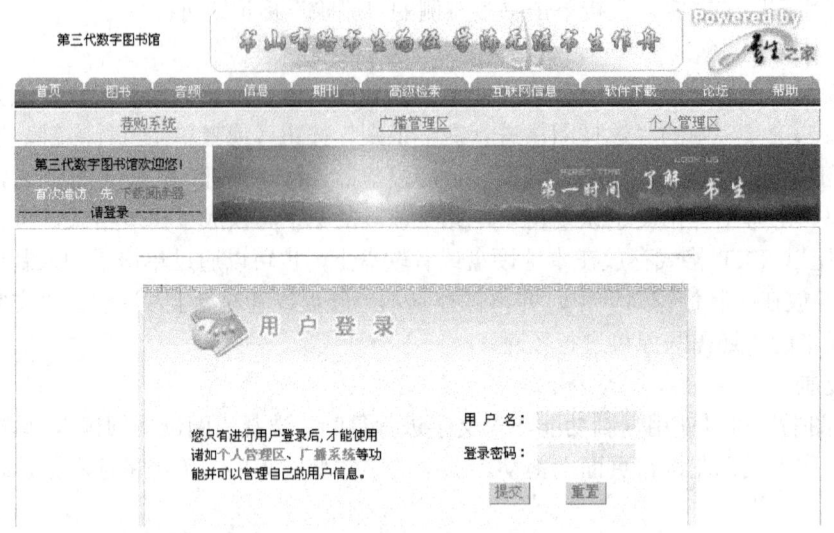

图 3-15　书生之家数字图书馆首页

1．书生之家阅读器的下载、安装

登录书生之家主页，单击网页顶部导航栏中的"软件下载"链接，进入阅读器下载界面，选择所需版本程序，下载到本机后安装。阅读器安装完毕后，在桌面生成书生之家阅读器图标。单击桌面阅读器图标启动阅读器。

2．检索方法

书生之家阅读器为读者在该平台上进行检索、读书、摘录提供便利。书生之家数字图书系统提供分类检索、单向检索（书名检索、丛书检索、出版机构检索、作者检索、ISBN 检索、提要检索、主题检索）、目次检索、组合检索、全文检索、二次检索等检索功能，检索内容定位到页，并能按"命中页"倒序，为避免大量的"垃圾检索"提供一个实用性工具。

利用分类进行检索时，首先根据所要查找的图书内容确定其所属类别，然后按分类体系逐级选择相应类目，会出现该类目所包含的全部图书。单击对应于某本图书的全文，此时阅读器启动，读者就可以实现在线阅读。单击具体某一本书名，进入的是有关这本书的简要介绍，单击图书下面的"全文"，阅读器启动进行阅读。

（1）一般检索

此检索为模糊检索，即所有书名中含有该字符的图书都将被检索出来。根据图书名称、ISBN、出版机构、作者、图书提要、丛书名称六种途径进行查询。具体步骤如下。

1）在首页用户登录处直接登录即可使用。

2）单击检索条的下拉框，选择检索项，以图书名称作为检索项为例，用户在下拉框中选择图书名称，在它右边的输入框中输入想查找的图书名称，如书名中包含"市场营销"的书籍。

3）检索查询结果中可以看到，书名中含有"市场营销"的图书共有 200 多本，并且显示了这些图书的出版机构、作者、开本等信息。单击对应于某本书的全文，此时阅读器启动，读者就可以实现在线看书。单击书名，进入的是有关这本书的简要介绍。

（2）高级检索

高级检索提供了图书名称、ISBN、出版机构、图书作者、图书提要、丛书名称六种途径的复合式检索，读者可以同时对多个检索项进行选择，以提高检索的精确性。具体步骤如下。

1）在一般检索的检索界面，单击"高级检索"，进入高级检索界面。也可以在首页用户登录处直接登录用户名及密码，单击进入新页面。单击"高级检索"进入。

2）读者根据自己要求填写各可选项，在下拉列表中选择要检索的检索项，不同的下拉列表可以选择相同的检索项。在文本框中输入关键字；若不输入关键字，则此检索条件无效。选择单选按钮"且/或"，以确定各检索项之间的关系，单击"开始检索"按钮。

（3）按图书分类检索

书生之家数字图书馆将全部电子图书按中图法分成 31 个大类，每一大类下又划分子类，子类下又有子类的子类，共 4 级类目，用户既可逐级检索，还可依据书生分类法进行检索。

如用户查找文学艺术 A 类的书籍，可在检索界面左侧"书生分类"下面单击"文学艺术 A"。程序运行后，将把所有属于文学艺术 A 类的图书显示在一个新页面的右边，页面左边则将文学艺术 A 类的所有子类显示出来。可看到文学艺术 A 类共有文学理论、中国文学、世界文学、经典名著 4 个子类。再单击子类"文学理论"，显示出来的就是属于文学理论的子类（总论、文艺美学、文学理论的基本问题、文艺工作者、文学创作论、各体文学理论和创作方法文学评论、文学欣赏）和属于文学理论的图书。依次逐级检索，共四级，直到最末一级。

3．阅读

单击对应于某本图书的全文，此时阅读器启动，读者就可以实现在线阅读，或单击具体某一本书名，进入的是有关这本书的简要介绍。单击图书后面的"全文"，阅读器启动进行阅读。

4．功能

启动 Sursen Reader 7.2，将弹出 Sursen Reader 7.2 的主窗口，如图 3-16 所示，它包括主菜单、工具栏和信息显示区，主菜单包含了阅读器中的所有功能，工具栏上的按钮都在主菜单中可以找到，它包括五个子菜单：文件、编辑、视图、工具和帮助。

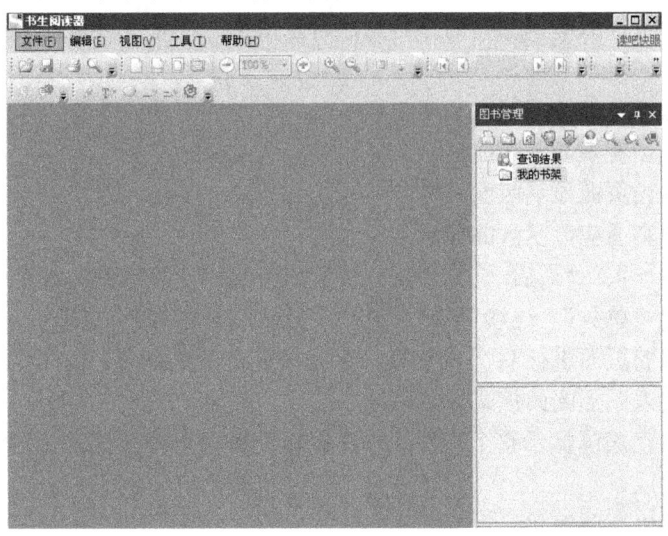

图 3-16　书生阅读器主窗口

(1) 文件

"文件"菜单可以实现文件的打开、保存、打印及退出等操作。

打开一个文件有以下三种方式。

1) 双击书生阅读器支持的文件格式,直接打开。

2) 单击"文件"菜单选择"打开"命令。

3) 双击需要浏览的文件或选择文件并单击"打开"按钮。

"保存"命令可以保存修改后的文件。"另存为副本"用于将文件另存为一个新的文件;"另存为文本"用于将文件保存成一个.txt 文件。

"打印"命令可打印当前显示的文件,选择相应的打印机,进行打印即可;也可以对打印文件的纸张和页边距进行设置后打印。

"退出"命令用于退出书生阅读器。

(2) 编辑

"编辑"菜单包括"拷贝""查找"两个选项。

"拷贝"是将所选择的文字进行复制的操作,实现拾取内容。"查找"用于查找文件中的相关文字或内容。

(3) 视图

"视图"菜单包括 18 个选项。

工具条:显示或隐藏工具条,包括五个工具条:文件工具条、翻页工具条、缩放工具条、基本工具条、页面布局工具条。

历史记录:记录最近三个月内阅读过的文件或电子书籍。

收藏夹:用于保存阅读过的文件或电子书籍。

图书管理:可以将阅读过的文件或电子书籍保存到书架里,进行统筹管理。

文件库:可以将阅读过的文件或电子书籍保存到文件库中,文件库和收藏夹的区别是保存到文件库的文件是进行了归类的。而收藏夹中的文件只是一个链接。

目录:显示电子书籍的目录。

缩略图:显示文件或电子书籍的缩略图,可以快速方便地进行页面间的跳转。

书签:通过创建电子书签,进行阅读管理。

实际尺寸:显示文件的实际大小即 100%。

适合宽度:适当宽度显示版面。

适合页面:适当页面显示版面。

适合可见:内容适应显示区的显示。

翻页:有"第一页""最后一页""上一页""下一页""跳转到"等选项可选。

页面布局:有"单页""连续""单页对开""连续对开"四个选项。

旋转:对文件的页面进行 90°的旋转,便于横向图片的浏览。

图形模式:进入图形阅读模式。

自动滚屏:自动滚屏显示整个文件,单击鼠标左键可以停止滚动。对滚屏的速度可以进行设置。

全屏幕:文件以全屏模式显示。

（4）工具

"工具"菜单包括"基本工具""缩放工具""设置""注释"和"批注"五个选项。

基本工具有如下四项功能。

1）手形工具：用于文件版面的上拉、下拉操作，方便文件的阅读。

2）选择工具：选定文字可以进行批注和复制操作。

3）页面快照：对选择的文字进行版面复制。

4）OCR 识别：通过 OCR 功能对图片的文字进行识别。

缩放工具有如下五个选项。

1）放大：鼠标指针变为放大镜，用于放大版面。

2）缩小：鼠标指针变为缩小镜，用于缩小版面。

3）显示比例：当前文件的显示大小，并可通过修改数字，调节显示比例。

4）放大工具：通过选定此工具，可在显示区直接进行放大操作。

5）缩小工具：通过选定此工具，可在显示区直接进行缩小操作。

设置：用于完成书生阅读器的基本设置。包括："通用""显示""皮肤""文件关联""配置文件""历史记录""插件设置"等选项。

注释：可以对文档内容进行注释。选择"设置"可对文档的文本颜色、背景颜色、字体及字体大小进行设置。

批注：该工具栏包含"线形批注""高亮批注""椭圆批注""单线批注""双线批注"和"设置"。批注设置可对文档批注的颜色及边线的宽度进行设置。

（5）帮助

"帮助"菜单包括如下四个选项。

1）帮助主题：显示书生阅读器的帮助内容。包括书生阅读器帮助的目录和索引等。

2）关于书生阅读器：显示书生阅读器的版本号、版权信息等。

3）在线更新：通过互联网在线升级书生阅读器。

4）检测和修复：检测漏洞并进行修复，如果无法打开文件或打开文件报错，则可以用此方法修复。

3.3.3 方正 Apabi 数字图书馆

方正 Apabi 电子图书是由北大方正电子有限公司推出的数字资源平台，数字资源平台以数据库方式，收录了建国以来大部分的图书全文资源、全国各级各类报纸及年鉴、工具书、图片等特色资源产品。旨在为图书馆、企业、政府等客户及其所属读者提供在线阅读、全文检索、离线借阅、移动阅读、下载、打印等数字内容和知识服务。通过数字资源平台，读者可以第一时间看到新书信息并在线翻阅，精准快速地找到感兴趣的内容，还可以与好友一起交流阅读体验，创建属于自己的个性化首页，从而快速、便捷地浏览到自己关心的知识和新闻。借助数字资源平台中丰富的数据和检索功能，图书馆可以大幅提高参考咨询服务的速度和质量，并下载 MARC 数据，节省大量编目时间和人力。

它的主要特点是：采用国际上最先进的 DRM（数字版权保护）技术，是国内唯一妥善保护了电子图书知识产权的数字图书馆方案；版面显示效果好，采用世界领先的曲线显示技术和方正排版技术，高保真显示、原版原式阅读，版面缩放不失真；阅读操作方便，具有方便的全文查找功能、支持词典功能；可在页面上进行添加书签、划线、加亮、批注、圈注、复制、前/后页翻页、半翻页/全翻页切换、页面切换等操作。图 3-17 为方正 Apabi 数字图书馆首页。

图 3-17　方正 Apabi 数字图书馆首页

1．Apabi 数字图书馆借阅流程

Apabi 数字图书馆借阅流程如图 3-18 所示。

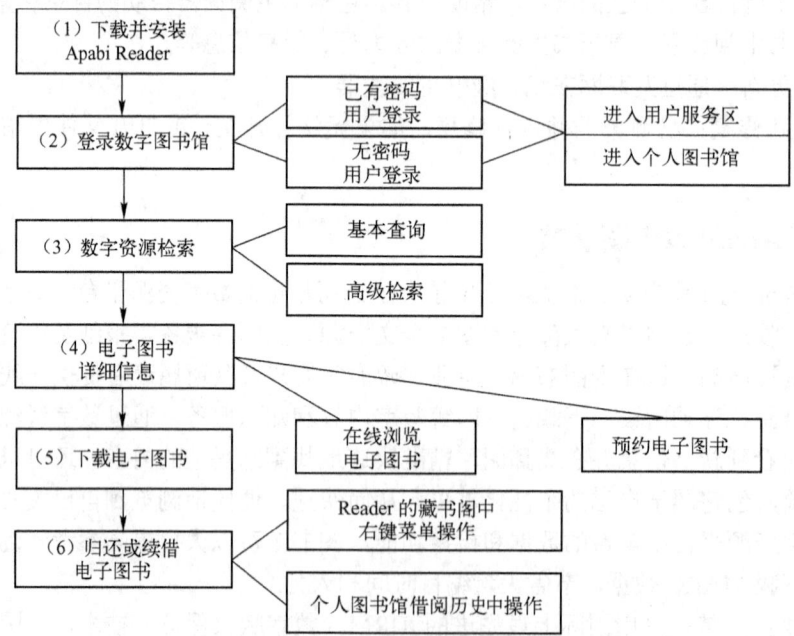

图 3-18　方正 Apabi 数字图书馆借阅流程图

2．登录

1）如果是有密码用户，则输入管理员分配的用户名和密码，单击"登录"即可。第一次登录时，在弹出的页面中填写用户信息（显示和必填的信息可在后台管理的"读者管理→首次登录时填写信息设定"中设置）。登录时，如果选中了"记住我"，则该用户使用同一台计算机下次进入该数字图书馆时将不需要再次登录。有密码用户将借阅的资源全部归还后，还可以在其他计算机上使用该账号登录该数字图书馆。

2）如果是无密码用户，则单击"IP 用户登录"。第一次登录时，在弹出的页面中填写用户信息（显示和必填的信息可在后台管理的"读者管理→首次登录时填写信息设定"中设置）。如果其 IP 地址属于无密码用户，则会提示登录成功。

3）如果是阅览室用户，则在要注册为阅览室的计算机上，以管理员或注册员身份登录后台管理的"读者管理→阅览室注册"中输入姓名（标识），如果 IP 地址允许，则可以注册成阅览室用户。

不同的用户登录后，借阅规则与自己所在的用户组的设定相关。阅览室用户借期只有一天，但没有借阅量的限制。

3．Apabi Reader 阅读器的下载与安装

下载链接位于首页的左上方，如图 3-19 所示。单击"方正 Apabi Reader 下载"，下载并安装最新的 Apabi Reader，进行登录后，就可以选择电子资源下载阅读了。

4．检索方法

（1）分类检索

用户可以根据显示的分类，方便地查找出所有该类别的资源。单击"显示分类"，可以查看常用分类和中国图书馆图书分类法（常用分类在后台管理的"资源管理→管理资源库"中设置）。单击类别名，页面会显示当前库中该分类的所有资源的检索结果。可选择图文显示或列表显示。此时"显示分类"变为"隐藏分类"，单击可隐藏分类。图 3-20 为分类检索界面。

图 3-19　下载示意图

图 3-20　分类检索界面

（2）快速检索

用户可以以年份、全面检索、全文检索等为检索条件，输入检索词，单击"查询"按钮，可以迅速查到要找的书目。检索结果可选择图文显示或列表显示。

在检索结果中，选择"结果中查"，在当前结果中增加检索框中的条件后再进行检索；选择"新查询"，使用检索框中的条件开始一个新的检索。全面检索是指对书名、责任者、主题/关键词、摘要、出版社（即除了年份的公共元数据）等的全面检索，只要指定的搜索词中的任何一个在这些字段中出现，都符合全面检索的条件，系统能查出该书。图 3-21 为快速检索示意。

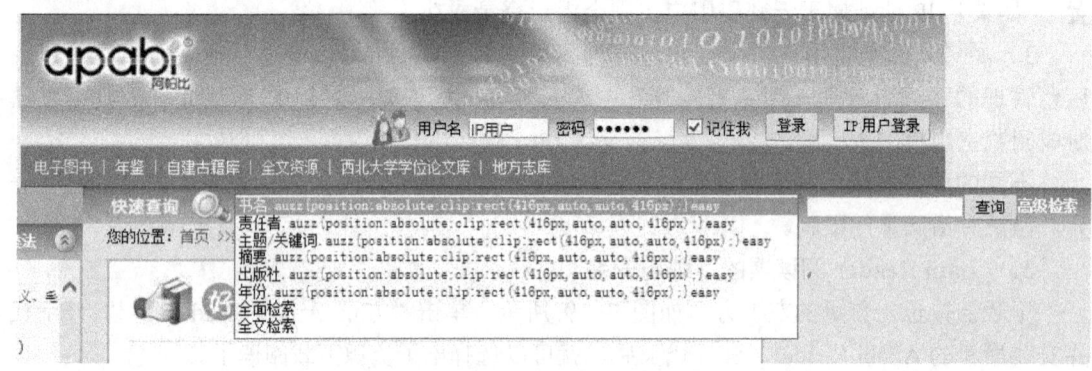

图 3-21 快速检索示意图

（3）高级检索

使用高级检索可以输入比较复杂的检索条件，在一个或多个资源库中进行查找。单击"高级检索"，出现如图 3-22 所示界面，分为"本库查询"和"跨库查询"。用户可以在列出的项目中任选检索条件，所有条件之间可以用"并且"或"或者"进行连接。跨库查询需要选择要查询的库。

所有的选项设置完成后，单击"查询"开始高级检索。检索结果可选择图文显示或列表显示。

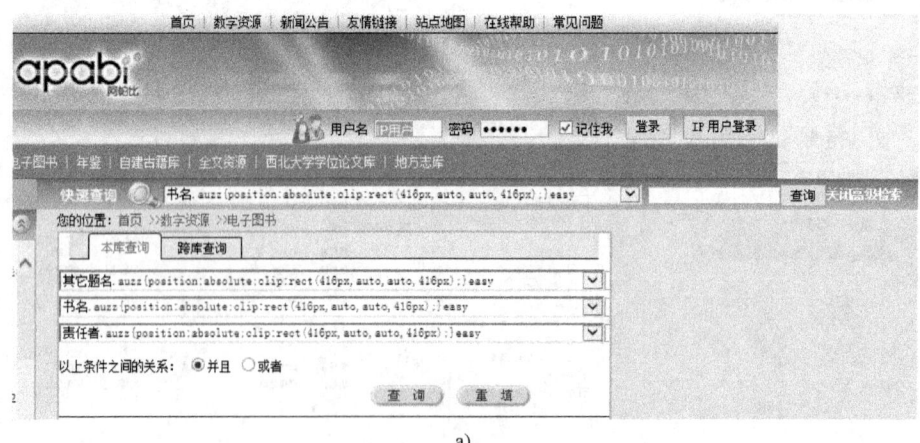

a)

图 3-22 高级检索示意图

a) 本库查询

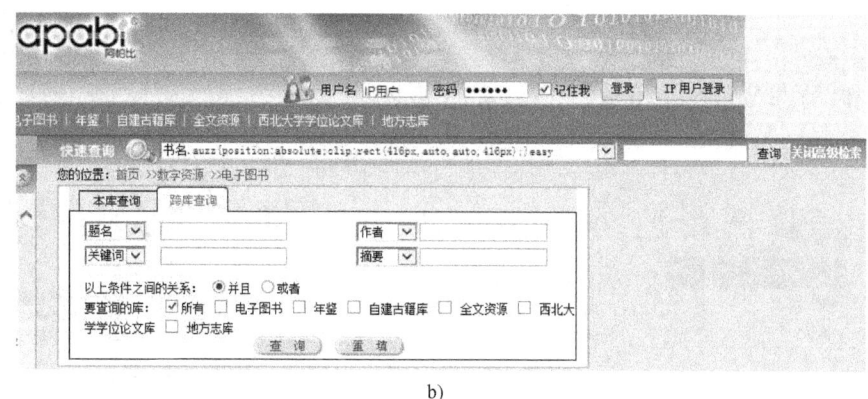

b)

图 3-22　高级检索示意图（续）

b) 跨库查询

5．功能

1）在线浏览是指用户登入系统后，可以在一定的时间内在线浏览任何一本图书（包括已借完的）。单击"在线浏览"按钮，将启动 Apabi Reader 下载该资源。但该资源不进入文档管理器，且只有在规定的时间内可以阅读。在线浏览的用户数受授权数的限制。

2）下载图书是指用户登入系统后，可以在用户所属用户组的有效借阅期内下载限定数量的图书，并用 Apabi Reader 阅读，该资源进入文档管理器。单击"下载"按钮，将启动 Apabi Reader 下载该资源。资源被下载到本机，下载将占用资源复本数。当资源的复本数被借光后，原"下载"按钮将变为"预约"按钮。

3.4　网上书店

网上书店属于电子商务的范畴，在形式上，网上书店与传统书店迥异，它没有物理意义上的店面，而是借助计算机技术、网络技术等现代信息技术及相关设备向读者展示图书。在功能上，它则与传统书店一致，即让读者了解进而购买所需求的图书，以此获取效益。作为一种全新的图书营销模式，网上书店具有传统书店所无法比拟的优势，它可以不受时间、营业场地的限制，供需双方借助互联网就可以进行信息交流完成购书。

目前越来越多的网上书店还提供电子图书在线阅读下载服务，读者只需要交付一定的费用，就可以享受这种服务。网上书店价格优惠，支付方式灵活，读者足不出户就能够买到价格便宜的图书。网上书店以其直观的界面、丰富的信息、灵活的检索、个性化的定制服务赢得了读者，是互联网时代图书销售的趋势。下面介绍几个主要的网上书店。

3.4.1　当当网网上书店

当当网（http://www.dangdang.com）成立于 1999 年 11 月，由国内著名出版机构科文公司、美国老虎基金、美国 IDG 集团、卢森堡剑桥集团、亚洲创业投资基金（原名软银中国创业基金）共同投资成立。当当网面向全世界中文读者提供近 30 多万种中文图书和音像商品，每天为成千上万的消费者提供方便、快捷的服务。当当网网上书店首页如图 3-23 所示。

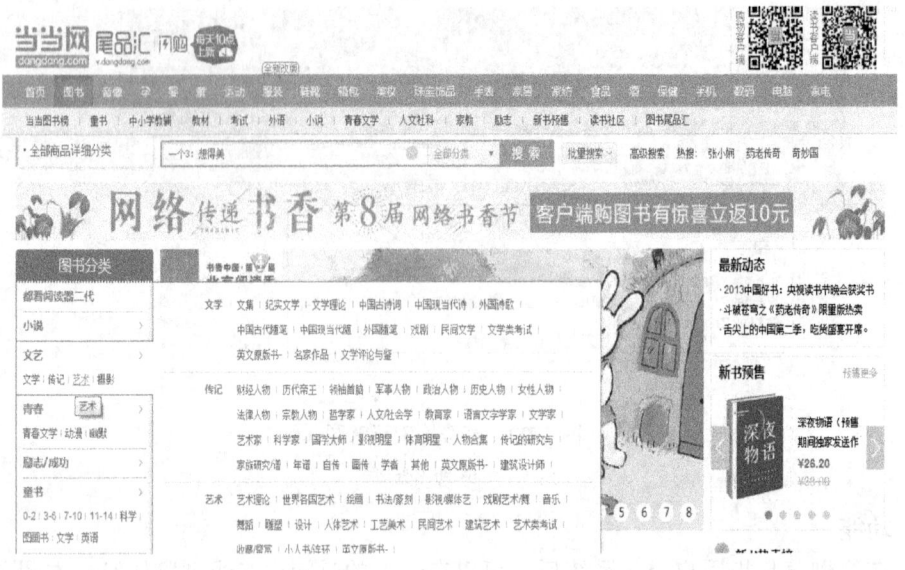

图 3-23　当当网网上书店首页

3.4.2　亚马逊网上书店

美国亚马逊公司旗下亚马逊书店（http://www.amazon.com）成立于 1995 年，是目前世界上销售量最大的书店，它可以提供 310 万册图书目录。它的网上图书销售是一个创举，是全球电子商务的成功代表。亚马逊网上书店经营的品种有图书、声像图书、数字影音光碟、CD、游戏软件等。其主要特点是查询简单、订购方便。另外，还在网上刊登各种书评、对读者的访谈录和读者撰写的读后感等。亚马逊网上书店首页如图 3-24 所示。

图 3-24　亚马逊网上书店首页

卓越亚马逊（http://www.amazon.cn）为亚马逊旗下公司，成立于 2000 年 5 月，总部位于北京。卓越亚马逊为消费者提供包括书籍、音乐、音像、软件、数码 3C、家电、玩具、家居及办公用品等超过 150 万个种类的产品以供选择。卓越亚马逊网上书店首页如图 3-25 所示。

图 3-25 卓越亚马逊网上书店首页

3.4.3 爱读爱看网上书店

爱读爱看网上书店（http://www.idoican.com.cn）是由北京方正阿帕比技术有限公司于 2007 年创建的。利用方正集团及 Apabi 公司强大的中文排版技术、DRM（数字版权保护）技术以及 CEB（中文电子书）技术，整合方正集团旗下强大的数字内容资源，为读者提供几十万种电子书和上百种电子报刊的在线阅读服务。

爱读爱看与国内四百多家出版社、七百多家地面和三十多家网上书店建立了合作关系，还有独立的电子书店，无论是纸质书、电子书、手机书，还是按自己想法的印刷书，都可以实现，让用户的购书方式更丰富，购买成本大大降低。爱读爱看提供几十万种有趣味、有价值的各类图书，足不出户就可免费试读，原版原式的翻阅页面让用户的在线阅读更轻松。爱读爱看还提供数字报纸的阅读平台实时传递全国几十家都市生活报、行业专业报的最新报道。爱读爱看不仅提供报纸原版原式的在线阅读，还可以下载订阅随时阅读。图 3-26 为爱读爱看网上书店首页。

图 3-26 爱读爱看网上书店首页

知识链接

数字化图书馆

随着计算机技术、通信技术和网络技术的迅速发展，信息高速公路的建设与利用为大规模的信息系统、图书馆系统的发展提供了环境和条件。目前，网络信息管理技术、数字化处理技术和数字式信息资源建设已成为国际竞争的焦点，各国都为此投入了相当的精力进行研究和开发。"数字图书馆"这一新概念、新模式应运而生，并被视为 21 世纪信息产业主要的发展方向之一。

传统图书馆收集、存储并重新组织信息，使读者能方便地查到他所想要的信息，同时跟踪读者使用情况，以保护信息提供者的权益。从数字图书馆角度来看，就是收集或创建数字化馆藏，这集成了各种数字化技术，如高分辨率数字扫描和色彩矫正、光学字符识别、信息压缩、转化等，把各种文献替换成计算机能识别的二进制系列图像，在安全保护、访问许可和记账服务等完善的权限管理之下，经授权的信息利用因特网的发布技术，实现全球信息共享。数字图书馆的结构模式是：在网络环境下，是一个面向对象的、分布式的网络结构模式，它可适应在多种不同的计算机系统中运行。一个数字图书馆的构成，主要包含用户接口、预处理系统（又称为调度系统）、查询系统和对象库等基本构件。

电子图书馆侧重对收藏特色的概括，收藏品基本为电子读物，阅读手段一般通过计算机等，不一定提供网上信息或上网服务。网上图书馆将一定量的信息在网上组织起来，供"读者"查阅和检索，不一定需要对应的图书馆社会实体，它也可以视为数字图书馆的初级形态。"虚拟图书馆"是网上图书馆的别称，侧重其无实体的特征。

"数字图书馆"概念一经提出，就得到了世界广泛的关注，各国纷纷组织力量进行探讨、研究和开发，进行各种模型的实验。随着数字地球概念、技术、应用领域的发展，数字图书馆已成为数字地球家族的成员，为信息高速公路提供必需的信息资源，是知识经济社会中主要的信息资源载体。美国国会图书馆是美国最早进行数字图书馆尝试的图书馆之一，其"美国的记忆"（American Memory）影响深远。"美国的记忆"最早是一个于 1990～1995 年间实施的试验性计划，该计划的目标是确定数字式馆藏的读者对象，建立数字图书馆的一整套技术过程，讨论有关知识资产的论题，进行分发演示，并最终确定国会图书馆数字化的方针与规范。该计划的数字馆藏对象主要为美国的历史文献，包括历史照片、手稿、历史档案及其他文献等。上海图书馆是国内建设数字化图书馆的先行者，目前已积累了相当数量的数字化资源，古籍光盘已达 64 张，约 4000MB 影像数据，主页信息量也逾 350MB，书目数据正加紧制作，全国报刊索引也是全国独一无二的信息源。另外还订购了大量的文摘及全文光盘数据库，其中一些还是网络版。

 习题

1. 名词解释

（1）工具书

（2）百科全书

（3）电子图书

2．简答题

（1）简述电子图书的特点。

（2）简述访问超星数字图书馆的途径。

3．操作题

（1）登录超星数字图书馆练习查找图书。熟练掌握一般、高级、分类检索电子图书的方法。

（2）下载超星数字图书馆的阅读器阅读电子图书，熟悉该阅读器的功能。

第 4 章 报刊信息检索

4.1 全国报刊索引

4.1.1 全国报刊索引沿革

《全国报刊索引》前身是 1951 年 4 月由山东省图书馆编印的《全国主要资料索引》。1955 年 3 月改由上海图书馆编辑出版，1956 年更名为《全国主要报刊资料索引》，并在内容上开始增加了报纸的部分。在 1966 年 10 月至 1973 年 9 月停刊，1973 年 10 月复刊，并改为现名《全国报刊索引》。1980 年分为"哲学社会科学版"（ISSN1005-6696）与"自然科学技术版"（ISSN1005-670X）两种，分别按月出版。该索引是我国收录报刊种类最多、内容涉及范围最广、持续出版时间最长、与新文献保持同步发展的权威性检索刊物，也是查找新中国成立以来报刊论文资料最重要的检索工具，具有学科门类齐全、时间跨度长等特点。

自 1993 年起，上海图书馆在《全国报刊索引》"哲学社会科学版"的基础上开发了"中文社科报刊篇名数据库"，供检索 1993 年以后的报刊资料出处。

4.1.2 收录内容

收录全国包括港澳台地区的期刊 8000 种左右，月报道量在 1.8 万条以上，年报道量在 44 万条左右，1993 年又出版了光盘数据库，反映了中国政治、经济、军事、科学、文化、文学艺术、历史地理、科技等方面的发展情况，提供了国内外最新的学术进展信息。

4.1.3 全国报刊索引数据库

《全国报刊索引》创刊于 1955 年，是国内最早的中文报刊文献检索工具。近六十年来，它已由最初的《全国报刊索引》月刊，发展成集印刷版、电子版以及网站为一体的综合信息服务产品，其时间跨度从 1833 年至今近一个半世纪。

目前，《全国报刊索引》编辑部已拥有全文数据库、索引数据库、专题数据库和特色资源数据库 4 种类型数据库。收录数据量超过 4500 万条、报刊数量 4 万 5 千余种，年更新数据超过 400 万条。《全国报刊索引》数据库资源，有《全国报刊索引》编辑部重点发展的近代全文数据库——2009 年推出的《晚清期刊全文数据库（1833-1911）》和 2010 年开始陆续推出的《民国时期期刊全文数据库（1911-1949）》；有跨度从 1833 年至今的索引数据库——《晚清期刊篇名数据库（1833-1911）》《民国时期期刊篇名数据库（1911-1949）》以及全国报刊索引数据库——目次库》和《全国报刊索引数据库——篇名库》；有根据社会热点和读者用户需求推出的《近代民国中医药专题库》《音乐戏剧戏曲专题库》等十几种专题数据库；以及依托上海图书馆及共建单位的丰富馆藏资源，制作的特色数据库——《全国报刊索引数据库——会议库》和《家谱数据库》等。

二次文献共建共享网络服务平台是《全国报刊索引》编辑部利用现代化信息技术和服务手段，联合海内外广大图书情报界同仁，在特色资源、近代文献等珍贵文献抢救和发掘方面，合作共建，促进图书馆数字资源建设的优势互补，提升知识服务的能力与共享水平，丰富数字资源，实现资源共享的全面性、多样性、互动性和个性化，为广大读者用户提供良好的信息参考和决策咨询服务，也为海内外研究国学的人士获取信息提供更多的便利。图 4-1 为《全国报刊索引》数据库首页。

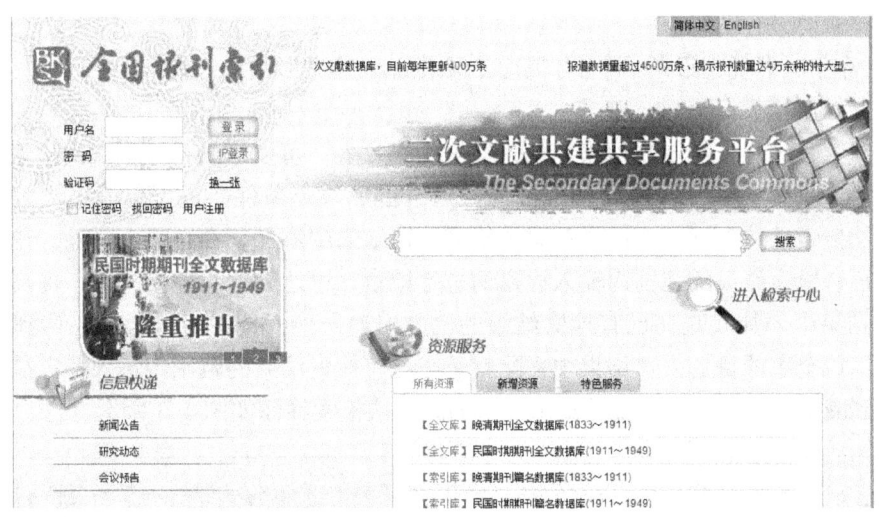

图 4-1 《全国报刊索引》数据库首页

1．检索功能

（1）快速检索

《全国报刊索引》的检索，在使用用户名登录之后的界面即可进行。根据自己的需求选择"资源服务"栏目中的不同数据库进行检索，或在"搜索"文本框中输入关键词即可进行数据库全字段检索。

（2）普通检索

检索中心的默认页面即为普通检索界面，如图 4-2 所示，普通检索支持字段检索，可在分类号、题名、作者、作者单位、刊名、卷、期、摘要、基金项目、主题词、全字段中进行检索。

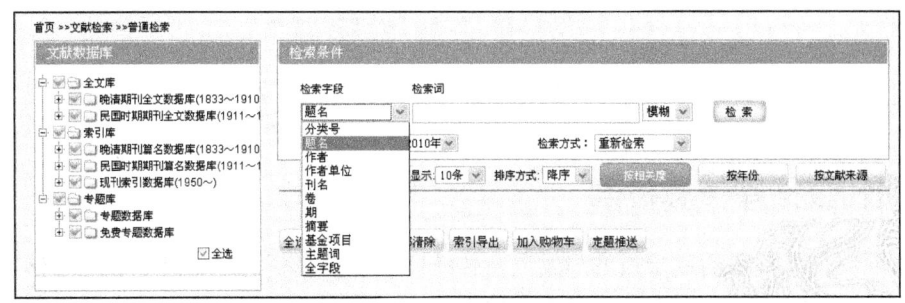

图 4-2 普通检索中期刊文献的可检字段

（3）高级检索

高级检索功能也支持字段检索，期刊文献可检字段与普通检索相同。

高级检索还支持多字段之间的逻辑组配检索，可以单击"+"或"-"按钮，进行检索字段的增加和删除。

高级检索支持字段间的布尔逻辑检索。

1）可在"检索词"文本框左边的检索字段中选择需要检索的字段，在"检索词"文本框内输入多个检索词，然后选择"与""或"或"不包含"进行检索词的逻辑组配。可同时有多个检索词进行组配。

2）布尔运算优先级："不包含"优先级最高，"与"次之，"或"最低。

（4）二次检索

该检索系统也支持二次检索。如果检索结果太多，可以对结果进行二次检索。所谓二次检索，是在前次检索结果集合的范围内，通过追加限定条件，进一步缩小检索结果集的范围。二次检索功能包括三个：在结果中检索、在结果中添加、在结果中去除。在结果中检索就是在已有检索结果的范围内输入检索词进行检索，以达到缩小检索范围、提高检准率的目的；在结果中添加就是在已有检索结果的范围内输入检索词进行检索，以达到增加检索结果、提高检全率的目的；在结果中去除就是在已有检索结果的范围内输入特定检索词进行检索，达到减少检索结果、提高检准率的目的。二次检索界面如图4-3所示。

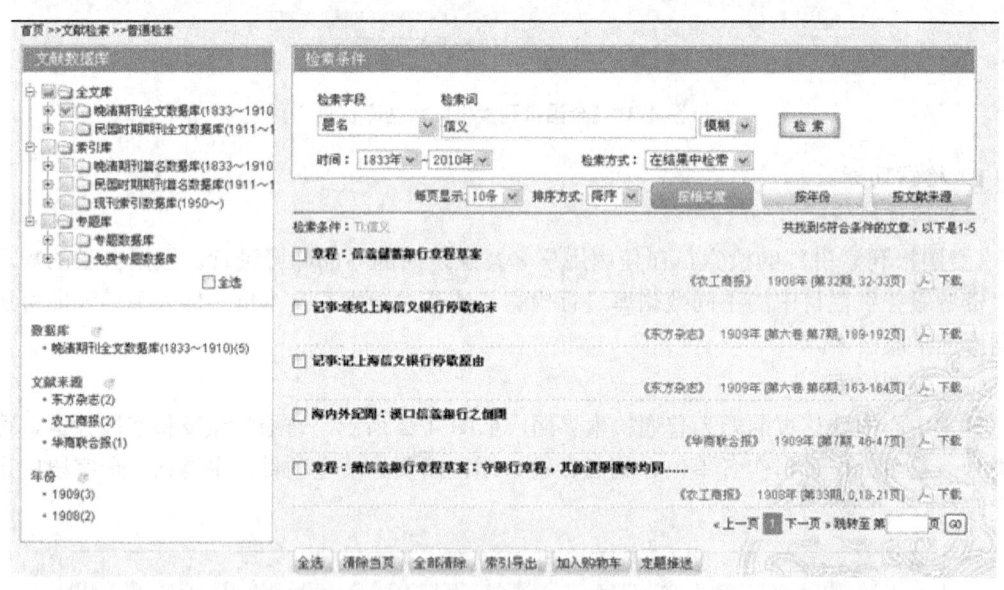

图4-3 二次检索界面

4.2 期刊数据库信息检索

随着网络信息技术的逐步成熟与发展，传统印刷型信息资源在数字化和网络化发展方面得到了更好的技术支持，出现了许多不同种类的中文数据库。其中期刊全文数据库建立相对比较完善,给人们的信息检索提供了方便。本节就维普资讯网、万方数据资源系统中有关期刊信息检索部分进行介绍。

4.2.1 维普资讯网

继《中文科技期刊数据库》产品之后,重庆维普资讯有限公司又研发了《中国科技经济新闻数据库》《外文科技期刊数据库》《中文科技期刊数据库(引文版)》《中国科学指标数据库 CSI》《中文科技期刊评价报告》《中国基础教育信息服务平台》《维普-Google 学术搜索平台》《维普考试资源系统 VERS》《图书馆学科服务平台 LDSP》《文献共享服务平台 LSSP》等系列产品,受到了全国各专业用户的欢迎。

重庆维普资讯有限公司的主导产品是"中文科技期刊数据库"。该数据库收录了国内公开出版的 12000 余种期刊,期刊收录年限自 1989 年起,数据库包含全文 2300 余万篇,引文 3000 余万条。为了帮助优秀的中文期刊扩大网络影响力,维普网陆续建立了 4000 余种中文期刊的引文计量评价体系,致力于为读者和编辑出版单位打造最出色的中文期刊网络出版传播平台。

"中文科技期刊数据库"全文数据全部采用国际通用的 PDF 标准格式。通过 JBIG2 双层压缩技术,将原来的图片全文转换为可文本化的 PDF 全文。原版的浏览使用效果加上方便的文字再利用,最大化方便用户使用,无论下载、阅读、复制都更加方便快捷。中文科技期刊数据库主界面如图 4-4 所示。

图 4-4 中文科技期刊数据库主界面

(1)检索方法

中文科技期刊数据库除首页的"文章搜索"检索外,还提供了五种检索方式:基本检索、检索历史、传统检索、高级检索和期刊导航。五种检索方式入口界面如图 4-5 所示。

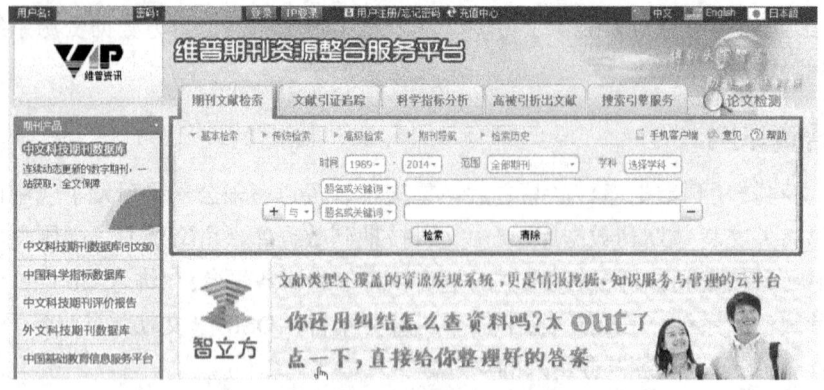

图 4-5　中文科技期刊数据库检索方式入口界面

1）基本检索。简单快捷的中文期刊文献检索方式，可以增加多个检索框输入检索条件做由上至下的组配检索。通过首页正中的输入框输入简单检索条件进行查询，进入结果显示页面，可实现题录文摘的下载或查看，以及全文下载功能，同时，还可以进行检索条件的再限制检索或重新检索。基本检索入口如图 4-6 所示。

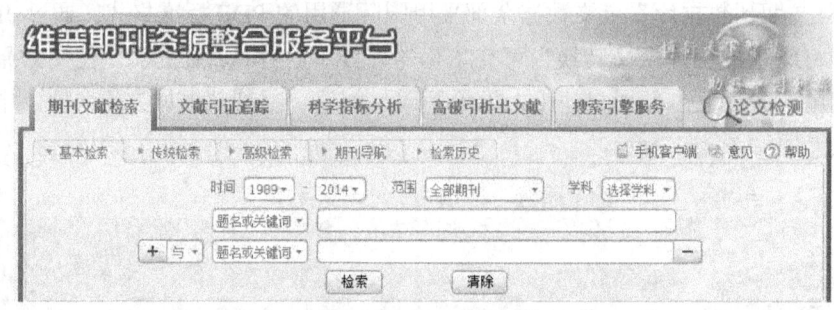

图 4-6　基本检索入口

① 选择检索入口。其提供了题名或关键词、任意字段、题名、关键词、文摘、作者、第一作者、机构、刊名、分类号、参考文献、作者简介、基金资助和栏目信息等十几个检索入口，可任选一入口进入。图 4-7 为基本检索选择入口界面。

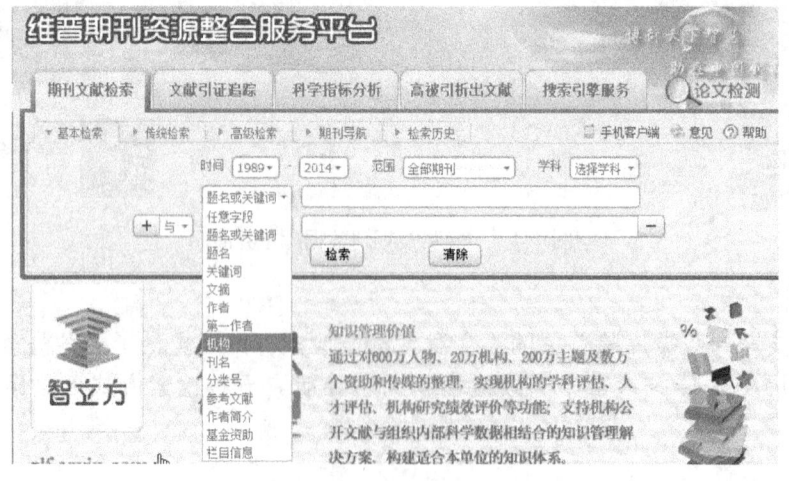

图 4-7　基本检索选择入口界面

② 检索范围限制。在检索结果页面可选择时间限制、期刊范围限制和学科限制三项对检索结果加以限制。期刊范围选项包括：全部期刊、核心期刊、EI 来源期刊、SCI 来源期刊、CA 来源期刊、CSCD 来源期刊、CSSCI 来源期刊。期刊范围限制检索界面如图 4-8 所示。学科选择检索界面如图 4-9 所示。

图 4-8　期刊范围限制检索界面

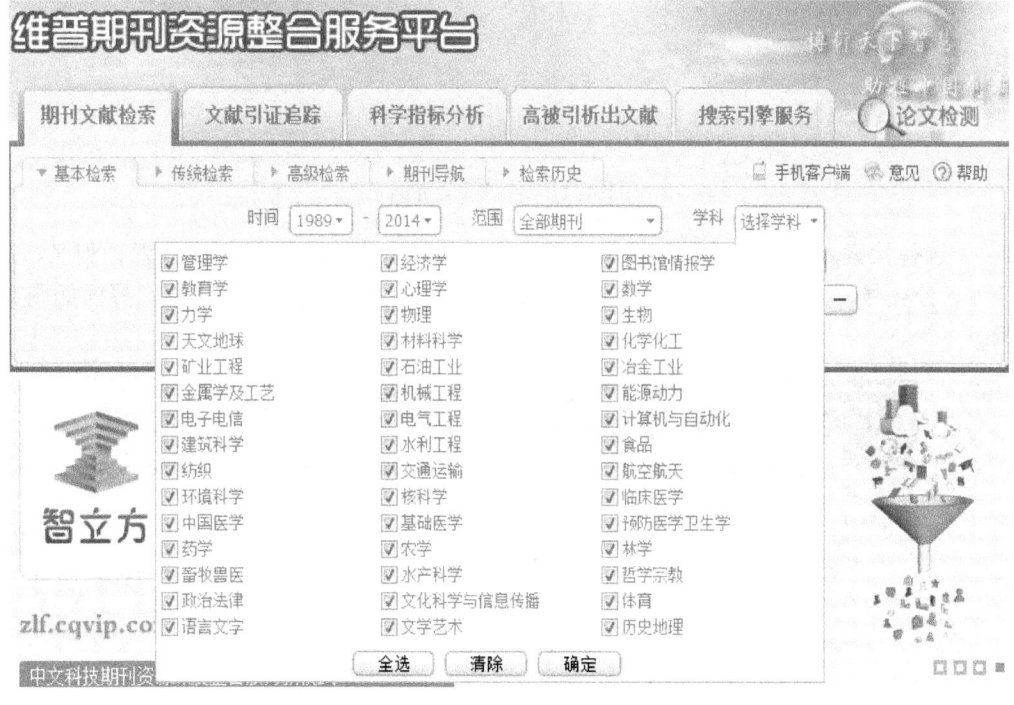

图 4-9　学科限制检索界面

③ 二次检索功能。在已经进行了检索操作的基础上，可进行重新检索、在结果中搜索、在结果中添加、在结果中去除。二次检索界面如图 4-10 所示。

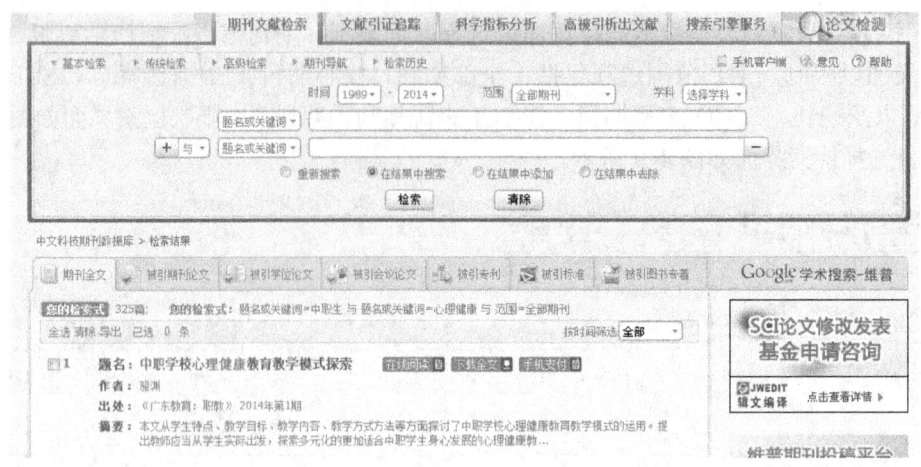

图 4-10 二次检索界面

2）传统检索。检索者在数据库检索区，通过单击"传统检索"，即可进入传统检索界面。传统检索界面如图 4-11 所示。

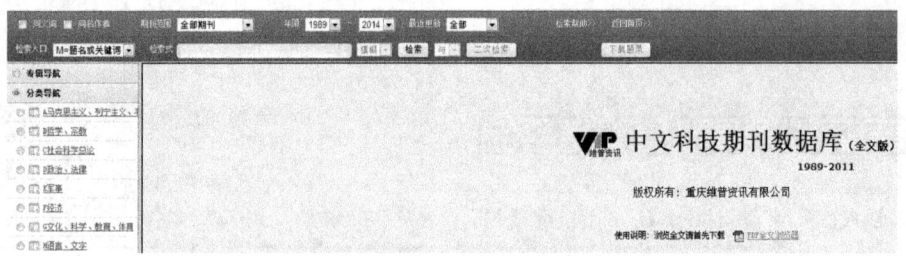

图 4-11 传统检索界面

① 选择检索入口。传统检索提供了题名、关键词、题名或关键词、作者、刊名、第一责任者、分类号、文摘、机构、任意字段十个检索入口，可任选一入口进入。界面如图 4-12 所示。

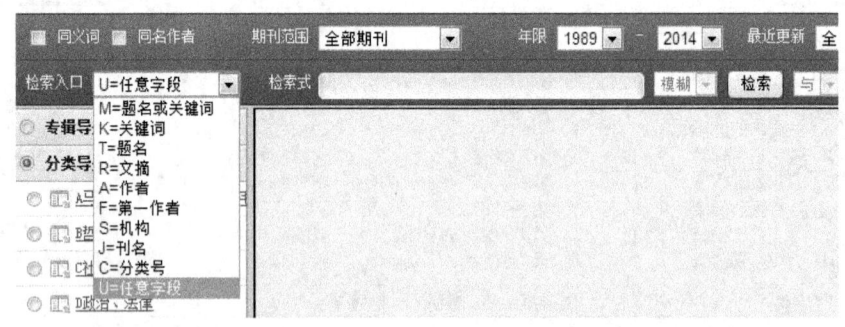

图 4-12 传统检索入口界面

② 限定检索范围。数据库提供分类导航、专辑导航、数据年限限制和期刊范围限制。学科分类导航以《中国图书馆分类法（第四版）》为依据，每一个学科分类都可以按树形结果展开，并利用导航缩小检索范围，进而提高查准率和查询速度。

专辑导航以《中国图书馆分类法（第四版）》为依据，将中文科技期刊全文数据库所收录的期刊进行分类。用户可根据需求将检索范围限定在某学科范围内的期刊中进行检索。

数据年限限制。数据库收录年限为从 1989 年至今，系统默认为 1989 年至今，但检索者可以自行选择所需文献的年限。如需检索 2004 年～2008 年间的某一期刊文献，就可以在检索框中选择"2004—2008"，如图 4-13 所示。

图 4-13　数据年限限制

期刊范围限制。该数据库的期刊范围包括全部期刊、重要期刊、核心期刊，用户可以根据检索的需要来设定适合的范围以获得更加精准的数据，如图 4-14 所示。

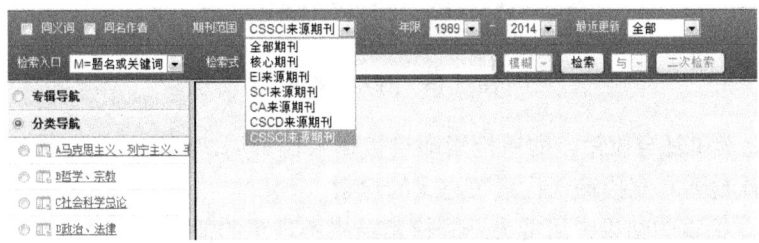

图 4-14　期刊范围限制

③ 同义词的限定。同义词库功能只有在选择了关键词检索入口时才生效，系统默认状态为关闭，选中即打开。同义词库的使用方法是：首先进入《中文科技期刊数据库》的检索界面，在其左上角，有"同义词"复选框，在框内打勾，然后在"检索入口"选项内，选择"关键词"，并在检索框内输入检索词后进行检索。如果在同义词表中，有该关键词的同义词，系统就会显示出来，让检索者决定是否用这些同义词检索。例如输入关键词"土豆"时，会提示"春马铃薯、马铃薯、洋芋、洋蕃芋"等，可同时选中作为检索条件，从而提高检索的查全率。图 4-15 为同义词限定示例。

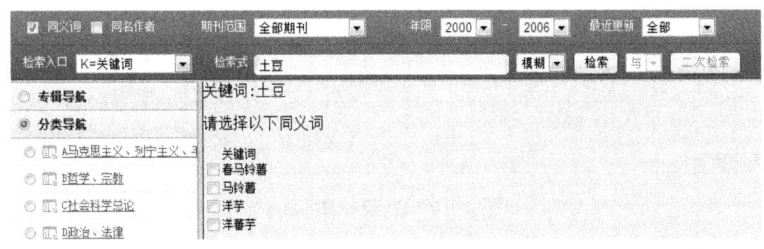

图 4-15　同义词限定示例

提示：同义词功能只适用于三个检索字段：关键词、题名或关键词、题名。

④ 同名作者限定。同名作者库功能与同义词功能类似，默认关闭，选中即打开。只有在选择了作者、第一作者检索入口时才生效。输入作者姓名检索时，系统会提示同名作者的单位列表，选择想要的单位，单击"确定"按钮即可检索出该单位的该姓名作者的文章。同名作者限定功能检索界面如图4-16所示。

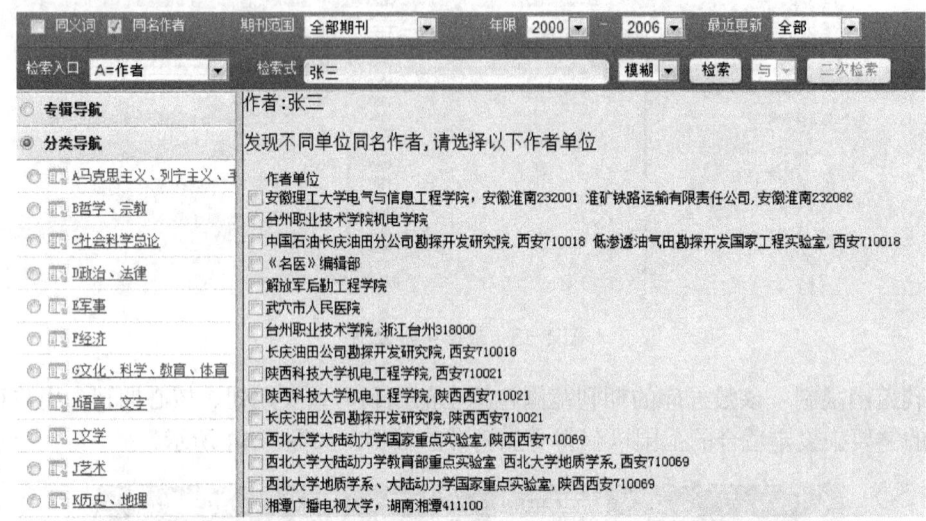

图4-16 同名作者限定

⑤ 简单检索和复合检索。简单检索即直接输入检索词，限定检索范围后进行检索；复合检索分为二次检索和直接输入检索表达式的检索。

用户在一次检索的结果中可能会遇到检索结果不理想的情况，这时就可以考虑采用二次检索，二次检索是在一次检索的检索结果中运用"与""或""非"进行限定的检索，以便得到更理想的检索结果。

3）高级检索。单击"高级检索"即可进入高级检索页面，如图4-17所示。

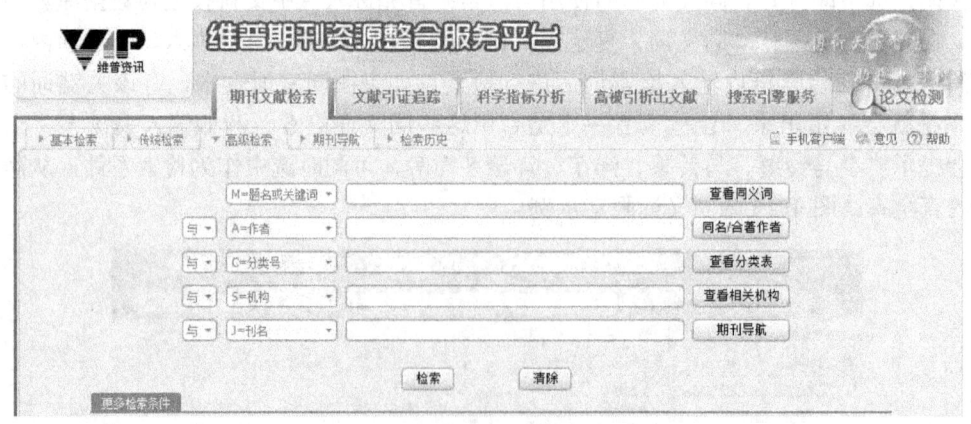

图4-17 高级检索页面

高级检索提供两种方式供用户选择使用：向导式检索、直接输入检索式检索。

① 向导式检索。

向导式检索为用户提供分栏式检索词输入方法。除可选择逻辑运算、检索项、匹配度外，还可以进行相应字段扩展信息的限定，以最大限度地提高查准率。其页面如图4-18所示。

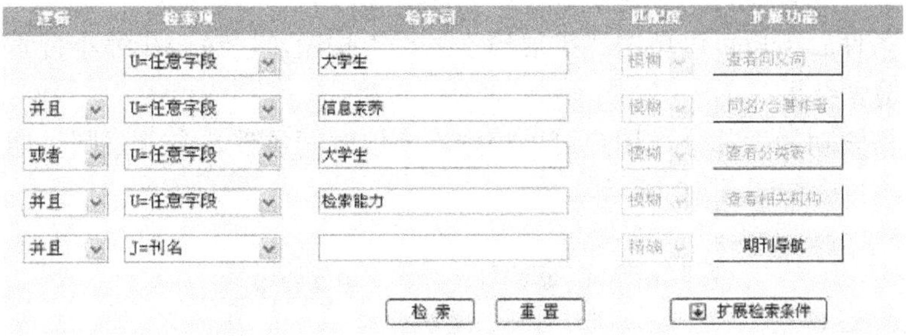

图4-18 向导式检索的检索操作页面

检索规则。向导式检索的检索操作严格按照"高级检索"由上到下的顺序进行，用户在检索时可根据检索需求进行检索字段的选择。

运用逻辑运算符。在检索表达式中，如果不能简单地运用"或""与""非"来检索，则可以调整检索表达式，用多字段或多检索词的限定条件来替换逻辑运算符号。例如，如果要检索C++，可组织检索式（M=程序设计*K=面向对象）*K=C来得到相关结果。

检索字段的代码如表4-1所示。

表4-1 检索字段代码对照

代码	字段	代码	字段
U	任意字段	S	机构
M	题名或关键词	J	刊名
K	关键词	F	第一作者
A	作者	T	题名
C	分类号	R	文摘

扩展功能。单击"扩展功能"下的按钮，可以实现相对应的功能。用户只需要在前面的输入框中输入需要查看的信息，再单击相对应的按钮，即可得到系统给出的提示信息。

查看同义词。例如，用户输入"土豆"，单击并查看同义词，即可检索出"土豆"的同义词："春马铃薯、马铃薯、洋芋"。用户可以全选，以扩大搜索范围。

查看变更情况。例如，用户可以输入刊名"移动信息"，单击并查看变更情况，系统会显示该期刊的创刊名"新能源"和曾用刊名"移动信息·新网络"，使用户可以获得更多的信息。

注意：此处需要输入准确的刊名，才能查看期刊的变更情况。

查看分类表。用户可以直接单击按钮，系统会弹出分类表页。操作方法同分类检索。

查看同名/合著作者。例如，用户输入"张三"，单击并查看同名作者，系统即可以列表形式显示不同单位的同名作者，用户可以选择作者单位来限定同名作者范围。为了保证检索操作的正常进行，系统对该项进行了一定的限制，勾选数据最多不超过5个。

查看相关机构。例如，用户输入"中华医学会"，单击并查看相关机构，系统即可显示以"中华医学会"为主办（管）机构的所属期刊社列表。为了保证检索操作的正常进行，系统对该项进行了一定的限制，勾选数据最多不可超过5个。

扩展检索条件。用户可以单击"扩展检索条件"按钮，以进一步缩小搜索范围，获得符合检索需求的检索结果。

在"扩展检索功能"部分，用户可以根据需要以时间条件、专业限制、期刊范围进一步限制检索范围，页面如图4-19所示。

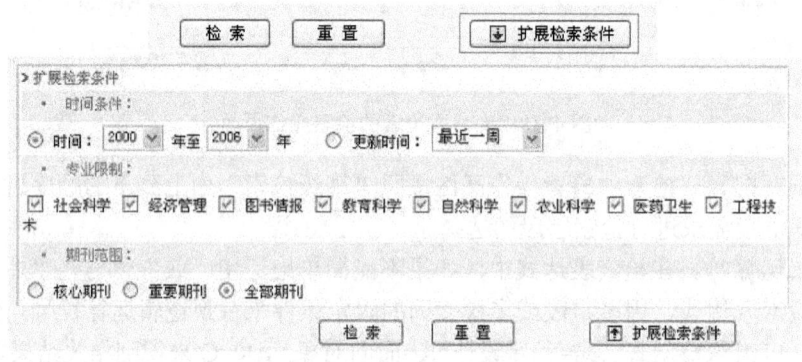

图4-19　扩展检索条件的进一步限制

用户在选定限制分类，并输入关键词检索后，页面自动跳转到搜索结果页。

② 直接输入检索式检索。

用户可在检索框中直接输入逻辑运算符、字段标识等，单击"扩展检索条件"按钮，并对相关检索条件进行限制后，单击"检索"按钮即可，如图4-20所示。

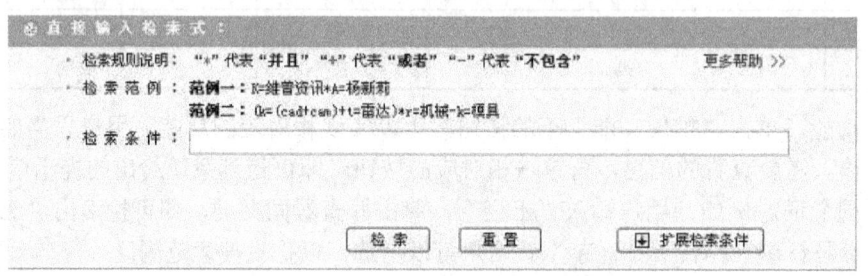

图4-20　直接输入检索式的检索界面

当检索式输入有错误时，检索后会有"查询表达式语法错误"的提示，出现此提示后，需使用浏览器的"后退"按钮返回检索界面，重新输入正确的检索表达式。

扩展检索条件，与"向导式检索"中的"扩展检索条件"相同。

检索规则中关于逻辑运算符、检索代码同前所述。对于检索优先级进行如此限定：无括号时逻辑与"*"优先，有括号时先括号内后括号外；括号不能作为检索词进行检索。

4）期刊检索。检索者登录"维普资讯网"首页，在数据库检索区，通过单击"期刊检索"，即可进入期刊检索界面，如图4-21所示。

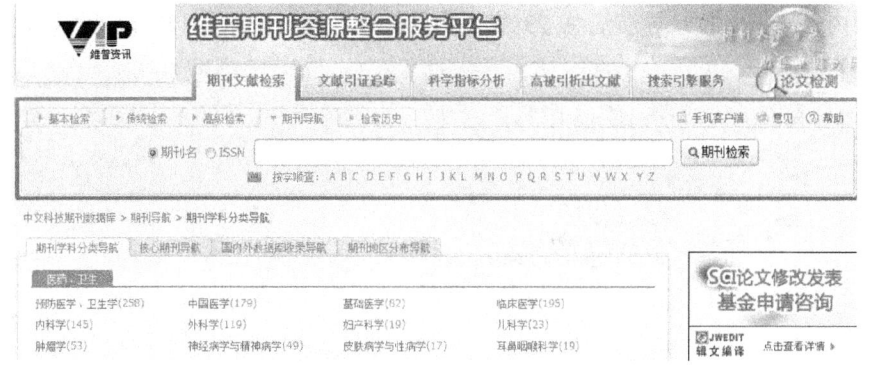

图 4-21 期刊检索界面

期刊检索提供了四种检索途径，即刊名检索途径、号码途径（ISSN）、英文字顺途径以及分类检索途径。同时，为了满足不同检索者的不同需求，该数据库还为检索者提供了检索核心期刊的功能。检索者可以在期刊检索时，根据自己的专业范围、学术级别等具体情况，参考核心期刊表，经过选择确定自己所需要的期刊。

① 期刊刊名（或号码）检索途径：检索者如果知道准确的刊名或 ISSN，则直接在输入框中输入刊名或 ISSN，单击"期刊检索"，即可进入期刊名列表页，然后单击所需刊名即可进入相应期刊内容。

② 字顺检索途径：若检索者单击字母 A，则可列出以拼音字母 A 为首字母的索引期刊列表。

③ 分类检索途径：检索者可以根据学科分类来查找需要的期刊，单击下面的期刊学科分类导航，即可列出该学科分类下的所有期刊的刊名。

5）特色导航。

① 核心期刊导航收录了五大学科中各子学科的核心期刊，如图 4-22 所示。

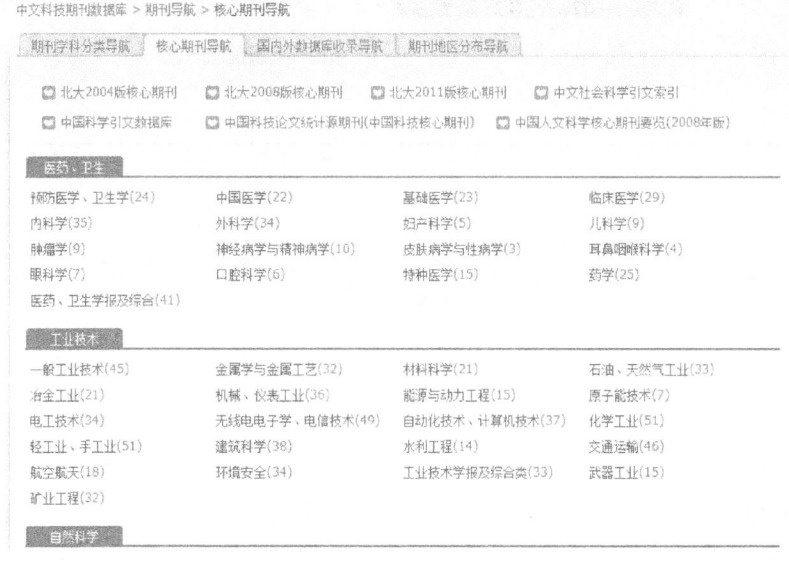

图 4-22 核心期刊导航

② 国内外数据库收录导航汇总 23 家国内外知名数据库收录期刊的最新情况，如图 4-23 所示。

中文科技期刊数据库 > 期刊导航 > 国内外数据库收录导航

期刊学科分类导航 | 核心期刊导航 | 国内外数据库收录导航 | 期刊地区分布导航

国家	数据库名称	数据库英文编写
中国	中国科学引文数据库	CSCD
中国	中文社会科学引文索引	CSSCI
中国	中国人文社会科学核心期刊要览(2008年版)	RWSKHX
中国	中国科技论文统计源期刊（中国科技核心期刊）	ZGKJHX
美国	应用力学评论	AMR
美国	《石油文摘》	PA
美国	剑桥科学文摘社ProQeust数据库	CSA- ProQeust
美国	《国际药学文摘》	CAS
美国	《数学评论》	MR
美国	《工程索引》Compendex 数据库（核心）	EI
美国	国立医学图书馆生物医学检索系统	PubMed
美国	《地质文献预评数据库》	GeoRef Preview Database
美国	《剑桥科学文摘》	CSA
美国	《科学引文索引》	SCI
美国	《生物学文摘（预评）》	BIOSIS Previews
德国	《数学文摘》	ZMATH
德国	国际建筑数据库	ICONDA
英国	皇家化学学会系统列文摘	RSC
英国	食品科技文摘	FSTA
英国	世界纺织文摘	WTA
英国	《物理学、电技术、计算机及控制信息数据库》	INSPEC
英国	《动物学记录》	ZR
英国	《高分子图书馆》	PL
英国	分析文摘	AA
英国	《农业与生物科学研究中心文摘》	CAB
俄罗斯	《文摘杂志》	AJ

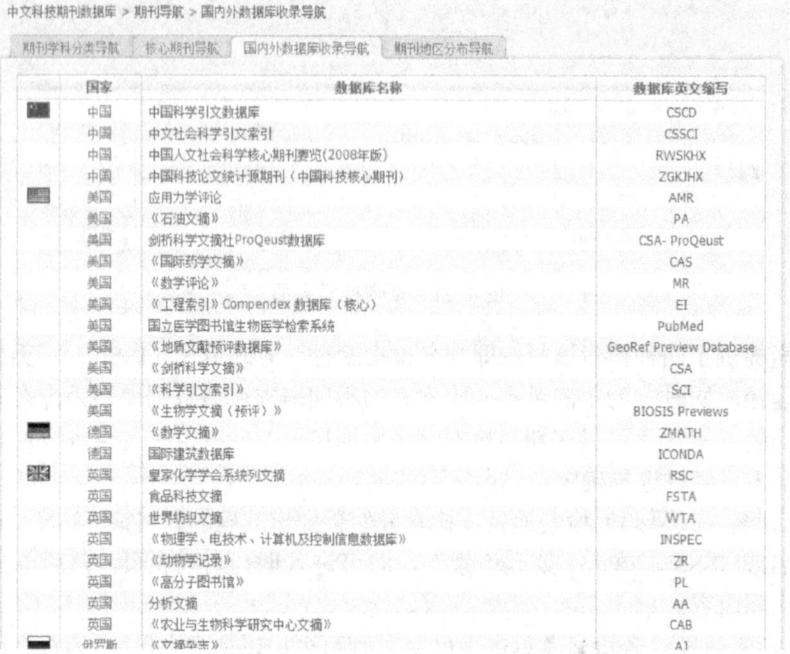

图 4-23　国内外数据库收录导航

③ 期刊地区分布导航。单击不同的省（市）名称可列出本地区所有出版的期刊名称，可显示全部期刊或只显示核心期刊，如图 4-24 所示。

中文科技期刊数据库 > 期刊导航 > 地区分布导航

期刊学科分类导 | 全屏看图 | 保存 | 发送到 | 期刊地区分布导航

出版机构所属区域列表			
北京	天津	上海	重庆
黑龙江	吉林	辽宁	内蒙古
新疆	甘肃	河北	青海
宁夏	山西	山东	陕西
河南	江苏	四川	西藏
湖北	安徽	江西	浙江
湖南	贵州	云南	福建
广西	广东	海南	

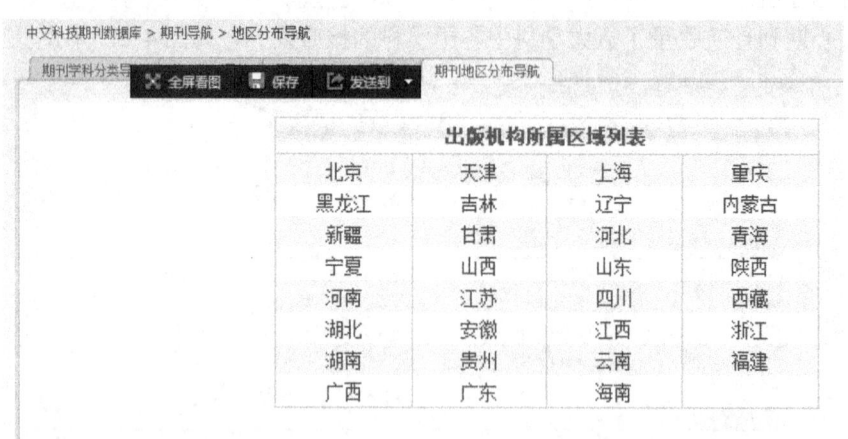

图 4-24　期刊地区分布导航

（2）下载全文

检索到需要的文章后，在文章介绍旁边单击“阅读全文”即可下载，文件格式为 PDF，需要安装 PDF 阅读器才能阅读。维普资讯公司免费提供阅读器的下载。现在使用的是 Foxit Reader 4.1 免安装维普定制版。使用 Foxit Reader 4.1 可以选择 PDF 文档中的文本、表、图像和图形，将其复制到剪贴板，或将其粘贴到其他应用程序的文档中。Foxit Reader 4.1 免安装维普定制版具有以下优点。

1）无需安装。真正的纯绿色软件，全免费，无需任何安装，直接运行即可，不捆绑任何插件，具备高度安全性和隐私性。

2）体积小，功能强大，启动快速。占用空间不超过 20MB，便于使用 U 盘等工具随身携带；全面兼容 PDF 格式文档，并提供画图、高亮文本、输入文字等编辑功能以及文档转换功能；瞬时启动，没有启动动画。

3）集成海量学术期刊、文章，以及专业搜索网址，一键到达，帮助用户快速找到所需资源。阅读器右上角提供学术文章、期刊、搜索等快捷按钮，单击即可进入海量专业学术资源数据库，通过搜索和导航进一步找到所需资源。

（3）收费方式

维普资讯网的收费方式有以下两种，一种是流量计费，另一种是包库计费。

1）流量计费。

一个机构或个人在维普资讯网站注册为会员，用该账号登录维普资讯网后使用维普数据库，不受学科类别的限制自由使用，每次下载数据信息时有程序统计记录使用量，按照收费标准从账户中的备用金（预付款）或者通过网上支付在线扣除相应的金额。它主要有两种收费方式。

① 预先缴纳备用金（预付款），登录后在检索过程中，在获取文献的时候（下载或原文索取服务）系统自动从备用金中扣除。

② 如果没有备用金（预付款），则可以在检索过程中填写相关信息后，系统直接通过网上在线支付平台收取用户所获取的文献（下载或原文索取服务）费用（该服务支持单篇全文网上支付）。

如果用户经常需要获得文献，或者文献获取的需求比较大，也可使用预先缴纳备用金的方式。如果仅是偶然需要一些文献，可以通过首页直接进入检索平台，将所需文献加入购物车后通过网上在线支付平台支付相关费用。

流量用户不受订购学科类别限制，可以不受 IP 地址限制，不受时间的限制，如果使用预先缴纳备用金（预付款）方式缴费，备用金无时间限制，用完为止。

阅读卡是流量计费用户的一种特例。机构或个人在"维普资讯网"上注册成为流量用户，购买维普阅读卡对该账户进行充值，充值后账户在维普资讯网站上成功登录以后，即可在维普信息资源系统中下载文摘或下载、索取全文。阅读卡充值后的账户与流量计费账户的使用权限和使用方式都是相同的，不同的只是预付款在支付方式上的差异。如果是个人用户，对文献获取量不是很大，从经济的角度出发，推荐使用阅读卡用户模式。如果是企业、机构用户，对文献获取量很大，或者所需获取的文献不限于某个学科分类之下，则建议使用流量计费用户模式。

2）包库计费。

一个机构选订某些学科类别的维普数据库，预先缴纳一段时间的使用费用，该单位成员在有效时间内登录维普资讯网使用维普数据库的方式，称为网上包库。网上包库用户可以使用 IP 地址绑定，在绑定 IP 范围内的用户能够无需用户名、密码验证即可登录使用。

对于企业、机构用户，如果对文献获取量很大，且所需获取文献一般在某个学科分类之下，从经济的角度出发，一般使用网上包库模式。如果用户所需获取的文献不仅限于某个学科分类之下，可以在采用包库模式的同时，使用流量计费用户模式来补充，用于获取不常需要且在包库的选定学科类别之外的文献。

使用网上包库模式，用户可将企业、机构内部分需要使用网上文献检索下载的员工的 IP 地址进行绑定，最大限度保障企业购买的资源不被他人使用。

（4）特色功能

"我的维普"是"维普资讯网"最新设计的，使用户能便捷使用中文科技期刊数据库的个性化服务。"我的维普"包括我的首页、期刊订阅、收藏夹、我的账户、个人设置、社区相关和推荐计划等项目。其界面如图 4-25 所示。

图 4-25 "我的维普"界面

第一次使用"我的维普"必须进行个人标识名的注册，注册成功之后，在对应的输入框中正确填写标识名和验证码，并单击"登录"按钮，即可登录"我的维普"。只有在成功登录之后，才可以正常使用各项功能。

4.2.2 万方数据资源系统

万方数据资源系统是以中国科技信息研究所（北京万方数据股份有限公司）全部信息资源为依托建立起来的，它是一个以科技信息为主，集经济、金融、社会、人文信息为一体的网络化信息服务系统。1997 年 8 月在国际互联网上投入服务。目前，全新改版的万方数据资源系统被整合为科技信息子系统、商务信息子系统和数字化期刊子系统三个部分，面向不同用户群，为客户提供全面的信息解决方案。本节将对万方的数字化期刊子系统做介绍。

万方数据的"中国数字化期刊群"，即数字化期刊子系统，属国家"九五"重点科技攻关项目——数字化图书馆示范系统。整个系统以刊物为单位上网，保留了刊物本身的浏览风格和习惯。全面改版的数字化期刊，目前集纳了 1500 多种科技期刊的全文内容，不仅增加了英文及相关链接界面,扩充了期刊所属类别,重新构思了页面布局,而且增添了网上投稿、编辑部公告、数字化论坛等新的服务项目,预留了在线订阅、大五码浏览、网上邻刊搜索、海外网上科技期刊服务代理、期刊论文统计分析等功能接口。更重要的是,强化了网上科技交流的特征,以期刊为单位上网运作,使网上信息资源建设和服务的举措与期刊的网上投稿、编辑、审读、出版和发行等过程都有机地结合起来,向着期刊出版现代化又迈进了一步。期刊全文内容采用 HTML 和 PDF 两种国际通用格式,方便读者随时阅读和引用。所有期刊按基础科学、医药卫生、农业科学、工业技术、人文科学五大类划分,共集纳了 70 多个类目的 2000 种科技期刊全文内容上网,到 2001 年年底,已增至 3500 种学术核心期刊。自 2001 年起,数字化期刊已包含我国所有科技统计源期刊和重要社科类核心期刊,形成了网上期刊的门户特征。

主要产品包括:中国医学会系列杂志、大学学报、中国科学系列杂志、科学普及期刊、英文版期刊、中国科学院主管主办期刊。

科技信息系统:汇集了学位论文文摘、会议论文文摘、科技成果、科研机构、科技名人、中外标准、政策法规等近百种数据库资源,信息总量达上千万条,每年数据更新几十万条以上。

企业服务系统:提供工商资讯、经贸信息、咨询服务、商贸活动等服务内容,其主要产品——《中国企业、公司及产品数据库》,是国内较权威的企业综合信息库。

(1)信息组织方法

数字化期刊按期刊组织主要是针对期刊库的组织,主要包括三种组织方式:按期刊的学科分类、按期刊的地区分类、按照期刊的首字母分类。期刊导航界面如图 4-26 所示。

图 4-26 万方数据期刊导航界面

按照期刊的学科分类是将期刊按照一定的学科进行分类,用户进入所选择的分类后,系统列出此类学科的所有期刊信息,用户在此页面上可以选择期刊进入,也可以再进行检索,即在此学科分类中检索满足条件的资源。目前期刊有以下几种学科分类：哲学政法、社会科学、经济财政、教科文艺、基础科学、医药卫生、农业科学、工业技术。

按期刊的地区分类是将期刊按照发行地进行分类，用户进入所选择的分类后，系统列出该地区所有期刊的刊名信息，用户可以进入某个期刊详细查看，也可在此页面上进行检索，即在此地区的期刊中检索满足条件的资源。地区分类如图4-27所示。

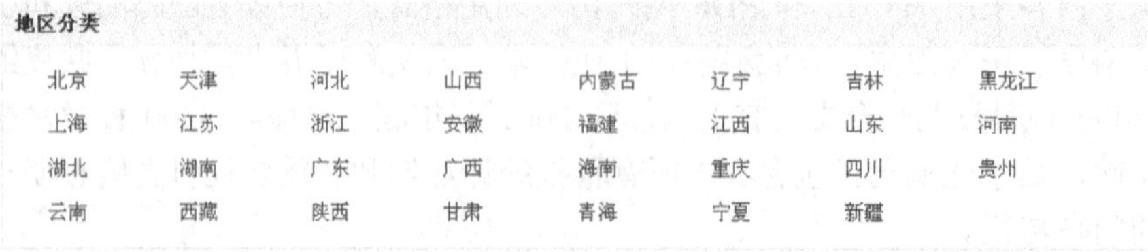

地区分类

北京	天津	河北	山西	内蒙古	辽宁	吉林	黑龙江
上海	江苏	浙江	安徽	福建	江西	山东	河南
湖北	湖南	广东	广西	海南	重庆	四川	贵州
云南	西藏	陕西	甘肃	青海	宁夏	新疆	

图4-27 地区分类

按照期刊的首字母分类列出字母A～Z，用户选择刊首字母，列出所有以此字母开头的期刊，用户可以单击某个期刊查阅具体内容，也可以在此页面上进行检索。

（2）检索方法

1）简单检索。

进入数据库检索界面选择"期刊"，在关键词框中输入检索词，即可检索到所需期刊。另外还可以通过期刊导航的学科分类、地区分类、按期刊的首字母分类导航所示，打开一个大类，显示该类下所有收录的期刊，逐步检索期刊。图4-28为万方数据期刊检索入口。

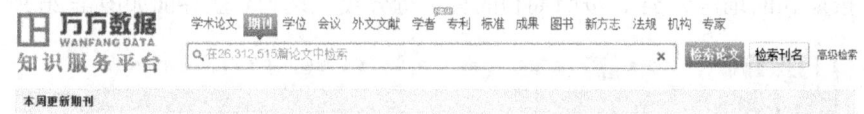

图4-28 万方数据期刊检索入口

2）高级检索。

在万方数据期刊检索入口的关键词框右侧有"高级检索"按钮，单击此按钮即进入高级检索界面，如图4-29所示。

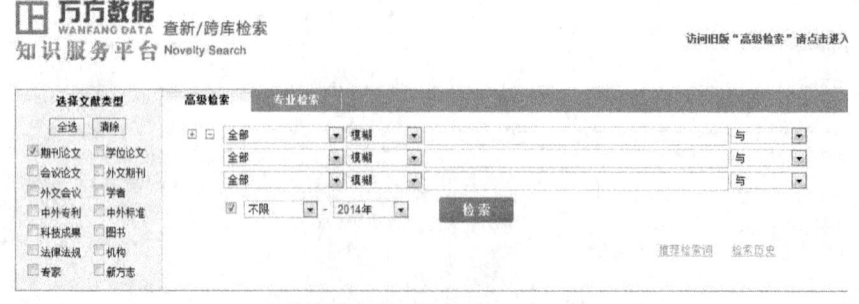

图4-29 高级检索界面

选择检索条件，可进行进一步检索。打开"全部"下拉菜单（见图4-30），确定检索形式。单击"+"或"-"可以增加或减少检索条件。

选择"或"与"非"对检索词进行逻辑运算以确定检索范围,如图 4-31 所示。

图 4-30　高级检索形式

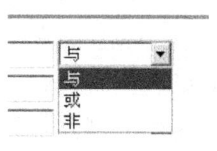

图 4-31　逻辑词选择

高级检索适用于专业检索人员进行全面的文献调研。

3）专业检索。

专业检索比高级检索功能更强大,但需要检索人员根据系统的检索语法编制检索式进行检索,适用于熟练掌握检索语言的专业检索人员。通过选择"可检索字段""推荐检索词"或"检索历史"编辑检索式进行检索。专业检索界面如图 4-32 所示。

图 4-32　专业检索界面

4）跨库检索。

万方跨库检索系统整合了万方的"中国数字化期刊全文数据库""中国学位论文全文数据库"以及中国知网的"中国期刊全文数据库""中国优秀硕士学位论文全文数据库""中国博士学位论文全文数据库""中国重要会议论文全文数据库""中国重要报纸全文数据库"等多个数据库,实现了对多个数据库的统一检索以及全文的链接。

跨库检索中心是万方数据资源统一服务系统检索业务集成系统,输入一个检索式,便可以看到多个数据库的查询结果,并可进一步得到详细记录和下载全文（见图 4-33）。选择一个或多个数据库,选择检索项（如全部、作者、单位、中图分类号、关键词、摘要）,输入关键词,限定年度范围,可选择每页显示记录数,单击"检索"按钮即可。

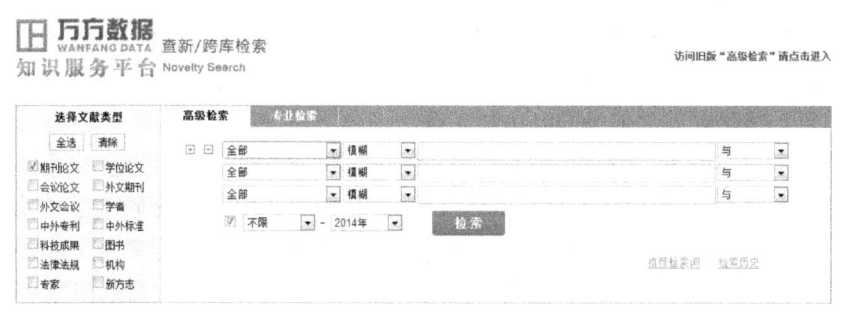

图 4-33　跨库检索界面

87

（3）原文阅读

万方期刊文献全文查看有两种方式，一是单击"查看全文"或"下载全文"，可在线浏览或下载全文。另一种方法是单击"导出"按钮，可生成 NoteExpress、EndNote、Refworks、TXT、XML 等格式的参考文献。

全文要通过 Adobe Reader 浏览器阅读，查看全文前需下载安装 Adobe Reader 浏览器。可以单击"下载 PDF 浏览器"进行下载。全文阅读界面如图 4-34 所示。

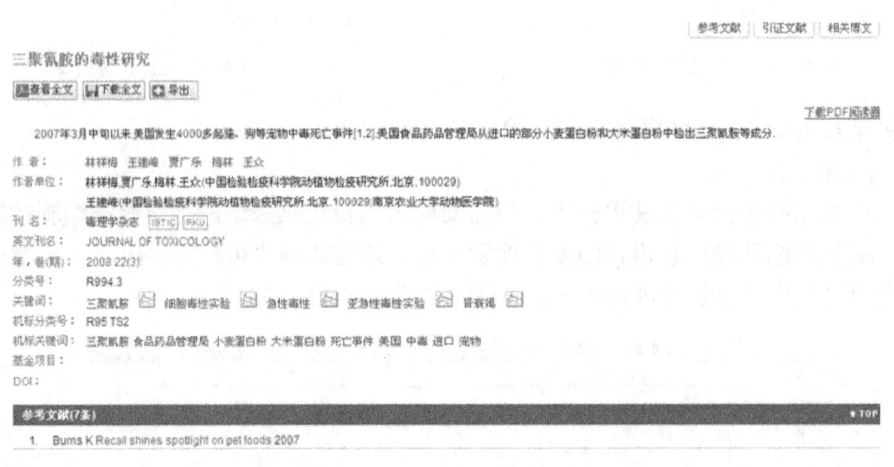

图 4-34　万方数据库全文阅读界面

4.2.3　中国知网

中国知网是国家知识基础设施（National Knowledge Infrastructure，NKI）的概念，由世界银行于 1998 年提出。CNKI 工程是以实现全社会知识资源传播共享与增值利用为目标的信息化建设项目，由清华大学、清华同方发起，始建于 1999 年 6 月。在全国学术界、教育界、出版界、图书情报界等社会各界的密切配合下，CNKI 工程集团经过多年努力，采用自主开发并具有国际领先水平的数字图书馆技术，建成了世界上全文信息量规模最大的"CNKI 数字图书馆"，并正式启动建设《中国知识资源总库》及 CNKI 网络资源共享平台，通过产业化运作，为全社会知识资源高效共享提供最丰富的知识信息资源和最有效的知识传播与数字化学习平台。中国知网的内容建设由中国学术期刊（光盘版）电子杂志社承担，技术与服务由同方知网技术有限公司承担。

通过与期刊界、出版界及各内容提供商达成合作，中国知网已经发展成为集期刊杂志、博士论文、硕士论文、会议论文、报纸、工具书、年鉴、专利、标准、国学、海外文献资源为一体的、具有国际领先水平的网络出版平台。

中国知网数据库包括中国学术期刊网络出版总库、中国学术期刊全文数据库、世纪期刊、商业评论数据库、中国学术期刊网络出版总库_特刊、中国优秀硕士学位论文全文数据库、中国优秀硕士学位论文全文数据库_2003 增刊、中国博士学位论文全文数据库、中国重要会议论文全文数据库、国际会议论文全文数据库、中国重要报纸全文数据库。

中国学术期刊网络出版总库是目前世界上最大的连续动态更新的中国期刊全文数据库，收录国内 7955 种重要期刊，以学术、技术、政策指导、高等科普及教育类期刊为主，同时收录部分基础教育、大众科普、大众文化和文艺作品类刊物，内容覆盖自然科学、工程技术、农业、哲学、医学、人文社会科学等各个领域，全文文献总量4000多万篇。

其专辑专题分为十大类：基础科学、工程科技 I、工程科技 II、农业科技、医药卫生科技、哲学与人文科学、社会科学 I、社会科学 II、信息科技、经济与管理科学。十大专辑下分为168个专题。

CNKI数据库的主要特点如下。

1）海量数据的高度整合，集题录、文摘、全文文献信息于一体，实现一站式文献信息检索（One-stop Access）。

2）参照国内外通行的知识分类体系组织知识内容，数据库具有知识分类导航功能。

3）设有包括全文检索在内的众多检索入口，用户可以通过某个检索入口进行初级检索，也可以运用布尔运算符等灵活组织检索提问式进行高级检索。

4）具有引文连接功能，除了可以构建成相关的知识网络外，还可用于个人、机构、论文、期刊等方面的计量与评价。

5）全文信息完全的数字化，通过免费下载最先进的浏览器，可实现期刊论文原始版面结构与样式不失真的显示与打印。

6）数据库内的每篇论文都获得清晰的电子出版授权。

7）多样化的产品形式，及时的数据更新，可满足不同类型、不同行业、不同规模用户个性化的信息需求。

8）遍布全国和海外的数据库交换服务中心，配上常年的用户培训与高效的技术支持。

1. 检索方法

用户登录中国知网平台CNKI并单击导航栏中的"期刊"选项，将打开"中国学术期刊网络出版总库"的首页，如图4-35所示。

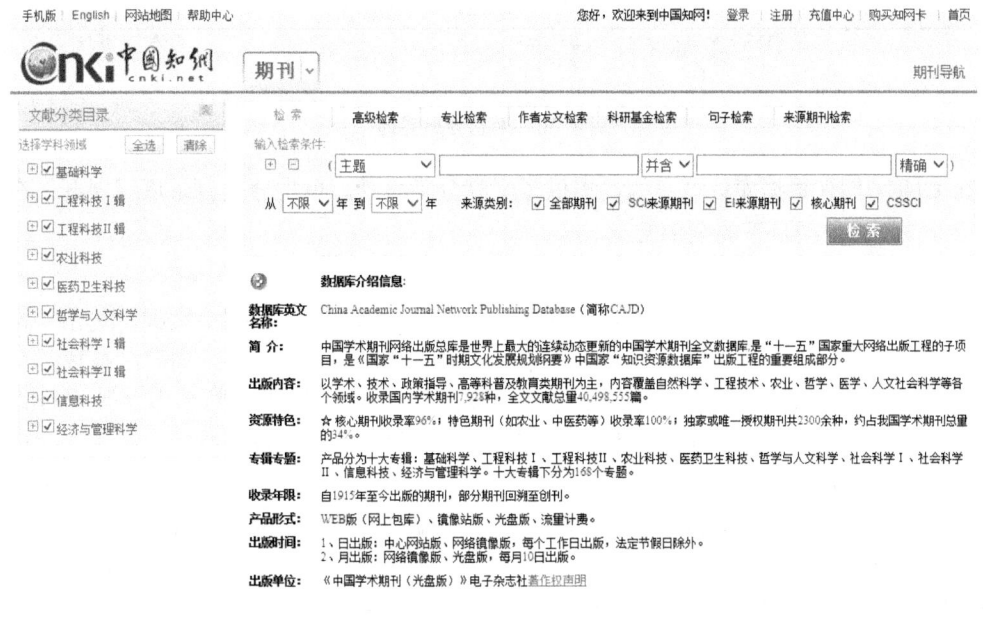

图4-35 "中国学术期刊网络出版总库"首页

数据库首页左右两侧分别为数据库文献分类目录和期刊导航。检索区域共提供七项检索入口功能：检索、高级检索、专业检索、作者发文检索、科研基金检索、句子检索、来源期刊检索。

（1）分类检索

利用期刊数据库首页上的"期刊导航"即可检索期刊。期刊导航实质上是 CNKI 期刊数据库所收录的期刊刊名索引，系统按期刊学科进行分类，并提供相应的浏览方式。在检索和高级检索中，利用"期刊导航"选取检索范围，这样可以节省检索的时间，提高查准率。如图 4-36 所示。

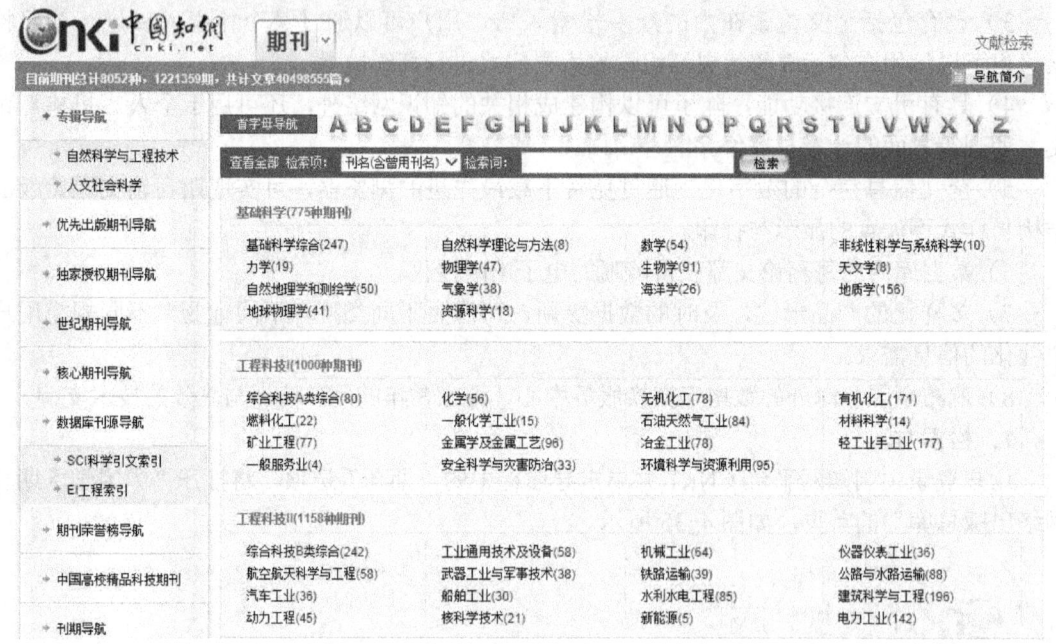

图 4-36　期刊导航界面

在 CNKI 期刊数据库首页左侧，提供了文献分类目录。单击分类目录逐级展开，在最末级类目上，可浏览类目下的全部文章。

（2）检索

检索是系统默认的检索方式，能快速方便地检索信息。只需输入检索词，单击"检索"按钮，系统即可在默认的主题（如主题、篇名、关键词、作者、单位、刊名、摘要等）项内进行检索，任意一项中与检索条件匹配者均为记录。检索适用于不熟悉多条件组合查询或 SQL 语句查询的用户，它为用户提供了详细的导航，最大范围的选择空间。对于一些简单查询，建议使用该方法，该查询的特点是方便快捷，效率高，但查询结果有很大的冗余。一次检索后可能会有很多不期望的记录，因此可在一次检索的基础上进行二次检索，二次检索只是在上次检索结果的范围内进行检索，这样可逐步缩小检索范围，使检索结果越来越接近自己想要的结果。CNKI 期刊数据库的常用检索字段见表 4-2。

表 4-2　CNKI 期刊数据库常用检索字段表

字段名称	说　明
主题	为系统默认的检索字段。检索范围：中英文刊名、中英文关键词、中英文摘要
篇名	在中、英文篇名中检索
关键词	在关键词字段中检索，包括作者给出的中、英文关键词及机标关键词
摘要	在中英文摘要中检索
作者	在作者字段中检索
刊名	包括中、英文刊名
参考文献	检索范围为文章所提供的参考文献列表，包括参考文献的篇名、作者及刊名
全文	在文章的正文中检索
年	文章发表年代
期	以两位字符表示，如 01 表示第 1 期，增刊和合刊分别用 S 和 Z 表示
基金	在基金名称字段中检索，用于检索获得基金资助的文章
ISSN	国际标准刊号

（3）高级检索

如果一站式检索不能满足文献查找的需求，可利用高级检索选择更多检索项。利用高级检索可以弥补检索的缺陷。它能够有效地进行组合查询，减少查询结果，提高命中率。

在 CNKI 期刊数据库中选择"高级检索"进入高级检索界面如图 4-37 所示。根据需要从系统给出的可检字段（见表 4-2）中选择，输入相应的检索词，并选择组合关系（AND、OR 分别表示逻辑与、或），以及检索年代和检索结果的排序等条件进行检索。通过检索项的组合检索后，会在页面的概览区列出满足检索条件的所有记录，但鉴于经常检索的结果很多，每页最多只能显示十条记录，如果想看后面的记录，则直接利用页面上的翻页功能或跳转功能定位到指定的页码或记录，这些功能包括首页、上页、下页、末页。如果要直接跳转到某个页面，则在输入页码旁边的文本框里输入一个整数，然后单击"转到"按钮即可。输入的页码数表示想要跳转的页码，当然这个数不能为负数、非整数、字母或其他符号。如果输入的页码大于总的页码，则跳转到最后一页。如果输入的页码数为负数或其他"不合法"的符号，则会自动跳转到第一页。

图 4-37　高级检索界面

（4）专业检索

专业检索用于图书情报专业人员查新、信息分析等工作，使用逻辑运算符和关键词构造检索式进行检索。专业检索界面如图 4-38 所示。

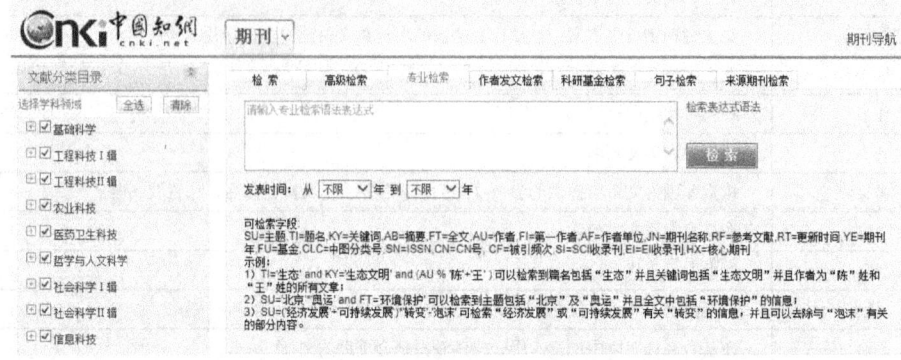

图 4-38　专业检索界面

专业检索方式需要用检索算符编制检索表达式。系统常用的检索算符如表 4-3 所示。

表 4-3　CNKI 期刊数据库常用的检索算符

名称	符号	说　明	应　用　举　例
逻辑算符	*	逻辑"与"，连接限定词，缩小检索	篇名=（数字*版权） 查找篇名中同时包含数字和版权两个词组的文章
	+	逻辑"或"，连接同义词，扩大检索	篇名=（数字期刊+电子期刊） 查找篇名中包含数字期刊或电子期刊方面的文章
	-	逻辑"非"，排除	篇名=（汽车发动机-噪声） 查找篇名中包含汽车发动机但不含噪声的记录
位置算符	=	精确检索（按词组检索，且后方一致），跟在字段名称后	机构=北京大学 命中记录为机构名称严格为北京大学的记录，而不包含类似于北京大学数学系等记录
	%	模糊检索（按字检索），跟在字段名称后	机构%北京大学 查找机构名称为北京大学的记录，北京大学各院系的记录均可被查出
	#	所连接的两个词出现在同一句子中，词序任意	摘要=（数字#图书馆） 查找句子中同时含有"数字"和"图书馆"的记录

在利用检索算符编制检索式时需注意以下几点。

1）所有符号和英文字母，都必须使用英文半角字符。

2）"AND""OR""NOT"三种逻辑运算符的优先级相同；如要改变组合的顺序，使用英文半角圆括号"()"将条件括起。

3）逻辑关系符号与（AND）、或（OR）、非（NOT）前后要空一个字节。

4）使用"同句""同段""词频"时，需用一组西文单引号将多个检索词及其算符括起，如'流体 # 力学'。

（5）作者发文检索

作者发文检索是 CNKI 期刊数据库的特色功能。通过作者姓名、单位等信息，查找作者发表的全部文献及被引、下载的情况。通过作者发文检索不仅能找到某一作者发表的文献，还可以通过对结果的分组筛选情况全方位地了解作者的主要研究领域、研究成果等情况。界面如图 4-39 所示。

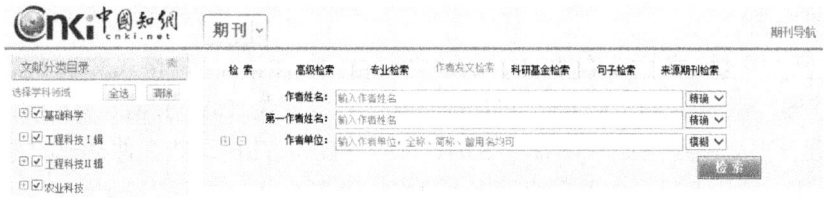

图 4-39 作者发文检索界面

(6) 科研基金检索

科研基金检索是通过科研基金名称,查找科研基金资助的文献。通过对检索结果的分组筛选,可全面了解科研基金资助学科范围、科研主题领域等信息。界面如图 4-40 所示。

图 4-40 科研基金检索界面

(7) 句子检索

句子检索是通过用户输入的两个关键词,查找同时包含这两个词的句子。由于句子中包含了大量的事实信息,通过检索句子可以为用户提供有关事实的问题的答案。界面如图 4-41 所示。

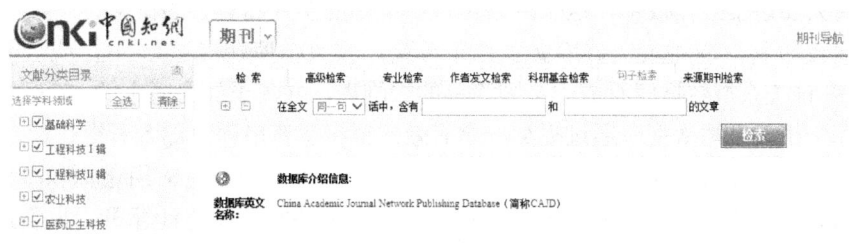

图 4-41 句子检索界面

(8) 来源期刊检索

来源期刊检索是按来源检索文献。界面如图 4-42 所示。

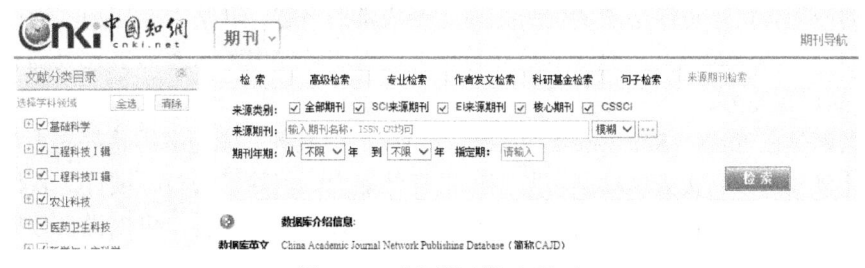

图 4-42 来源期刊检索界面

2. 下载和阅读

中国知网的文献资料主要有 PDF、CAJ 两种格式。阅读 PDF 格式文章，需安装 Adobe Reader 阅读器；阅读 CAJ、KDH、NH 等格式文件需安装 CAJViewer 7.2 阅读器。而 E-learning 阅读管理软件则在支持 CAJ、KDH、NH、PDF、TEB 这些文件格式的基础上，更提供了文献管理、批量下载、深入研读等诸多功能。

这些软件可以在知网首页的下载中心（http://www.cnki.net/software/xzydq.htm）下载。下载完成后直接运行安装，按默认的选项直到安装完毕即可。另外，在阅读文章时还可以直接复制文字到 Word 中，也可以选择 CAJViewer 阅读器"文件"菜单中的"另存为"功能，把文献另存为 TXT 文本文件，然后再到 Word 中打开使用，但需要重新排版。

在检索出的结果中将感兴趣的文章原文下载到磁盘介质上，下载时只要单击记录前面的磁盘状图标即可，然后系统提示："是否在当前位置打开或者保存到磁盘"。如果选择在当前位置打开且本机安装有全文浏览器，则直接在当前位置打开原文；如果选择了保存到磁盘，则将原文数据下载到本地硬盘。

 知识链接

云 数 据 库

随着电子、通信、计算机和网络技术为标志的第三次技术革命，人们被带入了信息时代。于是，人们期待实现互联互通，协同工作，知识共享，对可靠、低成本、高效能的技术手段和实现模式的迫切需求催生了云计算。

云计算是 IT 行业近几年提出的一个新概念，而它的萌芽却在 20 世纪 60 年代就已经出现。美国通用电气公司应用"计算服务"的网络系统与现状提出了云计算的概念，其建立的网络系统大大加速了工作效率，这个网络类似于现在的企业私有云的概念。

在"百度百科"中将云数据库做了如下解释：云数据库即 CloudDB，或者简称为"云库"。它把各种关系型数据库看成一系列简单的二维表，并基于简化版本的 SQL 或访问对象进行操作。传统关系型数据库通过提交一个有效的链接字符串即可加入云数据库。

云数据库解决了数据集中与共享的问题，剩下的是前端设计、应用逻辑和各种应用层开发资源的问题。使用云数据库的用户不能控制运行着原始数据库的计算机，也不必了解它身在何处。

作为一种基于互联网的超级计算模式，云计算同时也构建起一种全新的商业模式。云计算使用的硬件设备主要是成堆的服务器，企业和个人用户可以通过互联网获取计算能力，未来也可能出现一些超大型企业通过广域网获得计算能力的模式。这种运算模式从表面上看避免了大量的硬件投资，更深层次的优势是对运维成本的节省。其基本原理为，通过使计算分布在大量的分布式计算机上，而非本地计算机或远程服务器中，从而为更大范围的用户提供"足够用"的计算能力。

云数据库是在 SaaS（Software-as-a-Service，软件即服务）成为应用趋势的大背景下发展起来的云计算技术，它极大地增强了数据库的存储能力，消除了人员、硬件、软件的重复配置，让软、硬件升级变得更加容易，同时也虚拟化了许多后端功能。可以说云数据库是数据库技术未来发展的方向。

目前十个最有用的云数据库如下。

1. Amazon Web Services

Amazon Web Services 上可以使用多种基于云端的数据库，有关系型的也有非关系型的。Amazon Relational Database（RDS）上可以运行 MySQL、Oracle 以及 SQL Server 等多种实例，而 Amazon SimpleDB 更是专为小型用户设计的弱数据结构模型数据库。在 NoSQL 方面，Amazon DynamoDB 更采用了 SSD 方案，并且自动地将工作复制到 3 个以上的可用空间。Wemer Vogles（AWS CTO）更透露说，DynamoDB 是 AWS 史上增速最快服务；Amazon 还发布了一些数据管理服务，比如：新发布的数据仓库 Redshift 以及 Data Pipeline（用于管理多来源数据）。

2. EnterpriseDB

EnterpriseDB 专注于开源的 PostgreSQL 数据库，但是它赖以成名的却是在 Oracle 数据库应用程序上的实力。通过使用 EnterpriseDB 的 Postgres Plus Advance Server，用户可以通过 EnterpriseDB 使用为本地 Orcale 数据库编写的应用程序。EnterpriseDB 已同时实现对 HP 和 AWS 的支持。EnterpriseDB 还同时具备了二进制复制及周期性备份。

3. Garantia Data

Garantia 为用户提供了一个网关服务，通过这个服务，用户可以在 AWS 公有云内存中运行开源的 Redis 和 Memcached 非关系数据库服务。使用 Garantia 的软件可以帮助开发者为这些开源数据平台自动地扩展节点，创建集群以及容错模型。

4. Google Cloud SQL

Google 的云数据库服务主要出台了两个产品：Google Cloud SQL 和 Google BigQuery。Google Cloud SQL 被 Google 打造成一个类 MySQL 的完全关系型数据库基础设施，而 Google BigQuery 则被塑造成在 Google 云基础设施上运行大数据集查询的分析工具。

5. Microsoft Azure

微软使用其 SQL Server 技术提供的一个关系型数据库，允许用户直接访问云中 SQL 数据库或者在虚拟主机中托管 SQL 服务器实例。微软同时还强调混合型数据库，使用 SQL Data Sync 整合了用户本地及 Azure 云上的数据。微软同样有个基于云的 NoSQL 数据库——Tables，Blobs 文件（二进制对象存储）——专门为媒体文件（视频、音频）做了优化。

6. MongoLab

在 NoSQL 世界中，有各种各样的数据库平台可以选择，包括 MongoDB。MongoDB 允许用户使用多个云供应商提供的服务访问数据库，包括 AWS、Azure 和 Joyent。就像其他的网关类型服务，MongoLab 同样在应用层整合了多种 PaaS 工具。MongoLab 既可以在共享的环境中访问，也可以在专用的环境中访问；而后者的开销通常比前者要大。

7. Rackspace

Rackspace 通过 Cloud Databases 实现了数据库云端访问以及托管双类型。Rackspace 强调了 Cloud Databases 的 container-based 虚拟化，该公司指出这将赋予数据库服务远强于基于纯虚拟化基础设施的性能。Cloud Databases 还整合了 SAN 网络存储——基于 OpenStack 平台。最近 Rackspace 还将在云端发布一个来自 Cloudant 的 NoSQL 数据库。

8. SAP

企业软件巨头 SAP 通过 HANA——一个建立在内存技术上的平台，进上了云端。HANA 中的云数据库还补充了该公司其他的本地数据库工具（如 Sybase），现在只支持在 AWS 公有云中使用。HANA 同时还包括了其他非数据库应用，包括了商业管理工具和应用程序开发工具。

9. StormDB

不同于其他的云数据库，StormDB 是在实体服务器中运行其分布的关系型数据库，这就意味着没有虚拟主机的存在。StormDB 指出这样可以带来更好的性能及更简易的管理，因为用户不需要去给他们的数据库选择虚拟主机的大小。然而即使使用的是实体服务器，用户还是在共享使用集群中的服务器，虽然 StormDB 承诺所有用户的数据库都是独立的。StormDB 同样在云中对数据库进行自动分片，该公司正在运行一个免费的测试版。

10. Xeround

Xeround 是个可以横跨多个云供应商及平台去部署可扩展 MySQL 数据库的管理工具。Xeround 提供了很高的可靠性和扩展性，可以横跨多个云供应商工作（如 AWS、Rackspace、Joyent、HP 以及 OpenStack 和 Citrix 平台）。

习题

1. 填空

（1）"中文科技期刊数据库"全文数据全部采用国际通用的（　　）标准格式。通过 JBIG2 双层压缩技术，将原来的图片全文转换为可文本化的（　　）全文。

（2）中文期刊数据库主要有（　　）、（　　）、（　　）等。

（3）万方数字化期刊按期刊组织，主要是针对期刊库的组织，主要包括三种组织方式：（　　）、（　　）、（　　）。

2. 简答题

（1）维普 PDF 阅读器有哪些优点？

（2）万方"中国数字化期刊全文数据库"有哪几种检索途径？

3. 操作题

（1）自己选择主题，从维普"期刊数据库"中检索相关文章，并从检索结果中分别选择两篇文章导入 NoteExpress 中，写出相应的操作步骤。

（2）在万方数字化期刊库中查找以下几个方面的文章，并写出检索式及命中的篇数。

① 汽车发动机故障诊断

② 云计算在数字图书馆中的应用

（3）在 CNKI 期刊数据库中查找清华大学范守善教授 1999 年在《材料导报》上发表的篇名为"碳纳米管及相关的一维纳米材料"的文章。

第 5 章　特种文献检索

5.1 科技报告及其检索

5.1.1 科技报告的特点

科技报告是科学研究工作的正式成果报告，或是某项课题研究进展情况的实际记录，它是科研活动中的第一手资料。许多新兴学科、尖端技术、重要工程、新材料、新设备和新方法往往都反映在科技报告中。科技报告注重报告进行中的科研工作，大多数科技报告都与政府的研究活动、国防及尖端科学技术领域有关，因此它如实地反映了一个国家和专业的科技水平，是一种非常重要的信息源，对科研工作有直接的参考价值。目前，世界上许多国家每年都发表大量的科技报告，例如美国的四大报告、英国航空委员会报告（ARC）、法国原子能委员会报告（CEA）、德国宇航研究报告（DVR）、瑞典国家航空研究报告（FFA）等。我国从 1963 年开始"科学技术研究成果报告"的出版工作，收藏国内外科技报告较多的单位是中国国防科技信息中心。每份科技报告自成一册单独出版，有规定的编写格式，有连续的编号，称为报告号，常以报告单位或主管部门的缩写形式加上顺序号构成。出版发行不规则，无固定周期。许多科技报告不公开发行，只作为内部交流使用，可获性主要取决于报告的密级。科技报告的密级有：①秘密报告（Confidential Report）、机密报告（Secret Report）：属于国家机密，公众难以得到；②非密限制报告（Restricted/ Limited Report）：在一定范围内发行，数量有限；③解密报告（Declassified Report）：秘密报告或限制报告经过一段时期后解除限制，成为公开的科技报告；④非密公开报告（Unclassified Report）：是较容易获得的一种科技报告。

5.1.2 科技报告的类型

科技报告的种类很多，大致有下列类型。

1）技术报告（Technical Reports，TR）。

2）技术备忘录（Technical Memorandum，TM）。

3）技术札记（Technical Notes，TN）。

4）技术论文（Technical Paper，TP）。

5）技术译文（Technical Translations，TT）。

6）合同报告（Contract Report，CR）。

7）中间报告（Interim Report，IR）。

8）最后报告（Final Report，FR）。

9）年度报告（Annual Report，AR）。

10）进展报告（Progress Report，PR）。

11）特种出版物（Special Publication，SP）。

5.1.3 印刷型美国四大科技报告

在世界上每年出版的科技报告中，美国的科技报告占了 80%左右，因此有必要单独介绍一下美国的科技报告。

美国商务部的国家技术情报社（National Technical Information Service，NTIS）是美国联邦政府科技文献资料的出版发行中心，它统管美国政府资助的所有科研项目的科技成果的报道。NTIS 文献库的记录以每年 8 万多条的速度增长，现有收藏量超过 220 万条，其中大量的是美国政府四大报告。

1. PB 报告

PB 是"美国商务出版局（U.S.Department of Commerce Office of Publication Board）"的简称。该局成立于 1945 年，当时主要搜集、整理、编辑、出版从德、意、日等战败国获取的技术资料。它出版的资料都以"PB"作为代号，故称为 PB 报告。目前，由美国 NTIS 负责整理、出版发行，但 PB 报告号一直沿用。从 20 世纪 60 年代后期开始，PB 报告的内容侧重于民用工程技术。PB 报告采用"PB+年代+报告顺序号"的报告号形式。

2. AD 报告

AD 报告原来是前美国武装部队技术信息局（Armed Service Technical Information Agency，ASTIA）搜集、收藏的国防科技报告。它由 ASTIA 统一编号，称为 ASTIA Document，简称 AD 报告。报告主要来源于美国陆军系统（1000 个左右）、海军系统（800 个左右）、空军系统（2000 个左右）、公司企业和大学所属科研机构（数千家），以及几乎所有的政府科研机构、外国的科研机构、国际组织的研究成果及一些译自其他国家的文献。AD 报告的内容绝大部分与国防科技密切相关，涉及航天航空、舰船、兵器、核能、军用电子等领域，是目前国防科研部门使用价值和频率最高的大宗科技文献。目前，AD 报告的内容不仅包括军事方面，也广泛涉及民用技术，包括航空、军事、电子、通信、农业等多个领域。

ASTIA 成立于 1951 年，现更名为美国国防科学技术信息中心（Defence Technical Information Center，DTIC），但报告的名称仍然继续使用。目前 DTIC 仅收藏绝密级以下的机密、秘密、非密限制（内部）和公开的四种级别的研究报告。公开报告约占其总数的 45%，由 NTIS 公开发行。AD 报告采用"AD+密级+流水号"的报告号形式。但是，由于密级的关系，编排比较混乱，其密级与编号规律见表 5-1。

表 5-1 AD 报告的编号与密级

AD 编号范围	报告密级
自 AD A0000001 起	A 公开报告
自 AD B0000001 起	B 非限制报告
自 AD C0000001 起	C 秘密报告
自 AD D0000001 起	D 美军专利文献

3. NASA 报告

NASA 报告是美国国家航空航天局（National Aeronautics and Space Administration，NASA）出版的科技报告，现也简称为 N 报告。NASA 的前身是 NACA（National Advisory Committee for Aeronautics）。NASA 报告的内容侧重于航空和空间技术领域，如空气动力学、发动机及飞行器材、实验设备、飞行器制导及测量仪器等方面。该报告虽主要侧重航空、航天科学方面，但由于它本身是一门综合性学科，与机械、化工、冶金、电子、气象、天体物理、生物等都有密切联系，因此，NASA 报告同时涉及许多基础学科和技术学科，是一种综合性的科技报告。

NASA 报告的报告号采用"NASA+报告出版类型+顺序号"的表示方法，例如"NASA-CR-159698"表示一份合同用户报告。在 NASA 编号系统中，由 TR 表示技术报告，TN 表示技术札记，TM 表示技术备忘录，TP 表示技术论文，TT 表示技术译文，CR 表示合同用户报告，SP 表示特种出版物，CR 表示会议出版物，EP 表示教学用出版物，RP 表示参考性出版物等。

4. DE 报告

DE 报告原称为 DOE 报告，是美国能源部（Department of Energy，DOE）出版的报告。它原是美国原子能委员会（Atomic Energy Commission，AEC）出版的科技报告，称为 AEC 报告。AEC 组织成立于 1946 年，于 1974 年撤销，成立了能源研究与发展署（Energy Research and Development Administration，ERDA）。它除了继续执行前原子能委员会的有关职能外，还广泛开展能源的开发研究活动，并出版 ERDA 报告，取代了原 AEC 报告。1977 年，ERDA 改组扩大为能源部。1978 年 7 月起，它所产生的能源研究报告多以 DOE 编号出现。AEC 报告的内容除原子能及其应用外，还涉及其他学科领域。ERDA 和 DE 报告的内容则由核能扩大到整个能源的领域。DE 报告的提供单位主要是美国一批国家一级的研究机构、实验室和合同用户，其中主要是能源部所属的 8 大管理所、5 大能源技术中心和 18 个大型实验室所产生的科技报告。DE 报告没有统一的编号，可以通过一些工具书对其进行识别。

5.1.4 美国政府科技报告的检索工具

1. 美国《政府报告通报与索引》（Government Reports Announcement & Index，GRA&I）

GRA&I 是一种由 NTIS 编辑出版的综合报道 PB、AD、NASA 和 DE 四大报告的文摘性检索工具，1946 年创刊，为双周刊，年报道量约为 5 万件。

GRA&I 的出版物形式包括：①印刷版；②缩微版；③磁带版；④网络版 NTIS 数据库，覆盖时间从 1964 年至今，采用周更新，目前在 DIALOG、ORBIT、STN 等大型联机检索系统中运行；⑤光盘版 NTISOndisc，覆盖时间从 1985 年至今，采用季度更新方式，每年累积为一张光盘。

（1）印刷型 GRA&I 的编制格式与内容及其使用方法

印刷型 GRA&I 主要由以下几部分组成。

1）NTIS 主题分类目录（NTIS Subject Category and Subcategory Structure）。GRA&I 按照 NTIS 主题分类法编排为 38 个大类，350 个小类，而且只有类目名称，没有类号，这 38 个类目名称见表 5-2。

表 5-2　NTIS 主题分类法类目

1. 行政和管理	14. 计算机、控制和信息理论	27. 导弹技术
2. 航空和空气动力学	15. 探测和对抗	28. 自然资源与地球科学
3. 农业和食品	16. 电工技术	29. 导航、制导和控制
4. 天文学和天体物理学	17. 能源	30. 核科学与技术
5. 大气科学	18. 环境污染与控制	31. 海洋技术与工程
6. 行为和社会	19. 保健	32. 军械
7. 生物医学技术和工程	20. 工业和机械工程	33. 摄影与记录设备
8. 建筑工业技术	21. 图书馆和信息学	34. 物理学
9. 商业和经济	22. 制造工艺	35. 州和地方政府解决问题的信息
10. 化学	23. 材料科学	36. 空间技术
11. 土木工程	24. 数学	37. 运输
12. 燃烧、发动机与推进剂	25. 医学与生物学	38. 城市和地区技术与发展
13. 通信	26. 军事科学	

2）GRA&I 文摘著录格式。

GRA&I 文摘著录格式如图 5-1 所示。

```
ELECTROTECHNOLOGY①
Antennas②
200,738③
AD-A240410/1/GAR④ PCA04/MFA01⑤
Aerospace Corp.,Los Angeles,CA. ⑥
Fast Algorithm for Plotting Anteooas and Scattering patteras in Three Dimensionms⑦
Final rept. ⑧
T.L Pe/ters⑨ 31 Aug 97⑩ ,62P⑪ ,TR-009(6925-6,SSD-TR-92-28)⑫
Contract F04701-C-0089⑬
An algorith m is presented for plotting......⑭
```

图 5-1　GRA&I 文摘著录格式

说明：①NTIS 大类目；②NTIS 小类目；③文摘号，每年从 000001 号开始；④入藏号/报告号（Accession/ Report number），也称为 NTIS 订购号；⑤价格码，PC（Paper Copy）为复印件，MF（micro Film）为缩微片；⑥团体著者及其地址；⑦报告篇名；⑧报告类型；⑨个人著者姓名；⑩报告日期；⑪报告页数；⑫报告号，指原单位编写的报告号码；⑬合同号；⑭文摘内容。

3）索引部分。GRA&I 提供 5 种索引，见表 5-3。

表 5-3　GRA&I 索引表

索　引	著录项目	备　注
Keyword Index	报告篇名、NTIS 订购号、文摘号	关键词主要来自于 DOE、NASA 和 STIS 词表
Personal Author Index	同上	
Corporate Author Index	同上	
Contract Grant Number Index	同上	号码检索是 GIA&I 的一个特点
NTIS Order Report Number Index	同上	通过订购号获取报告原文

（2）GRA&I 的检索

1）按分类途径检索，步骤如下：

① 分析课题内容，查阅 GRA&I 的分类目录。

② 翻到该起始页，浏览文摘。

2）若用关键词查找，则利用 Keyword Index。该索引的著录格式如下

  COMPUTER FILES
  Hunter-Killer Model Database System.User's Manual.
  AD-A254926/9/GAR 300, 522

在大写黑体的关键词下列出科技报告的名称以及报告号，最后指引到文摘号。此例的报告号中/9/GAR 是 NTIS 的内部文献加工标识，用户不必识别。因此 AD 报告号实际上只有 AD-A254926。其中 A 表示报告类型。为了了解它们，可参考如下的 AD、NASA 的报告类型表：

AD 报告和 NASA 报告（表中间和右列）的文献类型；

AD-A 000001-公开发行 TR-R 技术报告 SP-特种出版物；

AD-B 000001-非密限制发行 TR-B 技术札记 EP-教学资料；

AD-C 000001-秘密或机密 TR-X 技术备忘 CP-会议出版物；

AD-D 000001-重要专利 CR- 合同用户报告 SP-技术出版物；

AD-E 000001-计算机编目实验用 Case 专利说明书 TT-F-技术译文；

AD-L 000001-内部限制使用。

3）作者途径查找。使用 Personal Author Index 进行查找，作者名下是报告名、报告号。
AIRMET，DOE directives：Improving contractor review and compliance systems.
DE92017496/GAR 301, 320

4）从组织机构查找，使用团体著者索引。

  ADVANCED SCIENCES, INC., OAK RIDGE, TN
  DOE /EA-0593
  Engineering evaluation/cost analysis：Waster Pit Area
  storm water runoff control.
  DE92015755/GAR 301, 182

著录格式为：在机构名及地址下列出报告号、报告名称，有时还在名称后列出主管单位（Sponsor）的报告号。此例中的 DE92015755 是 NTIS 的订购号（也是其入藏号）、GAR 是文献介质代码。

5）用合同号或资助号查找。使用合同号索引，合同号下列出执行合同的机构名，以及 NTIS 的订购号和介质代码，最后指引到文摘号。

  AC03-89ER51114
  General Atomics，San Diego，CA.
  DE92016247 /GAR 387, 189

（3）光盘版 GRA&I 的编制格式与使用方法

关于光盘版的 GRA&I，它的名称为 NTISOndisc。由于它采用 KROndisc 检索软件，因此和 CompendexOndisc 的检索方法一样。

2.《宇航科技报告》和《国际宇航文摘》

《宇航科技报告》(Scientific and Technical Aerospace Reports,STAR)是 NASA 报告的主要检索工具,创刊于 1963 年,半月刊,每年一卷,共 24 期,是一种文摘性检索刊物,由 NASA 科技信息处编辑出版。该刊除报道 NASA 报告外,还大量收录 PB、AD、DE 报告以及会议文献和专利文献等。

《国际宇航文摘》(International Aerospace Abstracts,IAA)和 STAR 是检索国际宇航文献的"姐妹篇",都享有较高的声誉。它们的报道内容都选自世界各国有关航空航天方面的技术文献,但在收录范围方面不太一致。IAA 是由美国航空航天学会(AIAA)主办,主要收录期刊论文等;而 STAR 是由 NASA 主办,主要收录科技报告。因此它们互为补充。《国际宇航文摘》介绍每期正文前有 Table of Contents,提供分类途径的检索。分类目次表同上一节的 GRA&I 非常类似(只是多了类号,而且分类数目较少)。

3. DOE 报告及其检索工具——ERA(《能源研究文摘》)

《能源研究文摘》(Energy Research Abstracts,ERA)是美国能源部 DOE 技术情报中心编辑出版的半月刊。ERA 收录能源部部属科研机构和各大学等的一切与能源有关的科技文献,但以科技报告为主。创刊于 1976 年,由美国能源部技术信息中心编辑,是检索 1976 年以后 DOE 报告的主要检索工具。

ERA 的文摘是按能源方面的主题分类编排的,共有 40 个一级类(First-level Subject Categories)和 284 个二级类。在每期文摘的卷首分别以数字和字顺两种形式列出两级类目。

ERA 的文摘条目的著录项由两部分组成,一部分是文献篇名和一些文献的外表特征,另一部分是如下的文摘内容。

24582(LA-8830-MS)Nucleonic analysis of the ETF neutral-beam-injector-duct and vacuum-pumping-duct shields.①

Urban,W.T.; Seed,T.J.; Dadziak,D.J.(Los-Alamos Scientific Lab., NM(USA))②

May 1981.Contract W-7405-ENG-36.82p.③

NTIS,PC A05/MF A01.④

Order Number DE81023885.⑤

A nucleonic analysis of the Engineering Test Facility neutral-beam-injector-duct and vacuum-pumping-duct shields has been made using a......⑥

①文摘号,报告号,标题;②作者及单位;③出版日期,连络号,页码;④获取;⑤索取号;⑥文摘。

注意,这里的作者单位既是团体著者,也是合同单位。

ERA 有五种索引,其编排结构与 GRA & I 以及前面介绍的 STAR 等都非常相似,因此不再详述。

《美国政府出版物目录》(Monthly Catalog of US Government Publications),创刊于 1895 年,由美国政府出版局出版,其内容重点为社会科学,如政府法令、国会记录、方针政策、政府决策及调查资料等。

《核子科学文摘》(Nuclear Science Abstract,NSA),是美国原子能委员会(AEC)技术信息中心于 1948 年创办的,它是非保密的或已经解密的 AEC 报告的主要检索工具。

5.1.5 科技报告的国内外检索工具

1) 美国政府科技报告 NTIS 系统。

美国政府科技报告 NTIS 系统由美国国家技术情报服务处（NTIS）提供，是美国《政府报告通报与索引》的网络版，主要检索美国政府的四大报告，可免费检索到 1990 年以后的美国政府科技报告文摘，不提供全文。NTIS 系统提供几乎全部的 PB 报告、所有公开或解密的 AD 报告、部分 NASA 报告和 DE 报告。其网址为 http://www.ntis.gov。

国内已有多家图书馆及文献信息机构（如国家图书馆、中国科学院文献情报中心、中国科学院武汉文献情报中心、北京大学、哈尔滨工业大学等）订购了 NTIS 系统的光盘版和网络版文摘数据库。

通过网址 http://www.ntis.gov/search 进入 NTIS 系统主页，在 NTIS 系统主页上提供快速检索（Quick Search）和高级检索（Advanced Search）两种检索方式。数据库提供的"Search Help"（帮助信息）可帮助用户方便、快速地学会如何使用该数据库。

快速检索（Quick Search）。在数据库检索页面中单击"Quick Search"选项卡，即可进入快速检索方式，如图 5-2 所示。

图 5-2 快速检索界面

高级检索（Advanced Search）。单击"Advanced Search"选项卡，即可进入高级检索方式，如图 5-3 所示。

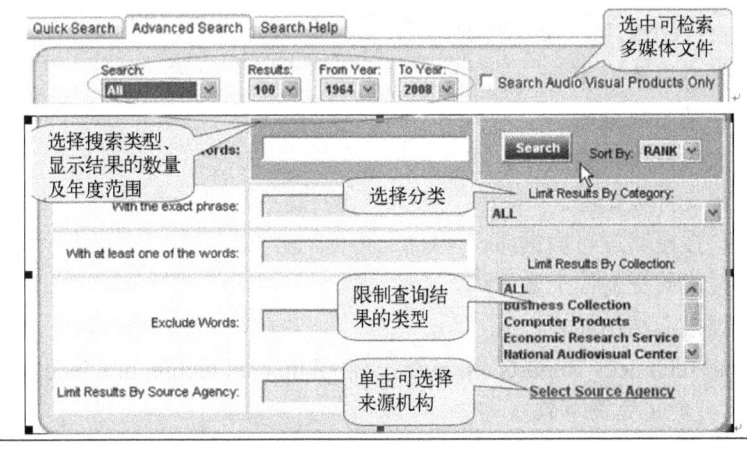

图 5-3 高级检索界面

检索结果列表就显示在页面的检索框下方，如图5-4所示。

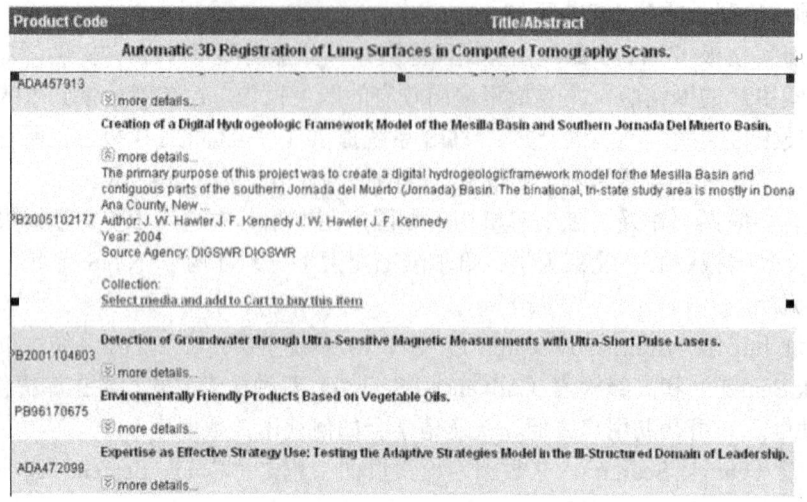

图 5-4　NTIS 检索结果

2）美国国防技术情报中心报告数据库（STINET）。其网址是：http://stinet.dtic.mil/dtic/search/tr/index.html，可检索浏览文摘信息，可下载全文。

3）NASA Technical Reports Server（NTRS）。其网址是：http://ntrs.nasa.gov/search.jsp。

4）美国能源部信息通道（DOE Information Bridge）。其网址是：http://www.osti.gov/scitech。

5）美国政府灰色文献门户（GrayLIT NetWork）。它包括5个数据库，可以检索并浏览美国政府报告，如 DTIC、NASA、DOE、EPA 报告，提供全文。其网址是：http://graylit.osti.gov。

6）美国 FedWorld 信息网（FedWorld Information Network）。其网址是：http://www.fedworld.ntis.gov。

7）国家科技图书文献中心。其网址是：http://www.nstl.gov.cn/。

8）万方数据资源系统的中国科技成果类数据库，其网址是：http://www.wanfangdata.com.cn，提供如下六个科技成果类数据库。

① 中国科技成果数据库。
② 科技成果精品数据库。
③ 中国重大科技成果数据库。
④ 科技决策支持数据库。
⑤ 国家级科技授奖项目数据库。
⑥ 全国科技成果交易信息数据库。

9）其他科技报告网站如下。

① HP Labs Technical Reports（http://www.hpl.hp.com/techreports/index.html）：惠普实验室技术报告检索，全文免费下载。

② 美国斯坦福大学计算机科学技术报告（Stanford Computer Science Technical Reports and Technical Notes）http://infolab.stanford.edu/TR/：可浏览与全文下载。

③ Scientific and Technical Report Collection：美国国防部（Department of Defense）提供的科技报告，涉及国防及其相关领域，多数可以看到摘要，有些只能看到题录，个别能看到全文。

④ Networked Computer Science Technical Reports Library（NCSTRL）：其网址为 http://www.ncstrl.org。汇集了世界上许多大学以及研究实验室有关计算机科学的科技报告，可以浏览或检索，也可免费得到全文。

⑤ Congressional Research Service Reports：这是 Committee for the National Institute for the Environment 的站点，提供了许多环境方面的报告全文。

⑥ Search for California Environmental Documents：美国加州大学环境科学方面的科技报告全文。

⑦ 美国国家信息服务公司（National Information Services Corporation，NISC）提供自然科学、社会科学、艺术及人文科学方面的书目式和全文本式数据库服务。其网址是 http://www.nisc.com。

⑧ 国际原子能机构（IAEA）的因特网服务（IAEA Internet Service-Datalinks）。其网址是 http://www.iaea.org/worldatom/general/iaea-and-internet.html。

⑨ 日本科学技术信息集成系统（Japan Science & Technology Information Aggregator Electronic，J-STAGE）由日本科学技术振兴机构（Japan Science & Technology Agency，JST）开发，收录了日本各科技学会出版的文献（英文为主），包括 400 多种科技期刊的 18 万篇文章、100 多种会议录、50 多种科技报告。其网址是 http://www.jstage.jst.go.jp/browse/-char/en。

1．中国科技项目创新成果鉴定意见数据库（知网版）

《中国科技项目创新成果鉴定意见数据库（知网版）》主要收录正式登记的中国科技成果，按行业、成果级别、学科领域分类。每条成果信息包含成果概况、立项、评价，知识产权状况及成果应用、成果完成单位、完成人等基本信息。核心数据为登记成果数据，具备正规的政府采集渠道，权威、准确。

唯一收录专家组对该项成果的推广应用前景与措施、主要技术文件目录及来源、测试报告和鉴定意见等内容的鉴定数据。与通常的科技成果数据库相比，《中国科技项目创新成果鉴定意见数据库（知网版）》每项成果结集成了与该成果相关的最新文献、科技成果、标准等信息，可以完整地展现该成果产生的背景、最新发展动态、相关领域的发展趋势，可以浏览成果完成人和成果完成机构更多的论述以及在各种出版物上发表的文献。

按照《中国图书资料分类法（第四版）》和 GB/T 13745—2009《学科分类与代码》进行学科分类。包含从 1978 年至今的科技成果，部分成果回溯至 1920 年。目前，《中国科技项目创新成果鉴定意见数据库（知网版）》共计收录科技成果 633463 项。产品形式：Web 版（网上包库）、镜像站版、流量计费，每月更新。

2．《中国航空科技报告文摘数据库》

中国航空工业发展研究中心下属的信息资源部（http://www.aeroinfo.com.cn）可向用户提供科技查新与科技报告查询服务。其中《中国航空科技报告文摘数据库》收录了国内航空企事业单位航空科研、生产、管理等方面的技术报告和研究成果的文摘。

3．国研网数据库

其网址是：http://www.drcnet.com.cn。

国研网数据库是国务院发展研究中心主管、国务院发展研究中心信息中心主办的专业经济信息网站。现包含：《国研报告数据库》《宏观经济报告数据库》《金融中国报告数据库》《行业经济报告数据库》《世界经济与金融评论报告数据库》《财经数据库——十余种行业统计数据库》《高校管理决策参考》等数据库。

使用方法：从网址http://www.drcnet.com.cn进入国务院发展研究中心信息网首页，如图 5-5 所示。

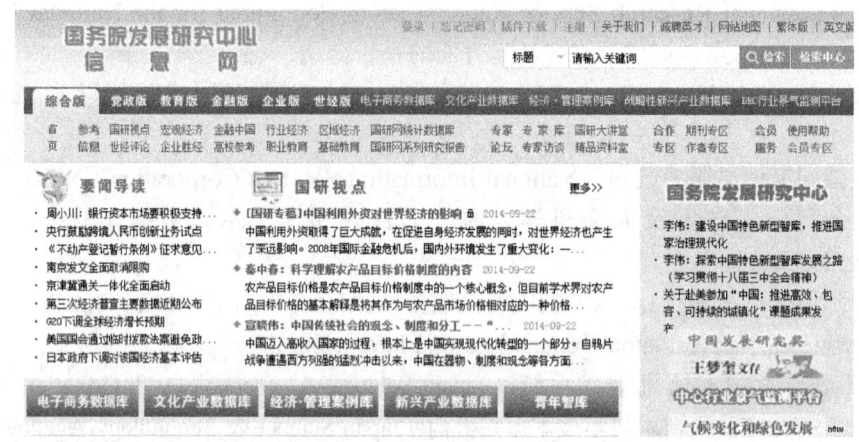

图 5-5　国务院发展研究中心信息网首页

使用说明如下。

1）文件格式和阅读器：国研网是全文数据库，无需浏览器。

2）检索使用：单击"国研网统计数据库"进入国研网数据库主界面，可查阅相关数据资源。

3）进入国研网检索平台，进行关键词检索或单击右上角"检索中心"。

4）也可单击"帮助中心"，打开帮助页面，解决浏览中出现的问题。

具体检索方法：①在检索输入框中输入关键词，如果有多个关键词，关键词间可以使用逻辑运算符连接。在该检索系统中，表示"且"的关系，使用空格、"+"或"&"；表示"非"的关系，使用字符"-"；表示"或"的关系，使用字符"|"；表示表达式是一个整体单元，使用字符"()"。②单击"检索"按钮，系统显示题名与摘要。③选择需要查看全文的报告，单击标题名称就可以看到报告的全文。

4. 中国商业报告库

中国商业报告库是中国资讯行（China InfoBank）的子库之一，收录经济专家及学者关于中国宏观经济、金融、市场、行业等的分析研究文献及政府部门颁布的各项年度报告全文，主要为用户的商业研究提供专家意见和资讯，数据库每日更新。通过网站检索商业报告只能得到报告的标题，查看全文则需交费。其网址是：http://www.infobank.com/IrisBin/Select.dll?Special?db=BG。

5.1.6　科技报告的馆藏信息

NTIS 订购号（入藏号）是获得科技报告的原文的主要依据，据此可以向 NTIS 直接订购报告的复印件、缩微胶片，另一个途径就是索取国内现有的收藏。中国科学技术信息研究所是我国引进科技报告最主要的单位，上海科学技术情报研究所也有四大报告的原文馆藏。中国国防科技信息中心收藏有大量的 AD 报告和 NASA 报告。中国科学院文献情报中心是收藏 PB 报告最全的单位。中国核工业集团公司收藏有较多的 DOE 报告。

5.2 科技会议文献及其检索

5.2.1 会议文献概述

1．会议文献（Conference Literature）

会议文献是指在各类学术会议上形成的资料和出版物，包括会议论文、会议文件、会议报告、讨论稿等。其中，会议论文是最主要的会议文献，许多学科中的新发现、新进展、新成就以及所提出的新研究课题和新设想，都是以会议论文的形式向公众首次发布的。

会议文献具有以下特点：专业性强，学术水平高；内容新颖，及时性强；信息量大，专业内容集中；可靠性高；出版形式灵活多样等。因此，会议文献作为一种主要的科技信息源，其重要性和利用率仅次于科技期刊。

2．会议文献的分类

（1）按出版时间的先后划分

① 会前文献（Preconference Literature）。

② 会中文献（Literature Generated during the Conference）。

③ 会后文献（Post-Conference Literature）。

（2）按出版形式划分

① 图书。

② 期刊。

③ 科技报告。

④ 视听资料。

5.2.2 印刷型会议文献的检索工具

1．《世界会议》（World Meetings）

《世界会议》于 1963 年创刊，季刊。由美国世界会议出版社（World Meetings Publications）编辑，麦克米伦出版公司（Macmillan Publishing Ltd.）出版。它是查找学术会议召开的信息、会议名称、召开日期、地点和主办单位等的检索工具，共分四册出版。

1）《世界会议：美国与加拿大》（World Meetings：United States and Canada），于 1963 年创刊。

2）《世界会议：美国与加拿大以外》（World Meetings：Outside United States and Canada），于 1968 年创刊。

3）《世界会议：医学》（World Meetings：Medicine），于 1978 年创刊。

4）《世界会议：社会与行为科学，人类服务与管理》（World Meetings：Social & Behavioral Sciences，Human Services & Management），于 1971 年创刊。

《世界会议》预报两年内将在世界各地召开的农、林、医及科学与技术方面的国际会议，每期分正文部分和索引部分。为了方便查找，《世界会议》提供六种索引：关键词索引；会议地址索引；会期索引；主办单位索引；论文征集截止日期索引；出版物情况索引。

2.《国际科技会议预报》（Forthcoming International Scientific and Technical Conferences）

该刊创刊于 1971 年，季刊，由英国信息管理学会（Aslib）出版，预报近期将要召开的国际科技会议和英国的全国性科技会议。

3. 利用学会出版的刊物查找会议信息

国外学术会议大都由学会主办，许多学术会议的信息一般都刊登在学会主办的刊物上。例如：

美国数学学会——— The American Mathematical Monthly；

美国物理学会———Physics Today；

美国化学学会———Chemical and Engineering News；

美国机械工程师学会———Mechanical Engineering；

美国金属学会———Metal Progress；

美国冶金学会———Journal of Metals；

美国化学工程师学会———Chemical Engineering Progress；

美国润滑工程师学会———Lubrication Engineering；

美国制造工程师学会———Manufacturing Engineering；

美国机动车工程师学会———Automatic Engineering；

美国宇航学会———Astronautics and Aeronautics。

5.2.3 会议论文和会议录的检索工具

对已经召开的会议，人们若想了解会上发表的论文和会议录，可利用下列检索工具。

1.《会议论文索引》（Conference Paper Index，CPI）

该索引于 1973 年创刊，月刊，由美国剑桥科学文摘（Cambridge Scientific Abstracts）出版。报道全世界范围内近期召开过的科技会议的论文，内容有生命科学、医学、工程技术、化学和自然科学领域方面的会议论文题目和会议名称等。CPI 的出版物形式有：印刷版（月刊和年刊）；机读版。CPI 按照分类编排，它的类目表是将收录的全部学术论文按学科专业分为 17 个大类，类目表按照字顺排列，在每一类目下，著录的是会议登记号（World Meetings Registry No）、会议名称（Conference Title）、会议日期（Date）、会议地点（Location）、主办单位（Sponsor Organization）、订购须知（Ordering Information）。在其后是会议上发表的、属于该类的各篇论文。每篇论文按顺序号（Citation Number）编排，分别著录其文献篇名、著者姓名、著者单位。

2.《科学技术会议录索引》（Index to Scientific & Technical Proceedings，ISTP）

（1）概况

该索引常用于检索会后正式发表的论文。创刊于 1978 年，月刊，由美国情报研究所（Institute for Scientific Information）编辑出版，收集的会议论文涉及的领域有：工程技术、应用科学、生命科学、临床医学、物理和化学、生物和环境科学等。该索引的优点是直接指出出版形式和获得原文的途径，以图书形式出版的会议录在著录时给出书名或丛书名及卷号；

以期刊形式出版的会议录给出刊名、年、卷、期和页码。

（2）编排结构

该索引由类目索引、会议要点和索引三部分组成。

1）类目索引（Category Index）。

该索引按照大约 200 个类目名称的字顺编排，其后著录会议录名称（Title of Proceedings）、会议录编号（Proceedings Numbers）。其中跨学科的会议录可以在各类目中查到。

2）会议录要点（Contents of Proceedings）。

会议录要点是 ISTP 的主体部分。这部分按照会议录编号的次序编排，会议录编号可以根据所查内容所属的类目，从类目索引中查到。在各编号下面著录有这个会议录的有关信息。以图书形式出版的会议录，在其编号下面分别著录有两方面的内容：一是著录会议名称（Conference Title）、地点、日期、主办单位、书名和副书名（Book Title and Subtitle）、丛书名和卷（Series Title and Volume）、编辑者、出版者、页码、出版年份、国会图书馆编号（Library of Congress Number）、ISBN 号、订购地址；二是著录所有的文献篇名（Title of Papers）、所有的著者以及第一著者所在单位、论文的起始页码。读者可根据上述提供的信息，通过有关的图书馆借阅所需要的会议录。而以期刊形式出版的会议录，则在会议录编号下面著录有刊名、卷、期、年、单篇论文复制联系单位、文献篇名、著者姓名、第一著者所在工作单位、每篇论文的起始页码。

3）索引。

① 著者和编者索引（Author/Editor Index）：该索引是按论文著者或会议录编者姓名的字顺排列的，其后著录会议录编号和论文起始页码。

② 会议主办单位索引（Sponsor Index）：该索引按会议主办单位名称的字顺编排，其后著录会议地点和会议编号。

③ 会议地点索引（Meeting Location Index）：该索引按会议召开的地点（国家、城市）的字顺编排，其后著录会议名称、日期及会议录编号。

④ 轮排主题索引（Permuterm Subject Index）：该索引比类目索引更专指，可按所需文献的主题途径检索。其编排方法和美国《科学引文索引》中的"轮排主题索引"相同，只是在著录项目中用会议录编号和论文起始页码代替《科学引文索引》中该索引的引用者姓名而已。

⑤ 团体索引（Corporate Index）：本索引的编排方法也与《科学引文索引》基本相同，只是在著录项目中用会议录编号和论文起始页码代替《科学引文索引》中的引用文献出处而已。

以上几种辅助索引均指出"会议录编号"，检索者可根据会议录编号查找到"会议录要点"，从"会议录要点"查阅到会议的其他信息，获得原始文献。查找会议录的检索工具，除以上介绍的 ISTP 外，还可以查阅美国的《在版会议录》（Proceedings in Print）和《已出版的会议录指南》（Directory of Published Proceedings）等。

5.2.4 ISTP 光盘数据库的使用方法

光盘版 ISTP 采用季度更新的方式，使用 ISI CDE 检索软件，该数据库对应印刷版的 ISTP。网络版的 ISTP 采用周更新的方式。ISICDE 的基本使用步骤如下。

1. 开始检索

进入 ISI CDE 的检索屏幕（Search Session）以后，在 BASIC INDEX 下直接输入检索式（可由关键词、词组及逻辑运算符组成），输完后按〈Enter〉键开始检索，屏幕显示命中记录数。ISI CDE 的逻辑运算符除常见的 and、or 和 not 外，还包括 thru 和 same。thru 只能用于组配检索式，如"1 thru 3"相当于"1 or 2 or 3"，这里的 1、2、3 指的是检索式 1、2、3，而不是数字 1、2、3；用 same 组配的两个检索词只能出现在同一个句子中。如要限制所检文献的语种、文献类型、时间范围等，在检索屏幕中按〈Alt+L〉组合键，然后在下一屏菜单做具体的选择。

2. 显示并浏览检索结果

按〈F4〉键屏幕显示命中结果，显示格式有"全记录"与"题目"两种选择。显示顺序是新记录在前，旧记录在后。

3. 存盘输出检索结果

在检索结果显示屏中按"Save"按钮，然后再按下一屏菜单中加亮字母，选择存储记录及存储字段，输入路径与文件名（不加扩展名），最后按〈Enter〉键开始复制。

4. 再输入检索式继续检索

按〈F3〉键清除检索屏幕中原有检索式，再按前面的方法继续检索。按〈Alt+S〉组合键存储检索策略以备下次使用。

5. 退出 ISICDE

按〈F5〉键退出 ISICDE 系统。

5.2.5 会议文献的馆藏信息

从上面检索工具中查到的有关会议文献，如要借阅或复制，就需要了解它们收藏于哪个单位，由于会议文献经常以图书或期刊形式的会议录出现，因此，可以利用各信息单位的图书目录和《西文科技会议录联合目录》查找。馆际互借是获取会议文献的重要方式。

我国收藏学术会议文献较多的单位有：国家图书馆、中国科学技术信息研究所、中国科学院文献情报中心和中国国防科技信息中心。

5.2.6 会议文献的网络检索

1. 会议文献的检索

（1）技术会议预报（Calendar of Upcoming Technical Conferences）

其网址是：http://www.techexpo.com/events/evnts-p1.html。这是一个收录工程技术领域、医学生物领域高科技信息网站中的会议信息的专页。此网页为用户提供了一个方便的查询界面，可根据会议名称、内容、主办单位、国家、城市及州查找即将召开的科技会议的信息。

（2）欧洲研究会议（Europe Research Conferences）

其网址为：http://www.esf.org/，是由欧洲科学基金会（ESF）维护的网页，主要提供欧洲各国、各组织、各学科已经召开或即将召开的会议的信息及内容。

（3）国际标准化组织（ISO）的标准化会议预告（ISO Meeting Calendar）

其网址为：http://www.iso.org/iso/home/standards_development/list_of_iso_technical_committees/meeting_calendar.htm。此网页提供了 ISO 下属的各级组织即将召开的国际标准化会议的具体

时间、地点、内容等信息。

（4）因特网会议预告（Internet Conference Calendar）

其网址为：http://conferences.calendar.com/。此网页给出每日更新的有关学术会议、研讨会、专题讨论会、博览会、培训等信息，并提供一个很方便的查询界面，用户可按国家、洲进行分类免费查询。

（5）会议与活动预告（Conferences & Events）

其网址为：http://scientific.thomson.com/news/events/。汤森路透（Thomson Reuters）提供有关近期召开的各类会议的信息。

（6）医学会议查询（Medical Conference）

其网址为：http://www.medicalconference.com/。此医学会议库收录有 4500 多条即将召开的医学会议信息，每日更新。

（7）生物科学与医学方面的会议（Meetings in Bioscience and Medicine）

其网址为：http://hum-molgen.org/meetings/，此网站给出了将在未来一年半内召开的生物科学与医学方面的国际会议的预告。

（8）农业会议预告（Agricultural Conferences，Meetings，Seminars Calendar）

其网址为：http://www.agnic.org/events/。美国农业网络信息中心（AGNIC）提供的有关农业问题的美国国家及国际会议预告。由此网页可检索到国际上重要农业会议的信息。

（9）网络资源（WebReference）的会议信息服务

其网址为：http://www.webreference.com/internet/conferences.html，提供网络及电子通信技术方面的会议信息资源。

2. 会议文献搜索引擎检索

网络资源最重要的两种形式：WWW 资源和 FTP 资源。搜索 WWW 资源最重要的工具则是搜索引擎。

万维网（也称作"网络""WWW""W3"，英文"Web"或"World Wide Web"），是一个资料空间。在这个空间中，一种有用的事物，称为一种"资源"；并且由一个全域"统一资源标识符"（URL）标识。这些资源通过超文本传输协议（Hypertext Transfer Protocol）传送给使用者，而后者通过单击链接来获得资源。从另一个观点来看，万维网是一个透过网络存取的互连超文本文件（Interlinked Hypertext Document）系统。万维网联盟（World Wide Web Consortium，W3C），又称为 W3C 理事会。1994 年 10 月在麻省理工学院（MIT）计算机科学实验室成立。建立者是万维网的发明者蒂姆·伯纳斯-李。

万维网常被当成因特网的同义词，不过其实万维网是靠着因特网运行的一项服务。

当用户想进入万维网上一个网页，或者其他网络资源的时候，通常要先在浏览器上输入要访问网页的统一资源定位符（Uniform Resource Locator，URL），或者通过超链接方式链接到那个网页或网络资源。这之后的工作首先是 URL 的服务器名部分，被名为域名系统的分布于全球的因特网数据库解析，并根据解析结果决定进入哪一个 IP 地址（IP Address）。

接下来的步骤是为所要访问的网页，向在那个 IP 地址工作的服务器发送一个 HTTP 请求。在通常情况下，HTML 文本、图片和构成该网页的一切其他文件很快会被逐一请求并发送回用户。网络浏览器接下来的工作是把 HTML、CSS 和其他接收到的文件所描述的内容，加上图像、链接和其他必须的资源，显示给用户。这些就构成了所看到的"网页"。

FTP（File Transfer Protocol）是 Internet 上用来传送文件的协议（文件传输协议）。它是为了人们能够在 Internet 上互相传送文件而制定的文件传送标准，规定了 Internet 上文件如何传送。也就是说，通过 FTP 协议，人们就可以跟互联网上的 FTP 服务器进行文件的上传（Upload）或下载（Download）等操作。

FTP 也是依赖于客户程序/服务器关系的概念。在互联网上有一些网站，它们依照 FTP 协议提供服务，让用户进行文件的存取，这些网站就是 FTP 服务器。网上的用户要连上 FTP 服务器，就要用到 FTP 的客户端软件，通常 Windows 都有"ftp"命令，这实际就是一个命令行的 FTP 客户程序，另外常用的 FTP 客户程序还有 CuteFTP、Ws_FTP、FTP Explorer 等。

要连上 FTP 服务器（即"登录"），必须要有该 FTP 服务器的账号。如果是该服务器主机的注册客户，将会有一个 FTP 登录账号和密码，就凭这个账号密码连上该服务器。但互联网上有很大一部分 FTP 服务器被称为"匿名"（Anonymous）FTP 服务器。这类服务器的目的是向公众提供文件复制服务，因此，不要求用户事先在该服务器上进行登记注册。

3．文献的网络数据库检索

数据库类的信息资源一般收录面比较全，检索功能好，在相当程度上做了人工标引，故检索质量一般较高。但这类数据库一般都是收费数据库。

（1）万方数据资源系统会议文库

其网址是：http://c.g.wanfangdata.com.cn/Conference.aspx。万方数据资源系统中科技信息子系统中的会议文库主要由中国学术会议文献数据库（CCPD）组成。自 1983 年开始收录由国家级学会、协会、研究所组织、部委、高校召开的全国性学术会议论文，是我国目前收集学科最全面、数量最多的会议论文数据库之一，数据来源于国家一级学会在国内组织召开的全国性的学术会议，涉及自然科学、工程技术、农林、医学等自然科学领域，每年收录有关 600 余个重要的学术会议的信息。该数据库每月更新，每年增补论文约 20 万篇，为收费数据库。CCPD 采用受控语言进行主题标引，以《汉语主题词表》为叙词表，按照《中国图书资料分类法》分类，其中 30%的记录附有文摘。另外，该网站每月还定期在"会议预告"栏目中公布下一个月的会议资讯，以便用户及时掌握国内科技界最重要的学术活动动态。

（2）上海图书馆—中国专业会议论文题录库

其网址是：http://www.library.sh.cn/skjs/tzwx.htm。国内各科学技术机构、团体和主管机关举办的专业性学术会议是科技交流的重要渠道，这些会议资料集中反映科技最新成果和发展趋势，是重要的科技情报来源，深受广大科技研究和教育人员重视。1995 年与上海图书馆合并的上海科技情报所自 1958 年起征集入藏各种科技会议文献，形成了独具特色的专业收藏。目前已建立了从 1986 年至今约 50 万条记录的馆藏中国专业会议题录数据库，年新增数据 3 万余条。可通过题名、作者、分类、会议名称、平片号和索取号等途径进行检索，并提供全文服务。

（3）中国会议网

其网址是：http://www.chinameeting.com/。此网络主要收录展览性的展会信息，而不是学术会议的信息。因此，严格地说，这是一个会展信息网，由北京金谷田经济顾问有限公司开发，2001 年 2 月该网站登记注册。其主要内容包括发布展览、会议、培训信息、参展、参会、培训报名、国内外展馆介绍、展览公司和企业展示。

5.3 知识产权和专利检索

5.3.1 知识产权和专利基础知识

1. 知识产权、工业产权和专利法的概念

（1）知识产权

知识产权是指人的创造性智力劳动成果依照知识产权法所享有的权利。知识产权的分类如图5-6所示。

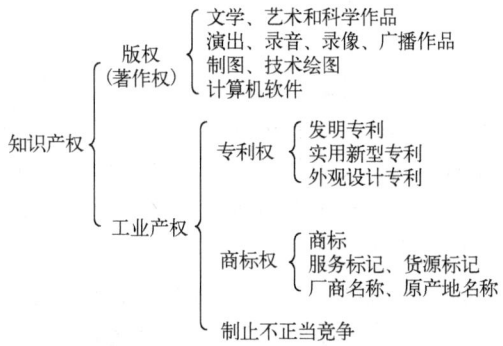

图5-6 知识产权分类

知识产权的特性：专有性、地域性、时间性。

知识产权的作用：对促进科学的发展和技术的进步，对于提高商品质量和服务水平，促进国际贸易发展都起到了推动作用。

（2）工业产权

工业产权是指人们在生产活动中对其取得的创造性的脑力劳动成果依法取得的权利。其中"工业"泛指工业、农业、交通运输、商业等。这种权利需要由国家管理机关确认和批准才能成立。

（3）专利法

专利法指有关专利的申请、审批、专利权的授予和对获得专利权的发明创造的使用等方面的法律规范的总和，是为了保护发明人的合法权益，调整发明人、专利权人和发明创造使用者之间的法律关系的总和。

2. 专利基础知识

专利是指建立了专利制度的国家通过其政府机构（专利局）以法律形式保护发明人在一定时期内享有的技术专有权利。

（1）专利（Patent）的定义

"专利"的含义通常有三层：专利权、专利权的发明创造、专利文献。其中最主要的是指专利权。

专利权是指：专利申请人就某一项发明创造向专利局提出专利申请，经专利法审查合格后，由专利局向专利申请人授予在规定期限内享有的专有权（从法律角度考虑）。

1) 专利权特点（三性）：排他性、时间性、区域性。

排他性（独占性）：专利权人对其发明享有的制造、使用、销售的权利。

时间性：专利权只在法律规定的时间内有效。

区域性：专利权在某个地区获得，其只在一定的区域范围内有效。

2) 专利权人的权利和义务。

权利包括：自己实施专利的权利；专利权人转让其专利所有权的权利；专利权人许可他人实施其专利的权利；禁止他人未经许可实施其专利的权利；标明专利标记和专利号的权利；专利权人有从专利实施中获取经济效益的权利；专利权人享有署名权；专利权人有请求法律保护的权利。

义务包括缴纳年费。

（2）发明创造

专利的第二层意思是从技术角度考虑，指受专利保护的技术发明，简称"专利技术"。

专利技术的三性：新颖性、创造性、实用性。这也是授予专利权的条件。

专利技术的类型有：发明专利、实用新型专利、外观设计专利。

1) 发明专利（Patent）——指受到专利制度保护的，具有新颖性、创造性和实用性的新产品或新方法的发明，日本称之为"特许"。

2) 实用新型专利（Utility Model）——指对机器、设备、装置、器具等的形状、构造或其组合的革新改造。有的国家称之为"小专利"，日本称之为"实用新案"。

3) 外观设计专利（Design Patent）——是针对产品形状的外观美感，不涉及技术效果而进行的设计，日本称之为"意匠"。

以上3种类型专利，前两种是主要的，占专利文献的90%以上。

（3）专利制度

1) 专利制度的特点包括：法律保护，提出申请，科学审查。

2) 专利申请与审查包括：专利申请文件，专利申请的审查和批准。

5.3.2 专利文献及其检索

1. 专利文献

广义的专利文献是指各国专利局及国际专利组织在审批过程中产生的官方文件及其出版物的总称。公开出版的专利文献主要有：专利说明书、专利公报、专利索引等。狭义的专利文献指专利说明书。

（1）专利文献的特点

1) 数量庞大，内容广泛。

2) 反映最新科技信息。

3) 著录规范，便于交流。

4) 经审查的专利技术内容可靠。

（2）专利说明书

专利说明书是专利申请人为获得某项发明的专利权，在申请专利时必须向专利机构递交该发明创造的详细技术说明书，说明该发明的目的、用途、特征、采用何种原理或方法及其效果,作为专利审查的主要依据之一,主要涉及发明创造的技术内容和权利内容。各国的专利说明书都有固定的独特的出版格式。

1)如果申请人就同一项发明向不同国家申请专利,这样产生的专利文献就会附加上如下一些类型。

① 基本专利:指申请人就同一项发明在最先的一个国家申请的专利,这个国家可以不是申请人所在的国家(世界专利索引 WPI 中用*号标识)。

② 相同专利:指发明人或申请人就同一项发明在第一个国家以外的其他国家申请的专利(WPI 中用=号标识)。

③ 同族专利:就同一项发明而言,它的基本专利和一系列相同专利的内容几乎都是完全一样的,仅可能只有文字不同,它们构成同族专利。

④ 非法定相同专利:《巴黎公约》规定当第一个专利获得批准后,就同一专利向其他国家提出的相同专利申请必须在一年内全部完成,超过一年则成为非法定相同专利(WPI 中用#号标识)。

2)由于专利申请过程中的不同阶段被公布,这些不同阶段的专利文献就会反映不同的获得专利权的程度,一般分四种类型:申请说明书、公开说明书、专利说明书(又称公告说明书)、审定说明书。

3)专利说明书的结构通常由以下三个部分构成。

① 标识部分。专利说明书的标识部分包括全部专利信息特征。有表示法律信息的特征,如专利申请人、申请日期、申请公开日期、审查公开日期、审查公告日期、批准专利的授权日期、专利号等;有表示专利技术信息的特征,如发明创造的名称,发明所属技术领域的专利分类号,发明创造技术内容、摘要和典型附图等。

② 正文部分。其行文也有大体统一的模式,顺序描述发明所属技术领域、现有技术介绍、发明目的、发明内容、所具有的优点和积极效果、附图和最佳方案的说明。

③ 权项。以正文部分为依据,用最简洁的法律语言归纳该项发明的核心技术特征,明确划定要求保护的范围,具有直接的法律效力,是判定他人是否侵权的依据。

2. 专利文献检索

1)种类(检索目的地、检索入口、检索时间顺序)(见图 5-7)。

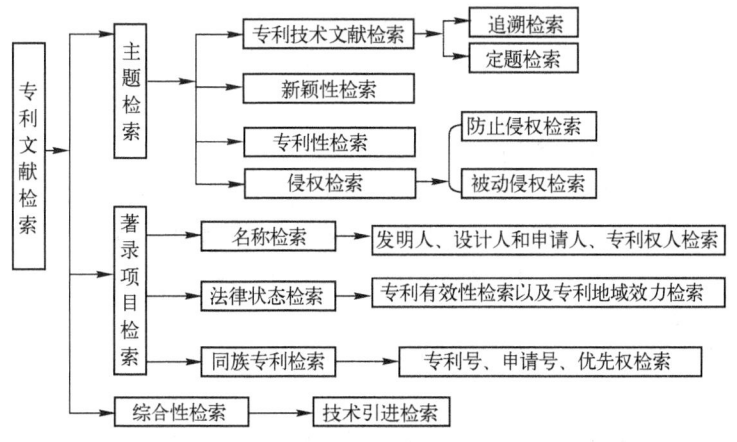

图 5-7 专利文献检索的种类

2）检索过程：确定检索主题名称及检索系统名称，选择中外文关键词、专利分类号等检索点，确定检索入口，选择检索方式（手检、机检），确定检索系统。

记录检索结果包括：文献号、发明名称、文种代码等。根据文献号找到专利说明书。

3．国际专利分类法（International Patents Classification，IPC）

（1）国际专利分类表及其结构

该表包括了与发明专利有关的全部技术内容，它将发明的技术内容按部、分部、大类、小类、主组、小组，以及小组中的小圆点的个数，逐级分类组成一个完整的等级分类体系。

① 部（section）是分类系统的一级类目，分为八个部，用大写字母 A～H 表示。

② 分部（sub-section）分部只有类目，不设类号。

③ 大类（class）是二级类目，类号由部的字母符号加两位阿拉伯数字组成。

④ 小类（subclass）是三级类目，类号由大类号加一个大写英文字母组成。

⑤ 主组（maingroup）是四级类目，类号由小类号加上 1～3 位阿拉伯数字，然后是一条斜线"/"，斜线后再加两个零表示。

⑥ 小组（subgroup）是五级类目或五级以上类目，类号是在大组的类号斜线"/"后换上"00"以外的至少两位阿拉伯数字。

例如：　　　　　　　　　C　07　　C　69/00 或 69/92

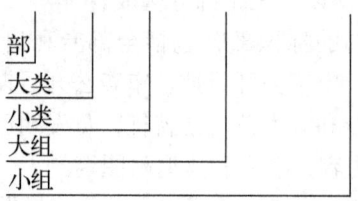

部目录如下。

A 部：人类生活必需。

B 部：作业；运输。

C 部：化学；冶金。

D 部：纺织；造纸。

E 部：固定建筑物。

F 部：机械工程；照明；加热；武器；爆破。

G 部：物理。

H 部：电学。

（2）国际专利分类法的分类原则

功能分类与应用分类相结合，是以功能分类优先的原则。既要考虑发明的功能，又兼顾发明的实际应用，以发明的功能为主。例如，A42B1/00（帽子；便帽；兜帽）；A63B71/10（头部用的）功能分类，前者只考虑某物品或方法的内在性质或应用分类；后者考虑某物品或方法的特殊用途或应用。

（3）国际专利分类体系的分类方法

1）逐级分类方法。

根据技术主题内容准确地确定相关的部，再根据技术主题的实质特征确定相关的大类、小类，乃至大组或小组，这些大组或小组的范围要足以包括该技术主题的特征。

2)《IPC 关键词索引》：提供分类号。

（4）英国德温特专利检索工具及其检索方法

1）概况。

英国德温特出版公司（Derwent Patent Ltd.）是英国一家专门从事专利情报的私营公司，创立于 1951 年。它负责报道世界上 29 个国家和 2 个国际组织的专利文献以及 2 种技术杂志上发表的技术发明，是世界上最大的专利文献出版公司。它的工作是从报道本国的专利文献开始的，首先创办了《英国专利文摘》，随后又创办了《比利时专利文摘》《法国专利文摘》。随着这种按国别划分专利文摘的陆续增加，它的报道范围也逐步扩大到整个工业技术领域，现出版的有《世界专利索引》（World Patent Index，WPI）、《世界专利文摘》（World Patent Abstracts，WPA）、《化工专利索引》（Chemical Patent Index，CPI）、《电气专利索引》（Electrical Patent Index，EPI）、《优先权周报》（WPI Weekly Priority Concordance）、《WPI 累积索引》及按国别出版的专利摘要等。英国德温特公司出版的专利索引体系具有报道国家广、专业面全、出版迅速、检索途径多、文种单一等优点，在世界上各种专利方面的检索工具中占有重要的地位。

2)《世界专利索引》。

简称 WPI，于 1974 年创刊，报道 29 个国家和 2 个国际组织的专利文献，其中《题录周报》每周出版一次。每期分四个分册，其内容包括：

P 分册——一般技术（Section P：General），包括农业、轻工、医药、一般加工工艺与设备、光学、摄影等。

Q 分册——机械（Section Q：Mechanical），包括运输、建筑、机械工程、机械零件、动力机械、照明、加热等。

R 分册——电气（Section R：Electrical），包括仪器仪表、计算机和自动控制、测试技术、电工和电子元器件、电力工程和通信等。

CH 分册——化工（Section CH：Chemical），包括一般化学、化工、聚合物、药品、农药、食品、化妆品、洗涤剂、纺织、造纸、印刷、涂层、石油、燃料、原子能、爆炸物、耐火材料、冶金等。

每个分册均有四种索引：专利权人索引、国际专利分类索引、登记号索引和专利号索引。

a. 专利权人索引。

专利权人索引主要按专利权人代码排序，代码相同的按申请日期先后编排，日期相同的按基本专利、相同专利、非法定专利顺序编排。

该索引的主要用途是查找某一公司企业或个人在各国的专利申请情况。为了便于编制和查检，德温特把它报道的专利公司或个人一律用 4 个英文字母编成代码，出版《公司代码手册》，收录公司企业约 15000 个（不包括个人）。如果在《公司代码手册》中查不到其名称和代码的公司企业，或者专利权人是个人的，那么检索者可按德温特编制专利权人代码的规则，自行为其编码，取其名称中具有实质意义的前 4 位字母作为该专利权人的代码。

《公司代码手册》又分两部分：第一部分是专利权人字序，第二部分是代码字序，其内容为专利权人代码与专利权人名称对照,按代码字顺排列,用于由代码查找专利权人的名称。

专利权人索引的著录格式如下:

WESE[①]

*Digital computer monitored and operated system or process—is structured for operation with improved automatic programming process and system using interface system for industrial production[②]

WESTINGHOUSE ELEC CORP[③]

05.07.72—US—250826[④]

83—705725[⑤]

US4389—706—A[⑥]

M21 701 X25 R27(M24)[⑦]

(21.06.83)[⑧]

Gf15/20[⑨]

(04.05.72—US—250451)[⑩]

Bolt has internal chambers contg.tracer gas

WESTINGHOUSE ELEC CORP 30.11.81—US—325880

83—56555k =FR2517—387—A

K08 S02 T05 X14 Q61 R29+R15 R16

(03.06.83)Golm—03/20 G21C17 +F16b—35

说明:

① 专利权人代码。

② 专利标题,"—"前为专利的主标题,"—"后为专利的副标题,"*"表示本件专利在德温特本期周报中首次发表。

③ 专利权人名称。

④ 最晚优先权项(申请日期、国家和申请号)。

⑤ 德温特登记号。

⑥ 美国专利号,"*"表示基本专利。

⑦ 德温特分册分类号(M24为相关分类号)。

⑧ 专利说明书的公布日期。

⑨ 国际专利分类号。

⑩ 最早优先权项。

西屋电气公司申请的又一件专利的标题。

德温特登记号。

专利号,"="表示相同专利。

德温特分册分类号,"+"表示新增加的德温特分册分类号。

国际专利分类号,"+"表示新增加的国际专利分类号。

b. 国际专利分类索引。

此索引是按国际上通用的专利分类法来查找专利文献的一种检索工具。《题录周报》的分类索引就是按国际专利分类法（简称 IPC）编制的。其著录格式如下：

G01n INVESTIGATING CHEM/PHYS.PROPS（R16）①

g01N—33②

*Denimeter for protein frictions—has reder moving
relative to electrophoretic layer and has absorption
curve recorder③

R④

FISA ULIF⑤

05.09.77⑥

C7456B⑦

*DT2838—646⑧

16⑨

=Determn of cholesterol in body
fluid by electrophoresis　BJKP

HELENA LAB CORP　21.09.77　92838A

=DT2840—680　16⑩

说明：

① IPC 小类类号及类目，括号内 R16 表示相应的德温特分类号。

② IPC 主组类号。

③ 基本专利标题，"—"前为主标题，后为副标题。"*"表示本专利为德温特首次发表。

④ 德温特分册分类号。

⑤ 专利权人名称。

⑥ 最早优先权申请日期。

⑦ 德温特登记号（非化工类）。

⑧ 基本专利号，"*"表示基本专利号。

⑨ IPC 分组类号。

⑩ 相同专利标题，只列主标题，不列副标题。

德温特分类号，即 B、J、K、P 类。

专利权人名称。最早优先权申请日期。德温特登记号（化工类）。相同专利号。IPC 分组类号。

c. 登记号索引。

该索引是按照德温特公司的专利入藏号由小到大的顺序排列，为基本专利登记号。本登记号分两种形式：一是化工类，用 5 位数字后面加一个英文字母表示年份，如 30124X（X 表示 1976 年）；二是非化工类，用 4 位数字后面加一个英文字母表示年份，同时在 4 位数字的前面加一个英文字母，表示非化工类的编号，如 E9806A。从 1983 年第 27 周起将两类登记号的编制一律改为公历年号加上 6 位阿拉伯数字，如 83—506688。

登记号索引 1969 年以后英文字母表示的年份如下：

R—1970 W—1975 C—1980

S—1971 X—1976 D—1981
T—1972 Y—1977 E/J—1982
U—1973 A—1978 K—1983
V—1974 B—1979

由于德温特公司对主要国家（澳、比、德、中、加、法、英、荷、俄、美、日、南非、瑞士、瑞典以及 PCT、EPT 和两研究公开杂志）和次要国家（29 个国家中的其余国家）的专利文献采取了不同的处理方式：对主要国家的基本专利采用文摘加以报道；对次要国家的专利采用题录方式报道，而给基本专利编登记号，对相同专利不编登记号，是沿用同一专利族中的基本专利的登记号。这样登记号就成为联系同一专利族中各专利的纽带。因此，登记号索引主要用于对照检索出同族专利。

d. 专利号索引。

专利号索引用于由专利号查询《题录周报》中的著录项目，并以此为线索转查其他索引。专利号索引把当期报道的全部专利文献按专利号排列。其著录格式如下：

BE[①]

BE 889[②]	08081E[③]	RADC[④]
*643	B0112E	INTI
*645	B9116E	PHIG
*686	B0117E	MAST—BE 890
*687	B0120E	NATC=402
*371	F7407D	INTT

说明：

① 专利国家，BE 表示比利时。

② 专利号。

③ 德温特登记号。

④ 专利权人代码。其中"*"表示基本专利，"="表示相同专利。

e. 优先案索引。

WPI 各分册中除包含以上四种索引外，还有一种 WPI《优先案索引》（WPI Priority Concordance）。它把机械、电气、化工、一般综合在一起，在《题录周报》以外单独印刷发行，每周出版一期。

专利的优先项一般包括：专利的优先申请日期、优先申请国家和优先申请号。它是鉴别同族专利的可靠依据。优先案索引就是供人们按照专利申请中的优先权声明来检索同族专利的一种工具。它按照国别、申请年和申请号的顺序编排。如果一项发明在发展过程中曾经做过一次以上的申请，则注明较早的申请案（E），或较晚的申请案（L）。然后，在每一优先权声明下面列出全部同族专利以及《题录周报》期号，末尾给出德温特的登记号和大类号。其著录格式如下：

FR—77[①]

005—770[②] 28.02[③]

E FR 76 026—777[④]

DE 2738—329[5]　A11+[8]
J5 3034—486[6]　A19+[8]
FR 2383—103[6]　A48[8]
GB 1589—351[6]　D20+[8]
CA 1098—609[7]
19928A[9]—LRU[10]

说明：

① 优先申请国（法国）和申请年（1977）。
② 优先申请号。
③ 优先申请日期。
④ 较早优先申请案。
⑤ 基本专利号（德国）。
⑥ 中间公布的相同专利号。
⑦ 本次公布的相同专利号（加拿大）。
⑧ 德温特报道本专利的年份代号与周号，"+"表示优先申请日期不止一个。
⑨ 德温特登记号（化工类专利）。
⑩ 德温特分册分类号。

该索引给人们提供了从优先项查找同族专利的有效途径。它还能在有多项优先权情况下指明相关优先权、部分接续申请及其相同专利。最后，还可根据该族专利的分册分类号，查阅各件专利的文摘。

3)《一般与机械专利索引》(General & Mechanical Patents Index)。

它的前身是《世界专利文摘》（分类版），1988年改为现名，简称 GMPI。包括《GMPI 文摘周报》的四个分册和《速报文摘胶卷：一般与机械部分》。

4)《化学专利索引》(Chemical Patents Index)。

它的前身是《中心专利索引》，1986年改为现名，简称 CPI，是报道化学化工和冶金文献的专利文献。目前，该系列有数十个分册，十多个品种，其中较重要的如下。

①《CPI 文摘周报》。

有分国排序本和分类排序本两种，各12个分册，分别用英文字母 A～M 来表示，提供短文摘，又称为 CPI 速报版。最后部分有三个索引：专利权人索引、登记号索引和专利号索引。

②《文献工作文摘杂志》。

共12个分册，为周报，全部收录"基本专利"，原称《基本专利文摘》，另外还有综合性的胶卷版和胶片版。CPI 各分册的文摘或题录均按德温特分类号顺序编排；在同一类下，按专利号中的专利国别字顺排；国别相同，按专利号由小到大排列，而与专利权人代码和德温特登记号及国际专利分类号（IPC）均无关。所以，检索 IPC 时，必须知道德温特分类号和专利号。若从 IPC 号和专利权人途径检索文摘，必须使用 WPI，得出德温特分类号和专利号，才能实现。

5)《电气专利索引》(EPI)。

1988年改称为《EPI 文摘周报》，有分国排序本和分类排序本两种，各六个分册。分别用英文字母 S~X 来表示,用于专门查找电气电子方面的专利文献。最后有四个索引:专利权人索引、登记号索引、专利号索引和手工代码索引。

6)德温特累积索引。

该累积索引有季度、年度、三年度、五年度等。包括:①专利权人累积索引;②国际专利分类号累积索引;③登记号累积索引;④相同专利累积索引;⑤优先权累积索引。累积索引的著录格式与WPI《题录周报》基本相同。

7)检索方法。

用德温特专利检索工具进行检索,一般从两个途径入手,即分类途径和专利权人途径。主要步骤如下。

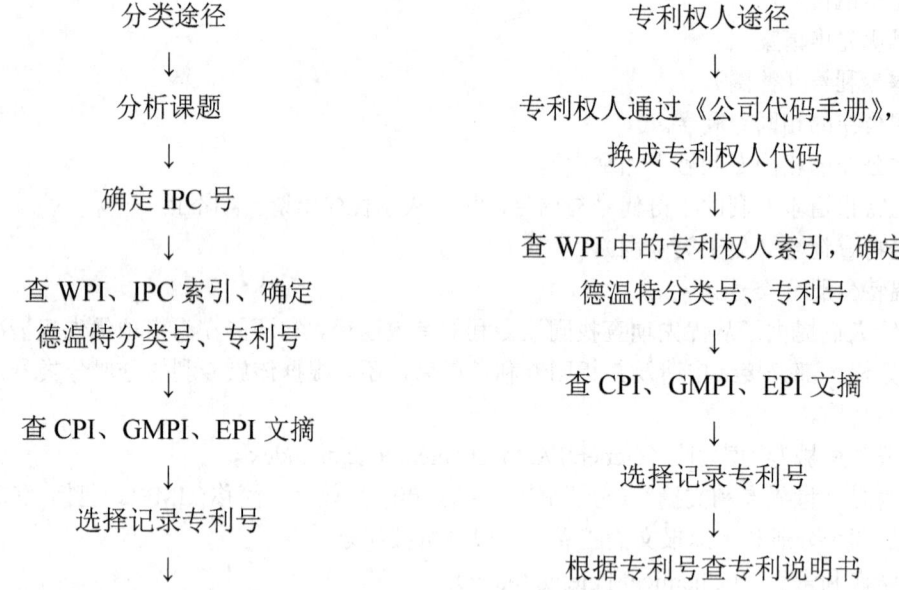

查找最新或当年公布上的各国专利说明书,应使用各个分册的《题录周报》或《文摘周报》逐期查阅。查找较早或去年以前公布的各国专利文献,使用各种累积索引较好。

8)检索实例。

【例1】

检索课题:查找关于"用氧化法处理废水"的专利文献

检索工具:《题录周报》

检索途径:分类

检索步骤:

① 利用 WPI《题录周报》中的国际专利分类法中的关键词索引,用"水"(Water)在关键词索引中查到国际专利分类号:

Water

Obtaining or treating—distilling B01D

treating foul or waste—heaters C02F

C02F 这个类号与课题有关，其主题内容是关于"污水与废水处理"。

② 据此分类号可在国际专利分类表中核对：

C02F TREATMENT OF WATER，WASTE WATER，SAWAGE，OR SLUDGE

1/00 Treatment of water，waste water，or sawage（3/00 to 9/00 take precedence）

1/02 by heating

1/04 by distillation or evaporation

1/72 by oxidation（用氧化法）

从分类表中确定符合课题的国际专利分类号为 C02F1/72。

③ 据此分类号在 WPI《题录周报》中查找专利分类索引，其格式是：

C02F—01

☆waste water sludge treatment using pressurised reaction

vessels—Which expose sludge to aeration，oxidising agent

and lime D

Process RWS DEV & M30.09.82

84-116343 ☆GB2128-980-A72

这是一篇论述"用密封反应器处理废水污水"的专利文献。破折号后是德温特公司对原专利文献题目的补充说明。说明废水处理采用的是用氧化剂和石灰充气方法。

【例2】

检索课题：查找日本索尼（SONY）公司彩色电视机改进方面的近期专利

检索工具：《公司代号手册》、EPI

检索途径：专利权人

检索步骤：

预计从 1990 年第 1 周查起，以第 9006 周查得的专利为例来说明检索步骤。

- 利用《公司代码手册》，由公司名称查出专利权人代号：按公司名称 SONY CORP 的字母顺序查得其代号为 SONY。
- 利用 EPI 分类本（或分国本）中的"专利权人索引"初步确定专利号：经过逐条阅读 SONY 下的标题项，确定有参考价值的日本专利的主标题为"Colour CRT automatic degaussing system"（彩色阴极射线管的自动消磁系统）。
- 利用 EPI 分类本（或分国本）找到文摘款目，进一步确定专利号：这是一件日本相同专利=J01316—085A，EPI 只报导标头和附图，无文摘；另外，日本专利说明书用日文书写，看不懂，需"转换"成内容相同的、有文摘的英文说明书专利，则通过查同册的入藏号索引（由第 1 步知其入藏号为 88—337996），查得说明书用英文书写并有文摘的美国基本专利号 US4783—715，其文摘款目（略）登载在 EPI—W 分册第 8847 周。

5.3.3 中国专利及其文献的检索

1. 中国专利概况

1985 年 4 月 1 日《中华人民共和国专利法》正式施行，1992 年 9 月进行了第一次修正，2000年8月进行了第二次修正，2008年12月进行了第三次修正，自2009年10月1日起施行。

(1) 中国专利法保护对象

1) 发明专利权，保护期限为二十年（自申请日算起）。

2) 实用新型专利权，保护期限为十年（自申请日算起）。

3) 外观设计专利权，保护期限为十年（自申请日算起）。

(2) 中国专利的审批程序

1) 发明专利：实行早期公开，延迟审查制。

2) 实用新型和外观设计专利：形式审查制。

中国专利实行先申请原则。

(3) 中国专利说明书的种类

1) 发明专利申请公开说明书。

2) 发明专利说明书。

3) 实用新型专利说明书。

(4) 中国专利说明书的编号

中国专利说明书的编号体系，由于1989年和1993年两次做了修改，以及2003年的申请号调整，因而分成4个阶段。1985年~1988年为第一阶段；1989年~1992年为第二阶段；1993年~2003年9月30日为第三阶段；2003年10月1日后为第四阶段。1985年~1988年编号体系特点见表5-4，中国专利说明书的编号采用了申请号、专利号、公开（告）号、审定号共用一套号的方式。

表5-4 1985年~1988年的编号体系

专利种类	编号名称	编号
发明	申请号 （专利号）	88 1 00001
实用新型		88 2 10369
外观设计		88 3 00457
发明	公开号 审定号	CN88 1 00001A CN88 1 00001B
实用新型	公告号	CN88 2 103690
外观设计	公告号	CN88 3 004575

3种专利申请号都是由8位数字组成，前两位表示申请年份，第三位数字表示专利种类，1代表发明，2代表实用新型，3代表外观设计。后5位数字代表当年内该类专利申请的序号。专利号与申请号相同。公开号、审定号、公告号在申请号前面冠以字母CN，后面标注大写字母A、B、U、S。CN是国别代码，表示中国。A是第一次出版的发明专利申请公开说明书，B是第二次出版的发明专利审定说明书，U是实用新型专利申请说明书，S是外观设计公告。

1989年~1992年编号体系特点见表5-5。三种专利申请号由8位数字变为9位。前8位数字含义不变，小数点后面是计算机校验码。公开号、审定号、公告号分别采用了7位数字的流水号编排方式。

表 5-5　1989 年～1992 年的编号体系

专利种类	编号名称	编　号
发明	申请号 （专利号）	89 1 03229.2
实用新型		90 2 04457.X
外观设计		91 3 01681.4
发明	公开号 审定号	CN1030001A CN1003001B
实用新型	公告号	CN2030001U
外观设计	公告号	CN3003001S

1993 年～2003 年 9 月 30 日编号体系特点见表 5-6。申请号的编排方式基本没有变化，若第 3 位数字为 8，则表示进入中国国家阶段的发明专利的国际申请；若第 3 位为 9，则表示进入中国国家阶段的实用新型专利的国际申请。专利号与申请号相同，发明专利说明书也没有变化。发明专利说明书、实用新型专利申请说明书、外观设计公告的编号都称为授权公告号。它们分别沿用原审定号和公告号的编号序列，只是发明专利授权公告号后面标注字母改为 C，实用新型和外观设计授权公告号后面标注字母分别改为 Y 和 D。

表 5-6　1993 年～2003 年 9 月 30 日的编号体系

专 利 种 类	编 号 名 称	编　号
发明	申请号 （专利号）	93105342.1
实用新型		93200567.2
外观设计		93301329.X
发明	公开号	CN1087369A
	授权公告号	CN1020584C
实用新型	授权公告号	CN213625Y
外观设计	授权公告号	CN3012543D

第四阶段自 2003 年 10 月 1 日后，采用新的申请编号体系。申请号中前 4 位表示申请年代，第 5 位表示专利种类，第 6～12 位表示当年申请顺序号，小数点后为计算机校验码。

（5）专利文献的检索途径与方法

1）号码途径：主要通过申请号、专利号查找特定专利。

世界专利的国别（组织）代码为专利号前面的两个字母：EP（欧洲）、CA（加拿大）、CN（中国）、DE（德国）、GB（英国）、JP（日本）、WO（世界知识产权组织）。

2）名称途径：主要通过发明人、专利权人的名称途径查找特定的专利。

3）主题途径：通过选取关键词查找相关技术主题的专利。

4）分类途径：通过所查技术主题的国际分类号来查找专利。

2. 专利文献类型及检索

（1）印刷型

1）《中国专利索引》是一部按年度累积的题录型索引，是三种公报的辅助索引，它将中国专利分成《分类号索引》《申请人、专利权人索引》和《申请号、专利号索引》。

如果知道分类号、申请人名、申请号或专利号时，就可以它们为入口，从索引中查出公开（公告）号，根据公开（公告）号就可以查到专利说明书，从而了解某项专利的全部技术内容和要求保护的权利范围。

若要了解该专利的法律状态，可以通过索引查出它所刊登的公报的卷期号。

如果想了解某一技术领域的现有技术状况，也就是说，既不知道申请人，又不知道专利号，但还想了解自己所从事的发明创造项目的专利技术状况，可以根据该项目所属技术领域或者关键词，去查阅国际专利分类表，确定其分类号，从分类索引中的专利号、申请人所申请的专利名称，进一步查阅其专利说明书。其所报道的内容有专利申请案的公开号（或审定号、公告号、专利号）、发明名称、国际专利分类号、申请人或专利权人和刊载公报的卷期号等。《中国专利索引》是检索中国专利文献的一种十分有效的工具，其不足之处为出版速度较慢，仅有年度索引，不能适应查阅近期专利的需要，又无文摘，不便于判断取舍。

检索途径：分类号检索；申请人/专利权人检索；申请号/专利号检索。

查阅时应注意，如果查找最新专利，应使用每期公报；如果是回溯检索，则使用年度或半年索引。

检索步骤：先确定 IPC 号（利用 IPC 号索引）；再查《中国专利索引》，找到所需文献后再根据其专利的卷、期号查找相应的专利公报。无论用哪个分册查找都能获得分类号、专利号、申请人（或专利权人）、申请号以及卷、期号等信息。最后追踪查找专利公报、专利说明书。

2)《中国专利公报》。中国知识产权局于 1985 年按发明类型出版三种公报：《发明专利公报》《实用新型专利公报》和《外观设计专利公报》，均为周刊。

发明专利公报：以文摘形式报道公告与发明专利申请、审查、授权有关的事项和决定。每期后附有发明专利的申请公开索引、审定公告索引和授权公告索引，且每种索引都由 IPC、申请号、申请人（专利权人）索引和公开号/申请号对照表（审定号/申请号对照表）组成。

实用新型专利公报：以文摘形式报道与实用新型专利申请、授权有关的事项和决定。每期分为上、中、下三册出版，在下册附有实用新型专利的申请公告索引和授权公告索引。每期索引由 IPC、申请号、申请人（专利权人）索引和公开号/申请号对照表组成。

外观设计专利公报：以题录形式报道与外观设计专利申请，授权有关的事项和决定。每期后附有外观设计专利申请的申请公告索引和授权公告索引。

（2）光盘型

中国专利文摘数据库（简称 CNPAT/文摘数据库）采用了先进的光盘存储技术，将国家知识产权局自 1985 年实施《专利法》以来已公布的发明和实用新型专利全部集成在一张 CD—ROM 光盘上，数据量已近 70 万件，并且以每年 5 万余件的速度持续递增。每一件专利文摘的著录内容包括题录、文摘、主权项和法律状态等方面，是我国在面向微机的环境中存储载体先进、数据完整、检索入口丰富、用户界面友好、检索功能强、传播专利信息最及时的中国专利文摘数据库。中国专利文摘数据库所使用的检索软件由中国专利信息中心开发研制，是当前专利检索领域最先进、最国际化的检索工具软件，功能强，速度快，使用维护方便，性能稳定可靠。该软件为用户提供了 14 个检索入口：申请号、申请日、公开号、公开日、国际专利分类号、范畴分类号、优先权、国别省市代码、发明人、申请人等。

（3）网络检索

1）中华人民共和国国家知识产权局。其网址是：http://www.sipo.gov.cn。

2）中国专利信息网。其网址是：http://www.patent.com.cn。

3）中国知识产权网。其网址是：http://www.cnipr.com。

中国知识产权网（http://www.cnipr.com.cn）是由国家知识产权局专利文献出版社于1999年10月创建的知识产权信息与服务网站。集资讯、专利信息产品与服务于一体，重点为国内外政府机构、企业、科研机构等提供专业、全面的服务平台。该网站的专利数据来源于每周出版的电子版《专利公报》。数据库收录了1985年中国专利法实施以来公开的全部中国发明、实用新型和外观设计专利，设有发明、实用新型、外观设计专利数据库和法律状态数据库。该数据库提供"基本检索"和"高级检索"两种方法。数据库每周三更新。

目前网站提供以下专利信息产品：专利在线分析系统、专利在线预警系统、中外专利数据库服务平台、行业专利专题数据库、中国药物专利数据库、专利信息分析系统、专利管理系统、专利光盘、专利公报、推荐套餐产品、专利文献阅读卡。

目前网站提供以下专利信息相关服务：专利信息应用解决方案、专利分析预警咨询报告、专利文献翻译服务、中国公开专利统计报告、专利数据加工服务、专利技术定期跟踪服务、专利检索服务、专利咨询分析、专利数据定制服务。

该网站还提供国家知识产权局、国家版权局、国家商标局、知识产权法院、世界知识产权组织、欧洲专利局、美国专利商标局、日本特许厅等专利信息网站的链接。

4）中国专利信息中心专利之星检索系统。其网址是：http://www.patentsfar.com.cn/frmLogin.aspx。中国专利信息中心的前身是原中国专利局的自动化工作部，现在是国家知识产权局直属的事业单位，国家知识产权局赋予了中心专利数据库的管理权、使用权和综合服务的经营权。作为国家级大型的专利信息服务机构，收录1985年以来公布的全部中国专利信息，包括发明、实用新型和外观设计三种专利的著录项目及摘要，还提供专利的法律状态检索，可浏览发明专利和实用新型专利的说明书全文。

5）CNKI-ZL数据库检索系统。其网址是：http://dbpud.cnki.net/Grid 2008/Dbpub/Brief.aspx?id=SCPD&SubBase=all。

6）中国发明专利技术信息网。其网址是：http://www.1st.com.cn/。

由国家知识产权局、中国专利信息中心主办。数据库面向公众提供免费专利检索服务，包括从1985年开始实施专利法起的中国专利的摘要，检索入口有：申请（专利）号、申请日、公开（告）号、公开（告）日、分类号、申请（专利权）人、地址、颁证日、代理人、名称、申请日、主分类号等。还可进行IPC分类检索，也可在关键词框中输入关键词以便进一步缩小检索范围。检索完成后得到检索结果列表，单击专利名称可得到专利题录信息，包括名称、公开号、申请号、申请人、发明人、摘要等。该网站的浏览页面细致全面，对初学者来说，容易入门。另外，其"案例集锦""发明趣典"以及"免费点子库"等小栏目也妙趣横生。

7）中国专利文献网上检索系统，其网址是：http://www.cnipr.com/。

中国专利文献网上检索系统是知识产权出版社推出的网上专利说明书全文检索阅览系统，该系统可在线浏览、检索自1985年以来在中国公开的专利信息，为用户提供两种检索方式："基本检索"和"高级检索"。

① 基本检索。

"基本检索"是为了普及和推广专利信息技术，面向普通用户的免费检索方式，在检索系统主页面上单击"基本检索"，出现检索词发送界面。

a. 选择屏幕左侧导航栏专利类别，可以选择全部专利，也可以分别选择发明公开、实用新型和外观设计。这样，系统将只在选择的专利库内按检索要求查询并显示检索结果。

b. 选择每页显示记录数。单击屏幕右侧第二个下拉箭头，会出现检索结果每页显示记录数列表（5、10、15、20）。

c. 选择检索字段，输入检索内容。基本检索提供了申请（专利）号、公开（公告）日、公开（公告）号、申请（专利）人、分类号、摘要、申请人地址及专利名称等 8 个检索字段。检索时，可单字段查询，也可多个检索字段组配查询。如果输入的检索内容不完整，可在输入字符的前面或后面加上模糊符号"%"进行模糊检索（当不能确定的内容出现在已知字符串之后，则可以省略"%"）。

d. 单击"确定"键，发送检索提问。

e. 浏览检索结果。单击"确定"按钮后，屏幕显示检索结果。检索结果显示分上、下两部分。上部的第一行标明了根据用户检索条件查到的专利的总记录数。接下来是每条专利的记录号、申请号和专利名称。单击不同的专利名称，则下部变为该专利的详细内容。

② 高级检索。

"高级检索"是面向会员用户的收费检索方式，第一次使用前必须下载安装浏览器软件，在浏览器内注册成为会员，并购买网站发行的"专利文献阅读卡"，获得卡号和密码，进行读书卡注册，才能检索和下载专利全文说明书及外观设计图形，并可享受其他收费服务项目（如专题检索服务、网上技术贸易展览、商标展示、网上和网刊的广告服务）优惠。

8）中国专利信息网（国家知识产权局专利检索咨询中心）。其网址是：http://www.patent.com.cn/。

中国专利信息网是由国家知识产权局专利检索咨询中心开发，始建于 1998 年 5 月，于 2002 年 1 月推出了改版后的新网站，它集专利检索、专利知识、专利法律法规、项目推广、高技术传播、广告服务等功能于一体。该站点具备以下功能：专利检索功能，中国专利信息网是一个专利信息库，用户在此既能实时了解到与中国专利相关的任何信息，又能方便快捷地查询专利的详细题录内容，并下载专利全文资料；项目转让功能，该站点还是一个针对专利项目推广的专业网站，可以提供有关专利技术转让的一切资料，还提供了一个展示专利技术的平台；发明园地功能，中国专利信息网给用户提供了一个发布发明设想、创造灵感，寻求合作伙伴的场所。通过这一网站，用户可检索到大量的中国专利信息，包括：申请书/专利号、申请/发明人、申请/代理人的通信地址、法律状态、专利名称和摘要等。该网站相当数量的检索途径是需要注册的。在中国专利信息网网页单击"其他网站链接"，可访问以下网站：国家知识产权局、香港知识产权署、世界知识产权组织、欧洲专利局、美国专利商标局、德国专利商标局、日本专利局、韩国专利局、苏州工业园区知识产权服务中心、中国知识产权裁判文书网（中国法院网）、最高法"知识产权司法保护"子网、同创天立专利翻译、中国企业知识产权网、中国知识产权资讯网。

9）中国专利网。其网址是：http://www.cnpatent.com/。中国专利网由隶属国家知识产权局的中国专利技术开发公司主办，涉及专利和发明的综合性网站。中国专利网为个人、企业和机构提供专利法律咨询、专利申请和费用缴纳、专利技术信息、专利会展、专利技术转让、发明人事务的全方位服务，特别将为发明人推广转让专利技术作为网站的中心任务。在国际互联网上创建的注册有国际域名的网站，中国专利网作为中国最大的专门从事中国专利信息网上发布的权威网站，登录并公开专利申请的经济信息、便捷的联系方式、交流与合作意向等满足信息时代要求的重要信息，供国内 2000 多万网上用户及国外公众免费查询，并作为中国专利公报的重要补充。但总的来说，该网站多为专利事务信息，并不提供直接的专利文献检索入口。检索界面由另外的检索网站承担。

中国专利网的作用就是帮助发明人将专利从纸面上的文字和实验室的样品变成实实在在能创造经济效益的产品。国家知识产权局专利局不光是审查发明人的专利，而且正积极通过各种方法和途径协助专利发明人进行专利技术的转化。中国专利网肩负着国家知识产权局专利局专利的技术转化的重任，是连接国家专利局和发明人的一座很重要的桥梁。

5.4 标准文献及其检索

5.4.1 标准文献的定义和作用

标准文献是按照规定程序编制并经过一个公认的权威机构批准的，供在一定范围内广泛而多次使用，包括一整套在特定活动领域必须执行的规格、定额、规划、要求的技术文件所组成的特种科技文献体系。标准文献与其他科技文献不同，标准文献的制定要通过起草、提出、批准、发布等过程，并规定出实施时间与范围，以供人们共同遵守和使用。广义的标准文献是指记载、报导标准化的所有出版物；狭义的标准文献是指技术标准、规范和技术要求等，主要是指技术标准。

标准文献是一种重要的科技出版物，它为整个社会提供了协调统一的标准规范，起到了解决混乱和矛盾的整序作用，可以将标准文献的作用总结如下：

1）通过标准文献了解世界各国的技术政策、生产水平、加工工艺水平等。
2）采用国内外先进的标准，可提高工艺水平和技术水平，为开发新产品提供参照。
3）采用标准化的概念、术语、符号、公式、量值、频率等，有助于克服技术交流障碍。
4）标准文献还可以为进口设备的检验、装配、维修和配置零部件提供参考。
5）采用标准可以规范工程质量的鉴定、产品的检验。
6）采用标准可以简化设计、缩短时间、节省人力、减少成本、保证产品质量。
7）采用标准可以使企业与生产机构经营管理活动统一化、制度化和科学化。

5.4.2 标准文献的种类和特点

1．标准文献按使用范围划分

1）国际标准：如国际标准化组织（ISO）标准。
2）区域性标准：如欧洲（EN）标准。
3）国家标准：如美国国家标准（ANSI），我国的国家标准（GB）。
4）专业标准：如我国轻工行业标准（QB）。
5）企业标准：如营口电火花机床厂的标准 Q/YD1001。
6）地方标准：如上海市的标准，沪 Q/SG4-25-82。

2. 按内容划分

基础标准、制品标准、方法标准。

3. 标准分类体系和代号

(1) 分类体系

各国都编有适合本国国情的标准分类体系。概括起来有如下三种形式。

1) 字母分类法：即以字母为标记的分类法。这种方法将标准分成若干类，每类用一个字母表示。采用这种分类法的有澳大利亚、加拿大、墨西哥等国。

2) 数字分类法：即以数字作为标记的分类法。这种方法将标准分成若干类，有的还分为几级类目，每个类用一组数字表示。采用这种分类法的有丹麦、印度、葡萄牙、意大利、西班牙、比利时、阿根廷、德国、荷兰、瑞士等国。

3) 字母数字混合分类法：即采用字母和数字相结合，这种方法把标准分类后，每一类用字母加数字表示。采用这种分类法的有美国、日本、芬兰、法国、罗马尼亚、波兰等国。

(2) 标准代号

各国的标准都有各自的代号，了解这些代号，对于查找各国标准很有用处。现在一些主要国家的标准代号列表见表 5-7。

表 5-7 主要国家的标准代号列表

美国	ANSI	俄罗斯	GOST
英国	BS	日本	JIS
法国	NF	瑞典	SIS
意大利	UNI	荷兰	NEN
德国	DIN	挪威	NS
加拿大	CSA	比利时	NBN
澳大利亚	AS	丹麦	DS
捷克	CSN	罗马尼亚	STAS
瑞士	VSM		

标准文献的特点如下：

1) 有统一的产生过程和专门的编写格式。
2) 有明确的适用范围和用途。
3) 具有法律约束力，时效性强。
4) 数量庞大。
5) 严格准确可靠。
6) 出版形式多样。

5.4.3 中国标准文献及其检索

1. 概况

我国的国家标准由各专业（行业）标准化技术委员会或国务院有关主管部门提出草案，并且由国家标准化主管机构批准发布。

(1) 标准编号

《中华人民共和国标准化法》将我国标准分为国家标准、行业标准、地方标准、企业标准四级。

（2）国家标准

国家标准编号由"国家标准代码＋顺序号＋发布年代号＋标准名称"组成。其中，强制性国家标准代号是"GB"，例如，GB13432—2004《预包装特殊膳食用食品标签通则》；国家标准（GB）中的"T"是推荐的意思。例如，GB/T 13387—2009《硅及其他电子材料晶片参考面长度测量方法》是指该标准为推荐性标准。值得注意的是，"T"的读音为汉语拼音中的"tui"。

（3）行业标准

行业标准编号由"行业标准代码＋顺序号＋发布年代号＋标准名称"组成。其中，行业标准代号由标准化行政主管部门审查确定并正式公布，如教育为 JY、汽车为 QC、石油化工为 SH、纺织为 FZ、轻工为 QB、通信为 YD、机械为 JB、电子为 SJ、化工为 HG、电力为 DL、农业为 NY、环境保护为 HJ 等。

（4）地方标准

地方标准编号的结构等同于国家标准，其区别在于标准代码。地方标准代码由汉字"地方标准"的大写拼音字母"DB"加上省、自治区、直辖市行政区划代码的前两位数字组成。后面加上"/T"的组成推荐性地方标准，不加"/T"的为强制性地方标准。例如，DB01—为北京市强制性地标代码；DB02／为天津市强制性地标代码等。

（5）企业标准

企业标准编号的结构也等同于国家标准，其区别也在于标准代码。企业标准代码由汉字"企"的大写拼音字母"Q"，加斜线再加企业代码组成，企业代码可用大写拼音字母或阿拉伯数字或两者兼用所组成。企业代码按中央所属企业和地方企业分别由国务院有关行政主管部门或省、自治区、直辖市政府标准化行政主管部门会同同级有关行政主管部门加以规定。例如，北京燕京啤酒集团公司生产的燕京啤酒的企业标准为"Q 顺/BYP004—1994"，天津王朝葡萄酿酒有限公司生产的王朝半干白葡萄酒的企业标准为"津 Q/NC3043—1990"。

2．印刷型中国标准信息的检索工具

检索我国各类标准的印刷型检索工具主要有以下几种。

1）《中国国家标准汇编》。

2）《中华人民共和国国家标准目录》由中国标准化协会编辑，不定期出版，内容包括现行国家标准外，还列出了行业标准。该目录分标准序号索引和分类目录两部分编排。此外还有《中国标准化年鉴》《标准化通讯》《最新国家标准和国际标准目录》《世界标准信息》等，要查找我国标准可利用上述刊物进行。如需了解我国标准化动态和掌握某学科范围内新制定和修改的标准，可借助《世界标准信息》等刊物查找。如需系统查找某特定内容方面的标准，可通过《中国标准化年鉴》和《中华人民共和国国家标准目录》等刊物中提供的分类途径查找。分类途径查找时，应注意我国标准的分类体系。

3．中国标准服务网

中国标准服务网（http://www.cssn.net.cn）是国家级标准信息服务门户，是世界标准服务网（http://www.wssn.net）的中国站点，由中国技术监督情报研究所、国家信息中心系统集成中心联合主办。

目前提供查询的数据库有四大类。

1) 现行国家标准 (GB) 和行业标准 (HB)。
2) 国际标准：主要是国际标准化组织 (ISO) 和国际电工委员会 (IEC) 制定的标准。
3) 英、法、美、德、日等国的标准。
4) 国外著名行业标准：包括美国计算机协会——ASME、美国实验材料协会——ASTM、美国电气与电子工程师协会——IEEE、美国保险商实验所——UL。检索方式：分类检索和高级检索。

中国标准服务网如图 5-8 所示。

图 5-8 中国标准服务网

单击导航条上的"资源检索"即可进入"高级检索"界面，如图 5-9 所示。

图 5-9 "高级检索"界面

选择"分类检索"选项，单击"中国标准分类"即进入标准分类检索界面，如图 5-10 所示。

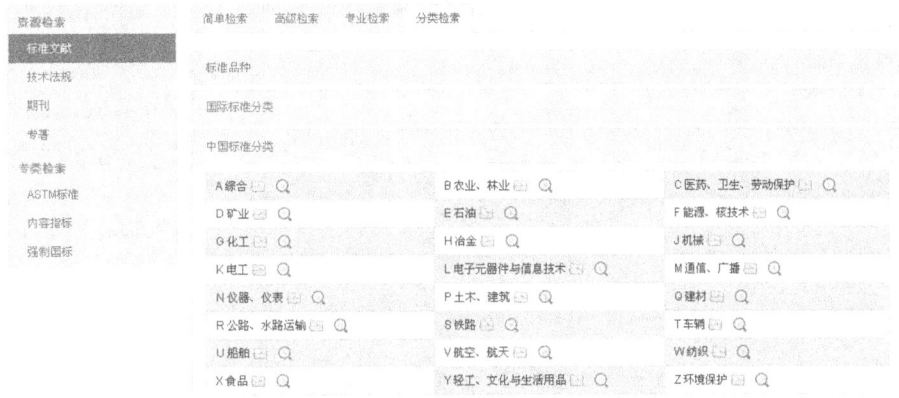

图 5-10　标准分类检索（一级分类）界面

单击"医药、卫生、劳动保护"后面的图标，进入下一级分类，如图 5-11 所示。

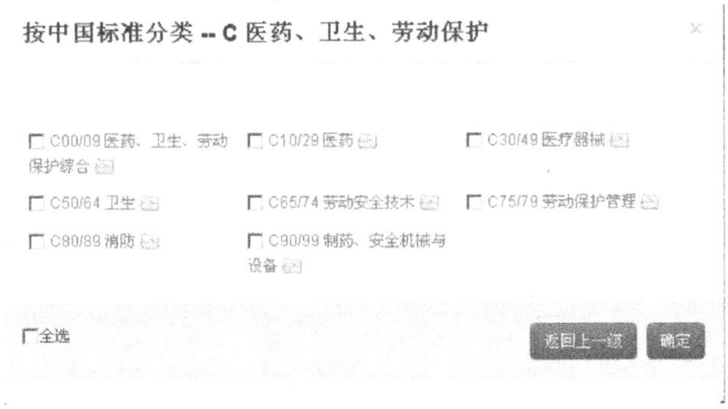

图 5-11　标准分类检索（二级分类）界面

单击"医药"后面的图标，进入第三级分类，如图 5-12 所示。

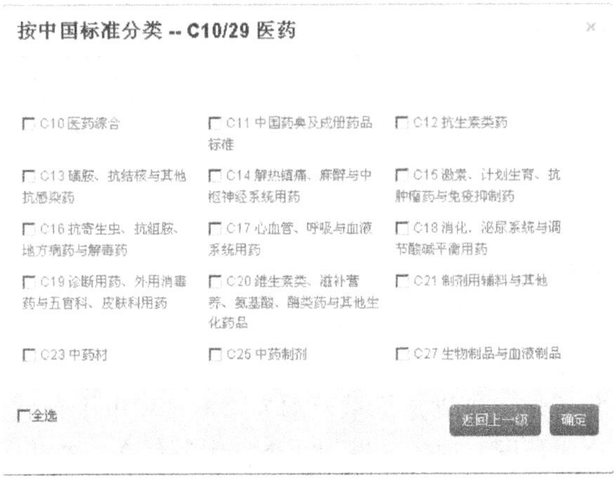

图 5-12　标准分类检索（三级分类）界面

检索结果如图 5-13 所示。

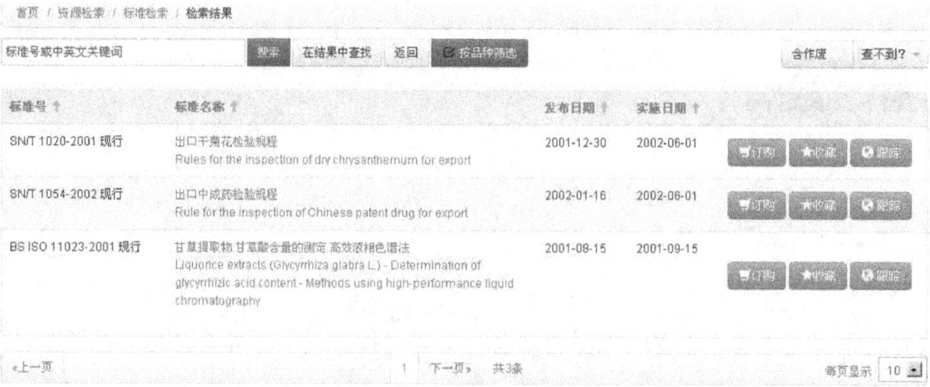

图 5-13　分类检索结果

此外，也可以按照"国际标准分类"进行分类检索，如图 5-14 所示。

图 5-14　国际标准分类检索

5.4.4　国际标准及其检索

国际标准是由国际标准化组织采用的标准或在某些情况下由国际标准化团体采用的技术规范。目前，国际标准包括两部分：①国际标准化组织（ISO）和国际电工委员会（IEC）指定的标准；②国际标准化组织认可的其他 27 个国际组织制定的一些标准，如国际无线电干扰特别委员会、国际电报电话咨询委员会等组织。

1. 国际标准化组织（ISO）及其标准文献检索

（1）国际标准化组织（International Organization for Standardization，ISO）

成立于 1946 年，它是标准化方面专门的国际机构。其主要职能是制定 ISO 国际标准，协调世界范围内的标准化工作。其制定标准范围为除电气和电子领域外的其他学科。到目前为止，该组织已有 165 个成员国。ISO 下设 293 个技术委员会（Technical Committee，TC），在每个技术委员会下设置了一些分委员会（Sub-Committee，SC）和工作小组（Working

Group，WG）。ISO 国际标准均由 TC、SC 和 WG 负责制定，其标准制定审批程序十分严格。到目前为止，ISO 共颁布超过 19500 个国际标准。ISO 标准每隔五年就要重新修订审定一次。ISO 标准分类法是采用 ISO 技术委员会（TC）和国际十进分类法（UDC）两种。如 TC43 为声学。1971 年前，其标准以推荐标准（ISO/R）形式公布，其编号结构形式为 ISO/R+顺序号+年份。1992 年以后正式标准公布，其编号结构形式为 ISO+顺序+年份。

（2）ISO 标准检索工具及其文献检索

《国际标准目录》（ISO Catalogue ××××）是检索 ISO 标准的主要工具。该刊由国际标准化组织（ISO）编辑出版，报道 ISO 各技术委员会制定的标准。该目录为年刊，用英法文对照本形式出版，部分还加俄文对照。每年 2 月份出版发行，报道上一年 1 月到 12 月底为止的全部现行标准。每年还出版 4 期补充目录。该目录主要内容包括下列五个部分。

1）技术委员会序号目录（Technical Committee Order）：该项内容先按 TC 归类，再按标准号顺序排列，其著录格式如下：

TC 39①

ISO 229-1973② 12③ Machine tools-speeds and feeds.④

说明：①技术委员会序号；②标准号码及制定年份；③期页数；④标题。

以"主题索引"或在"标准号序表"中均可查得技术委员会序号及 ISO 标准号码，已知 TC 序号及标准号，即可通过"技术委员会目录"查得标准的具体标题，从而获得其内容概要。

2）作废标准目录（Withdrawals）：在该目录下列出已作废标准的标准号，同时对照现行标准的标准号，内容根据作废标准的标准号顺序排列。其著录格式如下：

ISO145—1960① 164② 1983③ ISO7802—1983④

说明：①作废标准的标准号和其制定年份；②所属技术委员会序号；③作废年份；④现行标准的标准号和制定年份。

如果已知 ISO 的标准号，则可通过"标准号序表"中的标准号查找技术委员会序号和订购价格。

3）标准号序表（List in Numerical Order）：该序表根据标准号顺序排列，其著录格式如下：

21—1983① C② 8③

说明：①标准号码及制定年份；②订购一件标准所含页数的价格代号，如 1~2 页，按 B 级价格收费；3~4 页，按 C 级价格收费，以此类推；③所属技术委员会序号。

若是在"标准号序表"中查不到标准号码，就可以在"作废标准目录"内查询。有的标准已被注销，有的标准可能注销后已被其他标准所替代，在此可以了解替代的现行标准的标准号。

4）国际十进位分类号技术委员会序号索引（UDC/TC Index）：该索引对照标准的十进位分类号与技术委员会的序号，其著录格式如下：

TC① UDC/CDU②

37③ 00/14④

46 002/050

145 003/62

说明：在 UDC 栏下，按国际十进位分类法的序号自上而下排列，左面的技术委员会的序号随之相应对照列出。其中：①技术委员会英文缩写；②国际十进位分类英文和法文缩写；③技术委员会序号；④国际十进位分类编码。

如已知某一技术领域，某一技术名词的国际十进位分类号，要知其相应的技术委员会序号，可利用该索引查找。

5）主题索引（Subject Index）：该索引分别有英-法、法-英两种文字相互对照两部分。根据主题字词顺排列，其著录格式如下：

Machine tools—speeds① 39② 229③

说明：①主题词；②技术委员会序号；③标准号码。

除了上述主要内容外，该刊还附有"ISO 指南索引""标准手册索引"和"参考文献索引"。

《ISO 技术规则》由国际标准化组织编辑出版，年刊，报道 4000 多份可视为国际标准的文件和已达到委员会草案（CD）阶段和国际标准草案（DIS）阶段的全部文件。

中国标准出版社还不定期对《国际标准目录》主要部分翻译成中文后出版。如《国际标准目录—××××年》。内容包括两部分：一是按 206 个 TC 序号编排，二是按 ISO 标准号与 TC 号对照排列。该翻译目录不足之处是没有提供主题索引。

2. 国际电工委员会（IEC）及其标准文献检索

（1）国际电工委员会（International Electrotechnical Commission，IEC）概况

该组织正式成立于 1906 年。现该组织有 97 个技术委员会（Technical Committee，TC）和 77 个分委员会（Sub-Committee，SC）。目前，有 83 个国家和地区参加该组织。IEC 负责电气和电子领域中标准化组织和协调工作，制定电子、电力、电信和原子能等领域的国际标准。由于 ISO 制定的标准所涉及的专业范围不包括这些内容，因此这些领域的世界标准完全由 IEC 负责制定。所以 IEC 标准可以说是国际标准的组成部分。IEC 制定标准的范围大致分名词术语、电路用的图形、符号、单位、文字符号等。在实验方法方面制定产品质量或性能指标，以及有关人身安全的技术标准。1975 年以前，IEC 以推荐标准形式发布，1975 年后改为 IEC 国际标准。IEC 国际标准分类均按专业技术委员会（TC）名称设立类目，其后加数字序号，如 TC1 为名词术语，TC61 为家用和相似电器的安全。IEC 标准号结构形式为：标准代号 IEC+顺序号+制定年份。例如 IEC335—2—1980。

（2）IEC 标准文献检索工具及其文献检索

检索 IEC 标准的工具为《国际电工委员会标准目录》（IEC Catalogue of Publications××××）。该目录为年刊，由 IEC 中央办公室以英法文对照的形式编辑出版。其内容共分为标准顺序排列的"标准号目录"（Numerical-List of IEC Publications）和按主题词词顺排列的"主题索引"（Index by Subject Matter）两部分，没有分类目录。可以从序号和主题途径查找所需 IEC 标准的名称、页数、价格、简介、版次等内容。

3. 美国国家标准（ANSI）及其检索

（1）概况

美国国家标准中有一小部分是美国国家标准学会（American National Standards Institute，ANSI）制定的，大部分是从该学会各专业标准中选择的对全国具有重要经济意义的标准，这些标准经 ANSI 各专业委员会审核后提升为国家标准，并给予 ANSI 代号和分类

号。标准号的形式是：ANSI-分类号-序号-年代。共有标准一万多件。

（2）印刷型 ANSI 的检索

其检索工具为 ANSI Catalogue（《美国国家标准目录（年刊）》），每年年初以英文版本形式出版，每隔两个月出版一次目录补充本。该目录由三部分组成：

1）主题索引列出有关标准，均按产品名称字母顺序排列，其后列出美国国家标准号。

2）分类索引为 ANSI 制定的标准的分类索引。

3）序号索引为经 ANSI 采用的各专业标准的序号索引。

此外，ANSI Catalogue 已有中译本，由科学技术文献出版社出版。该中译本是参考 1977 年版美国国家标准原文目录及馆藏资料编译而成。

（3）光盘型 ANSI 的检索

1）ANSI 的光盘检索——《美国标准光盘数据库》。通过世界标准索引光盘（Worldwide Standards Index）可以获取美国主要标准组织的重要文摘数据，并可买到录入 CD-ROM 的全文本标准文件。该服务每 60 天更新一次，其服务信息来自美国的 60 多个主要的标准组织。

2）ANSI 的联机检索——Standard & Specifications（《标准与规格》）数据库。该数据库由美国国家标准协会提供，在 DIALOG 系统中运行，其覆盖时间范围从 1950 年至今。数据库类型为书目型，每月更新一次，报道美国政府收藏的目录和工业标准、规格等。

（4）ANSI 的网络检索

其网址为：http://www.ansi.org/，提供美国国家标准系统网络、查询、索引、数据库、新闻、服务等超链接。

4. 英国标准（BS）及其检索

（1）概况

英国标准是英国标准学会（British Standards Institution，BSI）制定的，标准的编号方法是 BS-序号年代，现有标准 11000 多件。英国国家标准不分类，标准目录按专业出版，共分 40 种专业目录。

（2）印刷型 BS 的检索

BS 的手工检索。其检索工具为 BSI Catalogue（《英国标准学会出版物目录》），该目录由三部分组成。

1）标准序号目录：按标准号顺序编排（除航天专业标准按专业分类外），其著录项目有标准号、制（修）定年份、标准名称、内容简介及其对应的 ISO 或 IEC 标准等。

2）主题索引：提供主题检索途径，主题词后著有标准号。

3）ISO 标准和 IEC 标准与 BS 标准的对照表：按 ISO 或 IEC 标准顺序号排列，其后列出相对应的 BS 标准。

BSI Catalogue 已有中译本《英国标准目录（1986）》，由上海市标准情报所编译。

（3）BS 的网络检索

其网址是：http://www.bsigroup.com/，该主页提供以下主要的超链接：管理系统登记、产品试验和证明、标准、视察服务、训练、检索、商业伙伴、标准目录、英国标准在线等。

5. 日本工业标准及检索

（1）概况

日本工业标准（Japanese Industrial Standard，JIS）为国家标准，由日本工业标准调查会（JISC）制定，范围几乎包括日本所有工业领域的标准，还包括药品、化肥、农药、畜产品、水产品及农林产品的标准。标准的编号方法是 JIS-字母类号-数字类号-序号年代，共有标准 8000 多件。

（2）JIS 的检索

《JIS 标准总目录》是日本工业标准的主要检索工具，每年出版一次，报道当年 3 月底以前出版的日本工业标准，包括分类目录和主题索引两部分。分类目录按专业分为 17 个大类，类号用英文大写字母（A、B、C、D、E、F、G、H、K、L、M、P、R、S、T、W、Z）表示，大类下再分小类，用两位数表示。主题索引按日文字母五十音图顺序排列，其后列出有关标准的全称及 JIS 标准号。

《JIS 标准年鉴》中的主题索引按英文主题词的字母顺序排列，用英文主题词查检 JIS 标准。

> 网上查询国外标准信息的主要网站如下：
> 1）IEEE Standards（IEEE 标准主页）http://standards.ieee.org/。
> 2）International Labour Organization（ILO）（国际劳工组织）http://www.ilo.org/。
> 3）The National Standards System Network（NSSN）（美国国家标准系统网络）http://www.nssn.org/。
> 4）Standards Council of Canada（SCC）（加拿大标准委员会）http://www.scc.ca/。
> 5）Standards Australia On-line（线上的澳大利亚标准）http://www.standards.com.au/。
> 6）Standards New Zealand（新西兰标准组织）http://www.standards.co.nz/。
> 7）National Standards Authority of Ireland（NSAI）（爱尔兰国家标准局）http://www.nsai.ie/。
> 8）Department of Standards Malaysia（DSM）（马来西亚标准和工业研究所）http://www.sirim.my/。

5.5 国内外学位论文及其检索

5.5.1 学位论文概述

1. 学位论文

学位论文是高等院校和科研单位的毕业生、研究生在获取博士、硕士及学士学位时向有关方面呈交的体现其学术研究水平并供审查答辩用的学术性研究论文。它随着学位制度的实施而产生，根据学位制度，学位级别一般分三级，即学士、硕士和博士，一般而言硕士和博士学位论文的研究水平比较高，相应的参考利用价值也较高。故通常情况下，所谓学位论文习惯上只限于硕士和博士论文。

2. 学位论文的特点

（1）不公开出版

学位论文的出版形式比较特殊，其目的只是供审查答辩之用，需要向校方提供，一般不通过出版社正式出版，不像其他公开出版物那样广泛流传，往往以打印本的形式存放在规定的收藏地点，且每篇论文的打印数量均不多，只有少部分论文日后能在期刊上发表或以专著的形式出版。所以学位论文不易获取，从而使其利用率受到影响。国内硕士以上学位论文可在国家图书馆查找原文，也可向颁发学位的院校或研究机构的研究生部或图书馆索取。

（2）内容具有独创性

学位论文一般具有研究方向明确、稳定，且课题新颖，有较强的科研继承性和持续性，并且是在专家教授指导下开展研究的，所以学位论文专业性强，阐述问题较为系统、详细，且具有一定独创性。

（3）包含信息量大

学位论文包罗社会各个领域的新经验、新成果等大量已知的信息，又包括超前的或发展中的大量未知的、未确定的信息，文献涉及的内容丰富、文题广泛，数据、图表以及参考文献都有一定的深度和广度，又始终处在补充、考证、完善和发展中，具有较完整的原始性。

（4）质量参差不齐

学位论文也像其他文献一样，具有千差万别的特点。由于每个人的水平、品位不同，因此学位论文的档次也有高低差异。

3. 学位论文的类型

1）根据内容可分为两种，一种是作者参考大量资料，进行了科学的分析和概括，提出本人的见解，即综述性论文；另一种是作者依据前人的论点或结论，经实验和研究，提出进一步的新论点，即理论研究或探讨性论文。

2）根据学位名称划分，一般有学士论文、硕士论文和博士论文。

5.5.2 国内学位论文的检索

随着计算机技术、存储技术和网络技术的发展与应用，光盘版和网络版的学位论文及其检索工具的出现，极大地方便了学位论文的获取，不仅为查询提供了极大便利，而且可以直接浏览和下载全文。

目前著名的学位论文数据库，国内的有万方数据资源系统的"中国学位论文全文数据库"、中国知网（CNKI）的"中国博士学位论文数据库"与"中国优秀硕士学位论文数据库"、中国高等教育文献保障系统（China Academic Library & Information System，CALIS）的"CALIS 高校学位论文库"等。随着网络技术的迅猛发展，学术信息交流方式产生巨大变革，传统的用于检索学位论文的印刷本检索工具也发生变革。目前国际范围内学位论文的数字化和网上利用已成为趋势。

1.《中国学位论文全文数据库》

其检索入口为：http://c.wanfangdata.com.cn/Thesis.aspx。《中国学位论文全文数据库》是万方数据资源系统的一部分。由国家法定学位论文收藏机构中国科技信息研究所提供，并委托万方数据公司加工建库，收录了自 1977 年以来我国各学科领域的博士、硕士研究生论文。其中全文 60 多万篇，每年稳定新增 15 余万篇，是我国收录数量最多的学位论文全文库。涵盖自然科学、数理化、天文、地球、生物、医药、卫生、工业技术、航空、环境、社会科学、人文地理等各学科领域。

2.《中国博士学位论文全文数据库》和《中国优秀硕士学位论文全文数据库》

其检索入口为：http://epub.cnki.net/kns/brief/result.aspx?dbprefix=CDMD。《中国博士学位论文全文数据库》（China Doctoral Dissertations Full-text Database，CDFD）由清华大学研发，属于中国知网（CNKI）中国知识基础建设的一个组成部分。累积博士学位论文全文文献20多万篇，是目前国内相关资源最完备、高质量、连续动态更新的中国博士学位论文全文数据库。

其收录年限从1999年至今，并部分收录1999年以前的论文。收录全国420家博士培养单位的博士学位论文，211工程高校的收录率达到100%，收录范围限制在具有博士学位授予资格的单位（高校）。

《中国优秀硕士学位论文全文数据库》（China Master's Theses Full-text Database，CMFD）同属中国知网（CNKI）中国知识基础建设的一个组成部分，至2013年12月，累积硕士学位论文全文文献100多万篇。收录年限从1999年至今，并部分收录1999年以前的论文。收录范围为全国652家硕士培养单位的优秀硕士学位论文。

上述两个数据库，均分为十大专辑：基础科学、工程科技Ⅰ、工程科技Ⅱ、农业科技、医药卫生科技、哲学与人文科学、社会科学Ⅰ、社会科学Ⅱ、信息科技、经济与管理科学。十个专辑之下又分为168个专题和近3600个子栏目。

CNKI中心网站及数据库交换服务中心每日更新，各镜像站点通过互联网或卫星传送数据可实现每日更新，专辑光盘每月更新。这两个数据库的检索方法完全相同。

3. CALIS高校学位论文数据库

检索入口为：http://www.calis.edu.cn。进入CALIS主页，选择"高校学位论文数据库子项目"，或直接输入新平台网址：http://etd.calis.edu.cn/ipvalidator.do 进入即可。

CALIS高校学位论文数据库是中国高等教育文献保障系统（CALIS）的一个子项目，是在"九五"期间建设的博硕士学位论文文摘数据库基础上，建设的一个集中检索、分布式全文获取服务的CALIS高校博硕士学位论文文摘与全文数据库。CALIS高校学位论文数据库的建立为国内外用户提供了一个获取高校学位论文信息的检索途径，从而推动高校教学科研工作的交流与发展。该项目由CALIS中心负责制定统一的数据规范和编制统一的建库软件，由CALIS全国工程中心文献中心（清华大学图书馆）牵头负责组织，协调全国七八十家高校合作建设。该数据库内容涵盖自然科学、社会科学、医学等各个领域。

中文学位论文通过网上直接采集电子文本的方式逐年累积，另外通过集团采购补贴的方式，与高校图书馆与公共馆、情报所等合作，按篇选择购买国外电子版博硕士学位论文，集中存放在CALIS的全文服务器中。计划可共享全文论文6万篇，目前有大约42万条学位论文文摘索引，已有约80家大学签订了参加项目建设的协议，有70多家建立了本地学位论文提交和发布系统。

4. 国家图书馆博士论文库

检索入口为：http://www.nlc.gov.cn。该库由国家图书馆学位论文收藏中心构建，它以书目数据、篇名数据、数字对象为内容，现提供10万多种博士论文的展示浏览，可以查看目录和前 24 页。

输入网址 http://www.nlc.gov.cn/即进入中国国家图书馆主页，在该页面中单击"论文"图标，然后再单击"中文论文"下的"馆藏博士论文与博士后研究报告数字化资源库"，即进入该库的基本检索页面

5. 国家科技图书文献中心的学位论文数据库

检索入口是：http://www.nstl.gov.cn。国家科技图书文献中心（National Science and Technology Library，NSTL）是中国目前提供科技文献信息服务的一个大型网络服务系统，中文学位论文数据库主要收录了 1984 年至今我国高等院校、研究生院及研究院所发布的硕士、博士和博士后的 37 万余篇论文。学科范围涉及自然科学各专业领域，并兼顾社会科学和人文科学，每年增加论文 6 万余篇。每季更新。输入网址 http://www.nstl.gov.cn 即可进入其免费检索主页面。

6. 国内其他学位论文数据库

1）北京大学学位论文库，网址是：http://apabi.lib.pku.edu.cn/List.asp?lang=gb&DocGroupID=8。

2）清华大学学位论文服务系统，网址是：http://etd.lib.tsinghua.edu.cn:8001/xwlw/index.jsp。

3）复旦大学学位论文服务系统，网址是：http://202.120.227.60:8001/xwlw/index.jsp。

4）香港大学在线学位论文，网址是：http://sunzi1.lib.hku.hk/hkuto/index.jsp。

5.5.3 国外学位论文的检索

1）PQDD 国际博硕士论文全文数据库。

其网址是 http://www.proquest.com/products_pq/descriptions/pqdt.shtml。ProQuest 博硕士学位论文数据库是世界上最为著名的学位论文数据库之一，其学位论文库包括文摘库和全文库两大部分。ProQuest 公司是世界上最早及最大的博硕士论文收藏和供应商之一，收录了自 1861 年起欧美 1000 余所大学文、理、工、农、医等领域的博士、硕士学位论文 200 多万篇，覆盖文、理工、农、医、数学、化学、生物、商业、经济等学科，几乎涵盖了自然科学和社会科学的各个领域，年数据增长量约为 6 万篇，数据每周更新，时效性强，内容详尽，是学术研究中十分重要的信息资源，也是目前世界上最大和最广泛使用的学位论文数据库。自 2002 年起，为满足国内对博士论文全文的广泛需求，CALIS 组织国内 70 多所高校和文献收藏单位联合引进 ProQuest 公司的博士学位论文的 PDF 格式全文，将其再次做成数据库放在网上，提供共享服务，凡参加联合引进的单位可以共享其他单位引进的学位论文数据，即一馆订购，全国受益。

2）《国际学位论文文摘》（DAI）。

它主要收录美国和加拿大约 500 所大学的博士论文摘要。目前，该刊有三个分辑：

A 辑　人文与社会科学，月刊。

B 辑　科学与工程，月刊。

C 辑　欧洲学位论文文摘，季刊。

三个分辑的结构基本相同，都包括文摘和辅助索引两大部分。DAI 的检索途径有分类、关键词和著者三种。

3)《英国和爱尔兰大学及国家学术奖评判学位论文索引》(Index to these accepted for higher degree in the Universities of Great Britain—Ireland and the Council for National Academic Awards)。

4)《德国高等学校出版物目录》(Jahresverziechins der Deutschen Hochschul Schriften)。

5)《法国高等院校博士论文目录》(Catalogue des These de Doctoral Soutenues Devant les Universites Francaised)。

6) ETD Digital Library-Networked Digital Library of Theses and Dissertations (NDLTD)。

自 1996 年美国教育部划拨专案经费以来，弗吉尼亚技术学院（Virginia Tech）的 NDLTD 计划奠定了全美非营利性"网络博硕士论文数字化图书馆"的里程碑，同时也在国际间树立了博硕士论文数字化信息服务的新典范。事实证明，借助 NDLTD 计划的兴起，已成功地创造了由地区性数字化论文计划推广到国际化论文资源整合的可行性。此计划的终极目标，除了将推动数字化学位论文与研究报告的典藏与流通之外，更可将数字化理念与信息素养深植于大学校园，进而借助新兴的信息科技突破传统纸本论文的限制与时空的藩篱，迅速掌握全球尖端信息与学术研究成果的脉络与精髓。

5.5.4 学位论文原文的获取

用户在使用网站或文摘型数据库中只能检索到论文的题录或文摘信息时，要获得学位论文的原始文献，可向国家法定的学位论文收藏机构（如国家科技图书文献中心、中国科技信息研究所、社科院信息研究中心等），或学位授予单位的图书馆索取原文。个人用户或集团用户都可以通过我国高校或情报机构，如北京大学图书馆、清华大学图书馆、武汉大学图书馆、复旦大学图书馆等地区信息中心馆的文献传递处请求文献传递服务获取学位论文原始文献。

 知识链接

中国专利法及其实施细则修改简介

一、主要过程

我国专利法于 1985 年 4 月 1 日起施行，并于 1992 年、2000 年和 2008 年进行了三次修改。

国家知识产权局于 2009 年 2 月向国务院提交了《专利法实施细则修订草案送审稿》。国务院于 2009 年 12 月召开常务会议审议通过后，于 2010 年 1 月发布《国务院关于修改〈中华人民共和国专利法实施细则〉的决定》。修改后的专利法实施细则已于 2010 年 2 月 1 日施行。

二、专利法及其实施细则修订的主要内容

专利法修订的主要内容包括：适度提高授予专利权的条件；增加有关遗传资源保护的规定；完善外观设计制度；完善向外申请专利的保密审查制度；取消对涉外专利代理机构的指定；明确国家知识产权局传播专利信息的职责；赋予外观设计专利权人许诺销售权，增加诉前证据保全措施，明确将权利人的维权成本纳入侵权赔偿的范围；增加侵权诉讼中现有技术抗辩的规定；允许平行进口；增加药品和医疗器械的审批例外；完善强制许可制度等。

专利法实施细则修订的主要内容包括：对专利申请文件的撰写进行补充和细化；细化向外国申请专利保密审查制度；明确遗传资源相关概念的含义，并规定披露遗传资源来源信息的方式；扩大专利申请的初步审查范围；细化专利权评价报告制度；完善强制许可制度；详细规定假冒专利的行为的含义与范围；取消专利申请维持费、中止程序请求费等收费项目；改进职务发明奖励报酬制度，引入了约定优先的规定；调整专利国际申请进入中国国家阶段的有关规定。

三、主要修改点说明

（一）关于向外国申请专利的保密审查

中国专利法从 1985 年实施之初就建立了保密审查制度。在实践中发现，规定中存在一些问题。一是规定必须首先在中国申请，使一些申请人没有选择的灵活性；二是没有规定违反专利法第二十条规定首先向外国申请专利的法律责任；三是对外观设计也要进行保密审查，实际上这没有必要；四是保密审查的程序不够完善。为了解决这些问题，本次对专利法及其实施细则的相关规定进行了修订：一是将首先在中国申请专利改为事先经过保密审查；二是明确对外观设计无需进行保密审查；三是明确规定未经保密审查向外申请的法律后果，即就该发明创造在中国提出的专利申请不得被授予专利权，泄露国家秘密的情况下依法追究刑事责任；四是完善保密审查程序。

根据修改后的专利法及其实施细则的规定，只要向外国申请专利的发明创造是在中国境内完成的，则不论申请人是中国单位或者个人，还是外国单位或者个人，都需要事先经过国家知识产权局的保密审查。但是，考虑到个别情况下申请人希望首先在外国申请专利或者不打算在中国申请专利，因此修改后的专利法并不要求申请人就该发明创造在中国申请专利。对于准备直接向外国申请专利的，申请人应当首先向国家知识产权局提交保密审查请求书和技术方案说明书。如果申请人打算就该发明创造先在中国申请专利，然后再向外国申请，则可以在提交中国专利申请的同时或者之后，但应当在向外国申请之前，提出保密审查请求。此外，申请人以中文或者英文直接向国家知识产权局提交专利国际申请的，视为申请人同时提交了保密审查请求。

国家知识产权局收到保密审查请求后，认为发明或者实用新型可能涉及国家安全或者重大利益需要保密的，将向申请人发出保密审查通知，申请人自请求之日起 4 个月内未收到通知的，视为同意其向外国申请；发出保密审查通知的，国家知识产权局将及时作出是否需要保密的决定，申请人自请求之日起 6 个月内未收到决定的，视为同意其向外国申请。

（二）关于遗传资源保护和来源披露

《生物多样性公约》规定，遗传资源的利用应当遵循国家主权、知情同意、惠益分享的原则，并明确规定，专利制度应有助于实现而不是违反保护遗传资源的目标。为了保护我国丰富的遗传资源，防止非法获得和利用我国遗传资源进行研发并在我国就其研发成果获得专利权，根据《生物多样性公约》前述原则，修改后的专利法第五条和第二十六条增加了有关规定，要求在专利申请中披露相关遗传资源的来源，并明确规定对违法获得或者利用中国遗传资源完成的发明创造不授予专利权。

专利法所称遗传资源是指取自人体、动物、植物或者微生物等的含有遗传功能单位并具有实际或者潜在价值的材料。尽管《生物多样性公约》不涉及人类遗传资源，但考虑到现实生活中曾经发生非法盗取中国人类遗传资源进行药品研发的情况，专利法实施细则明确将人体遗传资源纳入保护范围内。考虑到发明创造虽然利用了生物资源但并未利用其遗传功能的情形较多，因此专利法实施细则将"依赖遗传资源完成的发明创造"界定为"利用了遗传资源的遗传功能完成的发明创造"。

就依赖遗传资源完成的发明创造申请专利，申请人应当在专利申请的请求书中对遗传资源的来源予以说明，并填写遗传资源来源披露登记表，写明该遗传资源的直接来源和原始来源。申请人说明遗传资源的直接来源，应当提供获取该遗传资源的时间、地点、方式、提供者等信息。申请人说明遗传资源的原始来源，应当提供采集该遗传资源所属的生物体的时间、地点、采集者等信息。

（三）关于强制许可制度的完善

修订后的专利法根据巴黎公约、TRIPS 协议（与贸易有关的知识产权协议）和《修改 TRIPS 协议议定书》的规定，完善了强制许可制度。

根据修订后的专利法的规定，如果自专利权被授予之日起满三年，且自提出专利申请之日起满四年，专利权人无正当理由未实施或者未充分实施其专利的，则具备实施条件的单位或者个人可以向国家知识产权局申请强制许可。未实施专利是指专利权人未以制造、许诺销售、销售、使用、进口专利产品等任何方式将其发明或者实用新型在中国实施。专利权人或者其被许可人进口专利产品或者依照专利方法获得的产品也属于实施其专利。未充分实施其专利，是指专利权人及其被许可人实施其专利的方式或者规模不能满足国内对专利产品或者专利方法的需求。以专利权人未实施或者未充分实施为理由申请强制许可的，申请人应当提供证据，证明其以合理的条件请求专利权人许可其实施专利，但未能在合理的时间内获得许可。而且这种强制许可只能用于满足国内市场的需要。

此外，修订后的专利法还增加规定，专利权人行使其专利权的行为被认定为垄断行为的，为了减少或者消除该行为对竞争的不利影响，国家知识产权局可以根据具备实施条件的其他单位或者个人的申请，给予实施该专利的强制许可。

世界贸易组织总理事会于 2005 年 12 月通过的《修改 TRIPS 协议议定书》规定，为了帮助不具有制药能力或者能力不足的成员解决公共健康问题，世贸成员可以给予制造并出口专利药品到这些成员的强制许可。中国于 2007 年 10 月批准加入该议定书。为履行该议定书，中国专利法增加了第五十条，允许国家知识产权局对专利药品颁发强制许可，以出口到符合条件的国家或者地区。

（四）关于职务发明创造的奖励报酬

职务发明创造奖酬制度是中国专利法的重要组成部分之一。修改后的专利法实施细则对职务发明创造的奖酬制度作了调整，不再区分单位的所有制性质，并明确允许单位与发明人、设计人就奖励和报酬进行约定。这种约定既可以是在劳动合同中，也可以是在单位的规章制度中，而且奖励和报酬的方式不限于货币形式。约定的标准在符合专利法第十六条规定的"合理"原则的情况下，可以低于专利法实施细则规定的标准。只有在没有约定的情况下，才适用专利法实施细则规定的标准。这就赋予了单位与发明人、设计人就职务发明创造的奖酬进行平等协商的权利，实现了双方利益的合理平衡。

专利法实施细则规定的标准是：一项发明专利的奖金最低为 3000 元，一项实用新型专利或者外观设计专利的奖金最低为 1000 元；单位实施专利的，每年应当从实施发明或者实用新型专利的营业利润中提取不低于 2%或者从实施该项外观设计专利的营业利润中提取不低于 0.2%，作为报酬给予发明人或者设计人，或者参照上述比例，给予发明人或者设计人一次性报酬；许可其他单位或者个人实施专利的，单位应当从收取的使用费中提取不低于 10%，作为报酬给予发明人或者设计人。

（五）关于适度提高专利授权标准

修改后的专利法适度调整了专利权的授权标准。同时，为提高外观设计专利的质量，修改后的专利法对外观设计专利权的授予增加了类似创造性的要求，要求被授予专利权的外观设计与现有设计或者现有设计特征的组合相比有明显区别。

（六）关于加强专利权的保护

为切实有效地制止侵权行为，维护专利权人的合法权益，修改后的专利法增加了诉前证据保全制度，即对于那些可能灭失或者以后难以取得的证据，专利权人可以在提起侵权诉讼之前就请求法院采取保全措施。

修改后的专利法明确赋予了外观设计专利权人享有禁止他人"许诺销售"外观设计专利产品的权利。因此，在橱窗中展示、在广告中宣传或者在展销会上展出外观设计侵权产品的，权利人就可以要求侵权人停止侵权或者赔偿损失。

修改后的专利法规定，权利人的损失、侵权人的获利以及专利许可使用费均难以确定的，法院可以根据专利权的类型、侵权行为的性质和情节等因素，确定一万元以上一百万元以下的赔偿。修改后的专利法还明确将权利人制止侵权行为所支付的合理开支，例如律师费和调查取证费，纳入赔偿范围。这样使专利权人得到更为充分的保护，降低其维权成本。

（七）关于不视为侵犯专利权的例外

修改后的专利法明确规定允许平行进口。因此，在专利产品或者依照专利方法直接获得的产品由专利权人或者被许可人在外国投放市场后，其他单位或者个人无须取得该专利权人的许可，就可以自行进口该产品并将其投放中国市场。TRIPS 协议第 6 条授权各国在权利用尽问题上采取自己的立场，因此中国专利法的前述规定符合 TRIPS 协议。

同时，修改后的专利法借鉴美国、加拿大、澳大利亚、德国等国的立法，规定了药品和医疗器械实验例外，即为获取行政审批所需要的信息，制造、使用、进口药品或者医疗器械专利的行为不视为侵权。这有利于制药或者医疗器械企业为相关药品或者医疗器械的上市审批提前作好准备，使有关药品或者医疗器械在专利权保护期限届满后能够及时上市，保障公众尽快获得价格低廉的药品和医疗器械。

习题

1. **名词解释**
  （1）科技报告
  （2）会议文献
  （3）专利及专利文献
  （4）标准文献
  （5）PB 报告、AD 报告、NASA 报告、DE 报告
2. **填空**
  （1）科技报告的密级有：①（　　）、（　　）：属于国家机密，公众难以得到；②

（　　）；在一定范围内发行，数量有限；③（　　　）：秘密报告或限制报告经过一段时期后解除限制，成为公开的科技报告；④（　　　）：是较容易获得的一种科技报告。

（2）科技报告的种类很多，大致有下列类型：（　　）、（　　）、（　　）、（　　）、（　　）、（　　）、（　　）、（　　）、（　　）、（　　）、（　　）。

（3）会议文献具有以下特点：专业性强，学术水平高；内容新颖，及时性强；信息量大，专业内容集中；可靠性高；出版形式灵活多样等。因此，会议文献作为一种主要的科技信息源，其重要性和利用率仅次于（　　）。

（4）专利权的特点（三性）有：（　　）、（　　）、（　　）。

（5）专利说明书的结构通常由三个部分构成，它们是（　　）、（　　）、（　　）。

（6）专利文献的检索途径有（　　）、（　　）、（　　）、（　　）。

3．简答题

（1）简述美国印刷型四大科技报告。

（2）简述美国印刷型《政府报告通报与索引》（GRA&I）的编制格式与内容及其使用方法。

（3）简述美国四大科技报告的网络检索。

（4）简述印刷型会议文献的检索工具。

（5）简介国际专利分类法。

（6）简述《中国专利索引》。

（7）简述《中国优秀博硕士学位论文全文数据库》的分类体系。

4．操作题

（1）利用中国优秀博硕士学位论文数据库，检索2010年至2011年有关信息服务的博硕士学位论文，并简述其步骤。

（2）查找电动汽车专利（包括中国国家专利与国际专利），了解专利的相关内容。

（3）通过科技报告（成果）查找与物联网课题相关的科技成果5篇。

（4）请为检索课题"航空或航天发动机的设计和制造"编制检索策略。

（5）检索"佳能公司"作为"申请人"于1995年在中国获得的专利情况（选择最近的5条，下载其文摘）。

第6章 中文数据库检索

6.1 数据库的基本知识

1. 数据库概念

数据库是以同一组织方式将相关数据组织在一起，并存放在计算机存储器上的，能够为多个用户所共享的一组相关数据的组合。它是检索系统的信息源，也是用户检索的对象，形象地说就是"数据仓库"。

文献数据库的构成为：文档→记录→字段。

记录是构成数据库文档的基本单元。一个数据库往往由几十万条甚至几千万条记录组成。在期刊论文数据库中，每条记录就是指每篇期刊论文；在图书全文数据库中，每条记录就是指每一本完整的图书。

字段是构成记录的最小单元，一条记录包括若干个字段，如篇名字段、著者字段、关键词字段、文献出处、作者机构、摘要、出版时间、分类号等。

2. 文献数据库种类

1）按语种划分：中文数据库、外文数据库（区别于中文的其他语种）。

2）按收录文献类型划分：图书数据库、期刊数据库、报纸数据库、学位论文数据库、会议论文数据库、专利数据库、标准数据库、多媒体数据库、工具书数据库等。

3）按所收录文献提供完整程度划分：文摘/索引数据库（参考数据库）、全文数据库、事实数据库。

参考数据库指包含各种数据、信息或知识的原始来源和属性的数据库。数据库中的记录是通过对数据、信息或知识的再加工和过滤，如编目、索引、文摘等形成的。一般来说，参考数据库主要是针对印刷型出版物而开发的。目的是指引用户快速、全面地鉴别和找到相关信息。参考数据库主要包括：书目数据库、文摘/索引数据库。

参考数据库最重要的用途是用于搜集文献线索，快速和全面地查询某个学科、领域或主题的文献信息。其次，参考数据库还常被用来进行统计和评估工作，如著名的三大索引数据库就常被一些高校或科研院所选用，作为统计个人论文成果、机构科研水平等的评价工具。

常用的参考数据库：ISI Web of Knowledge（SCI/INSPEC/BIOSIS Previews/ISI Proceedings）、ProQuest 博硕士论文文摘数据库、CSSCI 等。

全文数据库是收录有原始文献全文的数据库，如国内著名的全文数据库有超星数字图书馆、APABI 数字资源平台、CNKI 中国知网、重庆维普的中文科技期刊数据库；国外有 ProQuest 系统、EBSCOhost 系统、Elsevier Science、IEEE/IET 系统、Springer Link 等。

全文数据库的特点如下。

1）直接性：即用户可以直接检索出原始文献。

2）学术性、实用性较强：以期刊论文、会议论文、政府出版物、研究报告、法律条文和案例、商业信息等为主。

3）检索功能完善：基于互联网的检索系统。一般都具备简单检索、复杂检索、二次检索、浏览、索引等多种检索功能，并提供多个检索入口。

4）提供检索结果的多种处理方式：可以浏览并标记记录，以打印、存盘、E-mail 发送等方式输出。

事实数据库是指包含大量数据、事实，直接提供原始资料的数据库，又分为数值型数据库和事实型数据库。

数值型数据库是以数值为主要内容的数据库。如 China InfoBank、Reaxys 数据库等。

事实型数据库以直接提供可用的事实为目的，事实可以是既有数字又有文字的统计资料，也可以是纯文字的知识资料或信息资料，还可以是一篇叙述性文献。如公司名录、百科知识数据库、网络词典、人物传记数据库等。

事实和数值型数据库的作用就是提供对特定的事实或数据的检索与利用，直接面向问题以特定的事实或数字回答用户的查询。

事实和数值型数据库的主要特点如下：

1）检索速度快。

2）范围广。

3）针对性强，检索结果往往只是单元的值、一组数据或某一个事实。

3. 数据库（检索系统）的功能

数据库的功能是指数据库（检索系统）在检索界面上提供给用户的基本功能。它与系统的检索技术是紧密结合的。比较通用的检索功能有浏览、索引、简单检索、复杂检索、二次检索（或进阶检索）等。

1）浏览（Browse）：由系统提供一个树状结构的概念等级体系，分层次按其属性及相互从属关系对知识进行并行或树状排列，逐级展开到最小知识单元。

2）索引（Index）：索引是一个线性表单，可以将任何一个标引字段中的概念按字母顺序不分级地线性排列起来。索引的种类很多，如人名索引、出版物索引、地名索引、主题索引、机构索引、分子式索引等。

3）简单检索（Simple Search、Basic Search、Quick Search）：为用户提供一个简单的检索界面，帮助非专业或初入门用户方便地提交检索式。

4）复杂检索（Advanced Search、Guided Search、Expert Search）：为专业用户、资深用户提供比较复杂的检索界面，可以构造比较细致的检索式，帮助用户进行精确检索。

5）二次检索（进阶检索）：在检索结果内进一步检索，使结果更精练、准确。

4. 检索语言

检索语言：是信息存储与检索过程中用于描述信息特征和表达用户信息提问的一种专门语言，是为了沟通文献标引与文献检索而编制的人工语言。

检索语言的作用：是对文献的外部特征和内容进行多层次描述，提供多种检索途径，以方便用户从不同角度检索查找文献，获得较高的查全率和查准率。

检索语言的类型如下。

1）自然语言：包括题名、文摘、责任者、关键词、引文、全文。

2）人工语言：包括分类法、主题法。

① 分类检索语言。

按学科范畴及知识之间的关系列出类目，并用数字、字母符号对类目进行标识的一种语言体系，也称为分类法。分类语言类目之间具有上下隶属、同位并列的概念等级体系。例如，中国图书馆分类法、美国国会图书馆分类法、杜威十进分类法、IPC 国际专利分类法。

② 主题检索语言。

由主题词汇构成，即将自然语言中的名词术语经过规范化后直接作为标识，按字母顺序排列，通过参照系统揭示主题概念之间的关系，也称为主题法。主题检索语言常用的是叙词语言（Descriptor）。主题检索语言一般都有主题词表或叙词表。

③ 自然语言。

自然语言是直接从文献信息本身抽取的，用于揭示信息内容的自由词。主要依赖于计算机自动抽词技术，包括关键词语言、题名、责任者、摘要、引文、全文等。其中，关键词是直接从信息资源名称、正文或文摘中抽出的代表信息主要内容的重要词语。

5. 检索技术

检索技术是指在计算机检索系统中，利用计算机的信息处理能力为用户提供的各种词处理或字处理的方法和各种运算能力，以方便用户使用检索系统，提高检索效率。常用的检索技术是多数检索系统具备的手段，主要有：布尔逻辑运算、截词检索、字段限制检索、位置算符检索、短语检索、嵌套检索。

1）布尔逻辑检索（Boolean Operator）。

布尔逻辑检索是采用布尔代数中的逻辑"与"、逻辑"或"、逻辑"非"等算符，对检索词进行组配，表达概念间的逻辑关系，限定检索词在记录中必须存在的条件或不能出现的条件。凡符合布尔逻辑所规定的条件的文献，即为命中文献。此法适用于所有的数据库。

2）截词检索：在西文单词中经常会遇到词的不同变化，为了保证不漏检，可采用截词的方法处理检索词。不同的检索系统所采用的截词符有所不同，同一检索系统也会有变化。

外文数据库常用截词符如下。

（星号）：取代单词中的任意个（0，1，2，…）字母。如 transplant。

?（问号）：取代单词中的 1 个字母。如 wom?n。

国研网通配符如下。

!：表示 0 或 1 个任意字符。

?：表示 1 个任意字符。

例如，若想查找"股票"与"期货"中间包含 1~2 个字的内容，则关键词为：股票!?期货。

3）字段限制，即在文献的指定字段中查找所包含的检索词。

字段限制的方法有两种：① 在检索表单中选择相应的字段；② 采用字段名。

4）位置检索：表达检索词出现时的位置关系。

5）相关性检索：按相关性顺序排列检索结果。

6）跨库检索：在一个检索平台上一次性完成对多个数据库的检索。

7）引文检索：通过文献的引证关系显示文献之间的内在联系。

在实际检索中，往往将上述多种检索技术混合使用，如要查找标题中含有"网络营销"

的资料，可以运用布尔逻辑运算符 AND、OR 和截词检索，并将检索结果限制在题名字段。

6. 数据库检索时应注意的几个问题

1）明确检索主题或主要内容，要形成若干个既能代表信息需求又具有检索意义的主题概念，包括所需的主题概念有几个，概念的专指度是否合适，哪些是主要的，哪些是次要的，概念之间的关系等。提取主题概念时，要注意主题概念要完备（显性主题概念、隐含主题概念、同义词、近义词等）。

2）明确检索主题所涉及的学科范围，搞清楚检索主题所涉及的学科领域，是否是跨学科研究，以便按学科选择信息资源。如查找生物学方面的信息，则很多情况下涉及医学及化学方面的信息资源，因此要特别注意跨学科问题。

3）明确所需信息的数量、语种、年代范围、文献类型等具体指标。

4）选择适当的数据库，对数据库的选择必须建立在对图书馆可利用资源的全面了解上，同时充分认识各种数据库的类型、内容和功能。

选择数据库的原则：学科属性是首选因素。所选数据库与检索课题的学科应一致或包含检索课题的学科；尽量使用权威的专业数据库作为检索工具。了解数据库收录的范围、信息类型、年代范围、语种及地理范围等。了解数据库的检索方法和系统功能。

5）选用恰当的检索词。检索词既可以是一个单元词，也可以是一个或多个词组。选用检索词时应注意：

- 选用涵盖主要主题概念的词汇，如禽流感病毒蛋白 AM2 的表达、纯化及其多克隆抗体的制备。主要主题概念：禽流感病毒蛋白多克隆抗体。
- 选用意义明确的词汇，如遗传多样性—多样性（非）。
- 词组、短语不能太长。
- 选用专业术语，如用 nephropathy（肾病），不用"kidney disease"（肾疾病）。

6.2 数据库的检索方法

1. 浏览

通过导航逐步缩小范围，最后检索出某一知识单元中的文章。通过浏览，可对某一学科或专题有一个宏观的、全面的了解。可按学科分类浏览，也可按题名浏览。

2. 初级检索

又称为初级检索或基本检索（Simple Search、Quick Search、Easy Search、Basic Search），通常只有一个检索框，提供很少的检索项，不使用或很少使用组配算符。其优点是方便、快捷。缺点是不能同时满足多种检索条件，检索精度较低。

3. 高级检索

又称为 Guided Search、Power Search、Advanced Search，它提供较多的检索字段，并可运用逻辑运算进行多字段组合检索。其优点是可一次性满足多种检索条件，得到较准确的检索结果，检索精度较高。

4. 专家检索（Expert Search）

又称为命令检索或专业检索，是针对具备一定检索技能的用户使用的检索方法。其优点是有最大的自由度，可编制复杂的检索式，作任意字段的逻辑运算与词间运算等各种操作，以达到最佳的检索效果。缺点是需熟悉系统的各种操作规则，否则无法达到预期的效果，不适宜初学者。

5. 自然语言检索（Natural Language Search）

指的是用户可以直接输入一句话进行检索，就像与人对话一样。优点是可随意输入检索词。缺点是检索效果不理想。

用户可以输入一个问题、一句话，或几个描述性的词语，若是词组则用引号引起。检索效果不是很精确。

6. 二次检索

也叫"在结果中检索"，即在一次检索的基础上，再次输入检索词，使检索结果更精练、准确。通过"初级检索+二次检索"的方式，也可得到满意的检索结果。

7. 跨库检索（寻呼式服务）

用户能够在一个界面下一次性完成对几个数据库的统一检索。

8. 个性化定制

个性化定制是指在特定的数据库系统中，根据用户的需求和检索目标，设定需求内容、表达形式，从而选择特定的系统服务。大多数外文数据库具有个性化定制功能，一些中文数据库也有此功能。总的来说，外文数据库比中文数据库做得更好。

数据库的个性化定制涉及许多方面，不同数据库的定制功能和方法也不同。这里以 Elsevier SD 为例。

（1）提示功能

自动将最新信息传送给用户。

期刊提示：当关注的期刊有新一期时，会有 E-mail 提示。

检索提示：当有新的文章满足检索需求时，会有 E-mail 提示。

主题提示：当关注的主题有新的文章时，会有 E-mail 提示。

引文提示：当某篇文章被新的文章引用时，会有 E-mail 提示。

（2）个性化主页

可保存操作历史，设置快速链接。

6.3 数据库检索的一般步骤

数据库检索的一般步骤如图 6-1 所示。

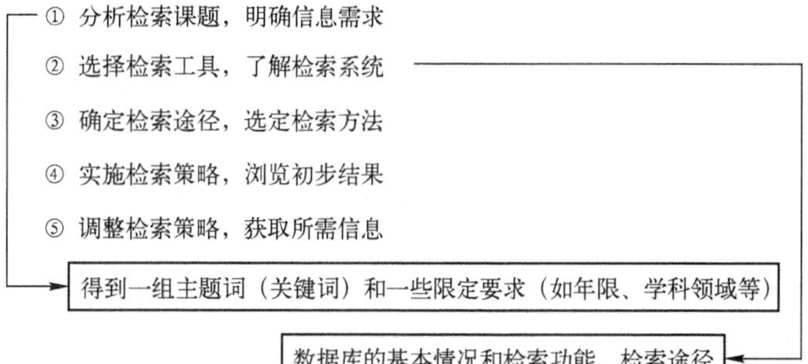

① 分析检索课题，明确信息需求
② 选择检索工具，了解检索系统
③ 确定检索途径，选定检索方法
④ 实施检索策略，浏览初步结果
⑤ 调整检索策略，获取所需信息

得到一组主题词（关键词）和一些限定要求（如年限、学科领域等）

数据库的基本情况和检索功能、检索途径

图 6-1 数据库检索的一般步骤

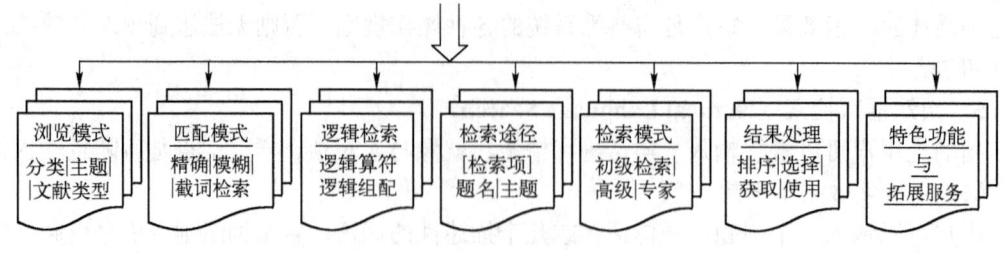

图 6-1 数据库检索的一般步骤（续）

6.4 数据库检索的技巧

1. 检索工具分析

每一个检索工具都有其特定的文献信息收录范围、检索途径与方法，因此检索工具的选择对检索词的确定以及检索提问式的编制起主导作用。

文献收录范围是检索工具的最基本特点，其出版时间和所概括的内容范围是否包括检索课题的内容以及质量和权威性如何，是在使用检索工具前必须了解的基本内容。

2. 检索课题分析

（1）明确检索目的

1）目的：参考国内外同行的经验和研究成果，启发研究思路，以解决在科学研究或生产过程中遇到的难题。

要求：检出某一主题或某一方面相关度高的文献，即要求查准率高，不一定要求文献数量大。

2）目的：立项、开题、项目申请、申请专利、撰写综述等需了解课题研究现状，全面掌握相关文献。

要求：全面系统地检索某一主题范围内的文献信息，即要求查全率高，需多种检索工具作互补。

3）目的：掌握最新的科研动态，密切跟踪国内外最新的研究成果，关注同行的研究进展。

要求：检索新颖、及时的文献信息，应选择更新快的检索系统。

（2）分析研究课题

1）分析课题的主题范围、所属学科性质，以明确检索的学科范围。掌握与课题有关的基本知识、名词术语以及技术领域。

2）分析课题的已知条件，如涉及哪些关键词、是否有特定的期刊、对哪些作者的研究成果感兴趣。

3）分析课题的主题内容，找出课题需要解决的关键，形成反映课题中心的主题概念，拟出相应的检索词。

3. 检索途径的综合应用

检索途径的选择要从检索要求、已知条件和检索工具的结构等几个方面综合考虑。

1）外部特征检索途径：已知文献的外部特征线索，如作者姓名、期刊名称、机构名称等。需求目标已很明确，检索结果的针对性很强。

2）内容特征检索途径：使用较多的是从课题的内容入手，通过题名途径、关键词途径、主题词途径、分类途径，甚至是文献的全文，检索与课题相关的文献。

4．检索的修正

要从三个方面分析检索结果。

1）检出的文献是否符合课题的内容范围。

2）检出的文献量。

3）检出文献的时效与类型。

若文献量太多，则选用专指度高的检索词、增加检索词、严格限制条件，以改变检索途径。

若文献量太少，则选用专指度低的检索词、减少检索词的数量、使用通配符进行截词检索、放宽限制条件，以改变检索途径。

6.5 典型数据库介绍

1．维普数据库——中文科技期刊数据库

《中文科技期刊数据库》源于 1989 年创建的《中文科技期刊篇名数据库》，是国内收录期刊最多、年限最长、专业文献量最大的中文期刊数据库之一，同时也是国内各省市高校文献保障系统的重要组成部分。

（1）检索方法

1）快速检索：单击"中文数据库—中文科技期刊数据库（维普）"，进入快速检索界面，如图 6-2 所示。

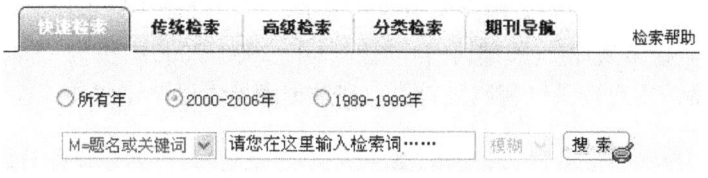

图 6-2　快速检索界面

用户直接在文本框中输入需要检索的内容，单击"搜索"，即可进入结果界面。《中文科技期刊数据库》提供九种检索入口：题名或关键词、关键词、题名、作者、第一作者、刊名、机构、文摘和分类号，用户可根据自己的实际需求选择检索入口，输入检索式进行检索。

2）复合检索：进入简单搜索页后，用户可以进行期刊范围、年限、显示方式的选定。其中期刊范围包括全部期刊、核心期刊和重要期刊三种。数据收录年限从 1989 年至今，检索时可进行年限选择。

用户还可以选择重新检索、在结果中检索、在结果中添加、在结果中去除等复合检索，从而更加准确地筛选所需要的数据。复合检索界面如图 6-3 所示。

例如，在文本框中输入"自动控制"作为关键词进行检索，共找到 8160 条记录，如图 6-4 所示。

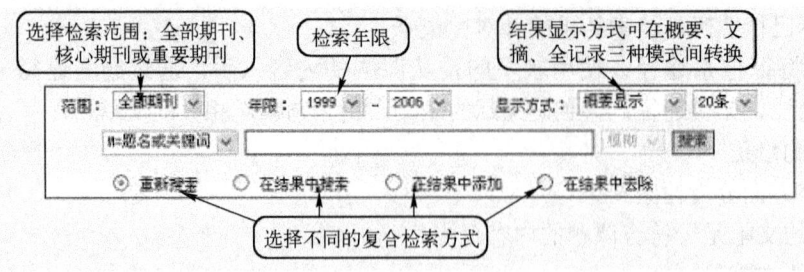

图6-3 复合检索界面

图6-4 维普二次检索结果

例如，以用"上海电力学院"作为机构名，在结果中搜索，就可以找到上海电力学院所有以"自动控制"为关键词的文章了，共找到5条记录，如图6-5所示。

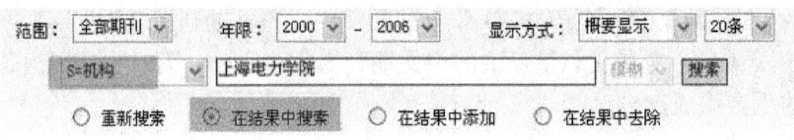

图6-5 在维普检索结果中再检索

这里检索条件显示的是以关键词为自动控制，年限为2000~2006年，并且机构名以上海电力学院为条件的搜索。如果用户使用得熟练了，可以直接在搜索栏中输入复合检索式，其作用是等同的。检索条件：(关键词=自动控制*年=2000-2006)*(机构=上海电力学院)。

3）传统检索：用户登录维普网站首页，在数据库检索区单击"传统检索"，即可进入传统检索页面。

选择检索入口：《中文科技期刊数据库》提供11种检索入口：题名或关键词、关键词、刊名、作者、第一作者、机构、题名、文摘、分类号、任意字段、参考文献，用户可根据自己的实际需求选择检索入口，输入检索式进行检索。

限定检索范围：《中文科技期刊数据库》可进行学科类别限制和数据年限限制。期刊范围、数据年限的选择和"快速检索"相同。

学科类别限制：分类导航系统是参考《中国图书馆分类法》（第四版）进行分类的，每一个学科分类都可以按树形结构展开，利用导航缩小检索范围，进而提高查准率和查询速度。例如，查找"工程设计"的文章，可在"工业技术类"中进行查找，如图6-6所示。

4）二次检索：是在一次检索的检索结果中运用"与、或、

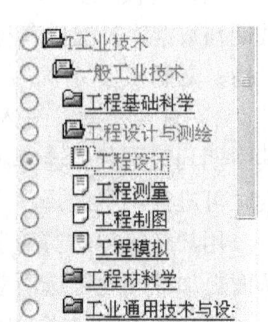

图6-6 维普分类导航系统

非"进行再限制检索,其目的是扩大或缩小检索范围,最终得到期望的检索结果。

例如,要查找有关"电力企业"、作者为刘贵生的文章,在检索入口通过"题名或关键词"字段检索"电力企业",单击"检索"按钮,即出现相关文献信息,如图6-7所示。

图6-7 维普一次检索

再以"作者"为检索条件,检索式为"刘贵生"进行二次检索,即可在以电力企业为一次检索结果中继续搜索作者刘贵生的文章,找到一篇文章,如图6-8所示。

图6-8 维普二次检索

特殊检索功能如下。

同义词:勾选页面左上角的"同义词"复选框,输入检索式"土豆",再单击"搜索",即可找到和土豆同义或近似的词,如图6-9所示,用户可以选择同义词以获得更多的检索结果。

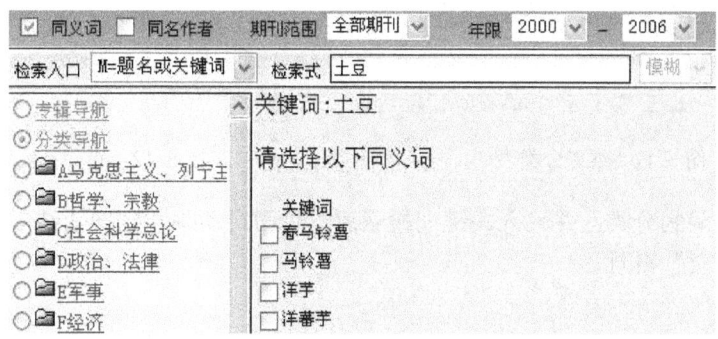

图6-9 同义词检索

同名作者:勾选页面左上角的"同名作者"复选框,选择检索入口为"作者",输入检索式"张三",单击"搜索",即可找到以张三为作者的作者单位列表,如图6-10所示,用户可以查找需要的信息以做进一步选择。

用户登录维普网站首页,在数据库检索区单击"分类检索",即可进入分类检索页面。分类检索页面相当于提前对搜索结果进行限制,用户在搜索前可以对文章所属性质进行限制,比如用户选择经济分类,则用户在搜索栏中的文章都是以经济类为基础的文章,分类表如图6-11所示。

分类大项前的加号可以单击进行扩展,用户可以根据检索需要,勾取所需要的分类,单击"添加"按钮,即可将限制分类选取在搜索页中的"所选分类"之中。用户还可以使用双击或单击"删除"按钮来删除不需要的分类限制,如图6-12所示。

155

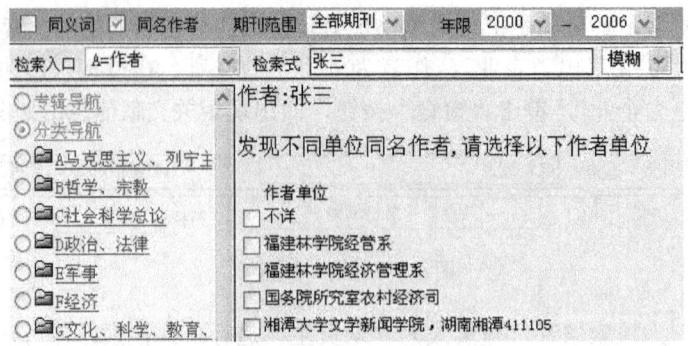

图 6-10 同名作者检索

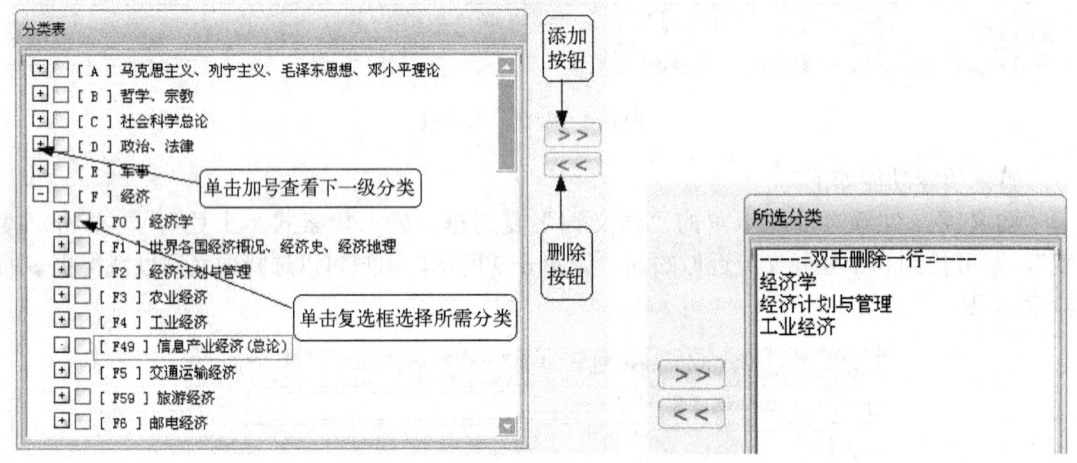

图 6-11 维普分类表　　　　　　　图 6-12 删除不需要的分类限制

用户在选定限制分类，并输入关键词检索后，页面自动跳转到搜索结果页，后面的检索操作与"快速检索"相同。

（2）期刊导航

用户登录维普网站首页，在数据库检索区单击"期刊导航"，即可进入期刊导航页面。期刊导航以三种搜索方式来查看所需期刊。

1）期刊搜索：用户如果知道准确的刊名或 ISSN 号，在输入框中输入刊名或 ISSN 号，单击"搜索"，即可进入期刊名列表页。用户只需单击相应刊名即可进入期刊内容页，期刊导航如图 6-13 所示。

2）按字母顺序搜索：用户单击字母 A，即可列出以拼音字母 A 为首字母的所有期刊列表。如图 6-14 所示。

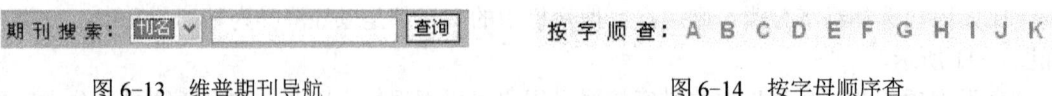

图 6-13 维普期刊导航　　　　　　　图 6-14 按字母顺序查

3）期刊学科分类导航：用户可以根据学科分类来查找需要的期刊。单击下面的学科分类，即可列出该学科分类下的所有期刊的刊名。期刊学科分类导航如图 6-15 所示。

例如，以按字顺查为例，单击字母D，如图6-16所示。

图6-15　期刊学科分类导航　　　　　　　图6-16　单击字母D

列出所有首字母为D的期刊名称，选取其中一本"电影"，如图6-17所示。

图6-17　选取"电影"

进入《电影》期刊首页，用户可以根据范围在期刊内查找所需要的数据，直接单击"查找"，可以显示该期刊所有的文章；也可以根据卷期浏览期刊，如图6-18所示。

图6-18　检索《电影》期刊文章

输入"明星"进行检索后，页面自动跳转到搜索结果页，后面的检索操作与"快速检索"相同，如图6-19所示。

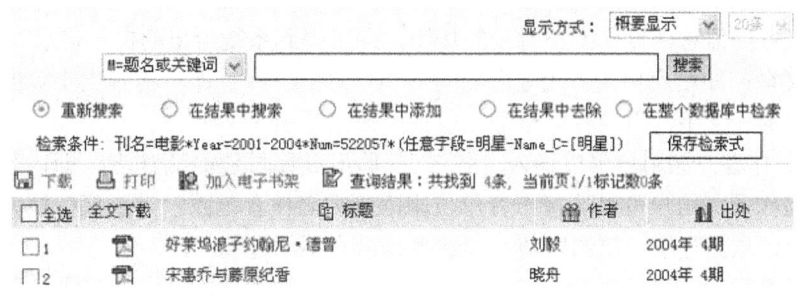

图6-19　查询"明星"结果

（3）高级检索

用户登录维普网站首页，在数据库检索区单击"高级检索"，即可进入高级检索页面。高级检索提供了两种方式供读者选择使用：向导式检索和直接输入检索式检索。

1）向导式检索。

向导式检索为读者提供分栏式检索词输入方法。可选择逻辑运算、检索项、匹配度，还

157

可以进行相应字段扩展信息的限定，最大程度地提高"检准率"。

① 检索规则。

向导式检索的检索操作严格按照由上到下的顺序进行，用户在检索时可根据检索需求进行检索字段的选择。

② 逻辑运算符。

逻辑运算符见表 6-1。

表 6-1　逻辑运算符对照表

逻辑运算符	逻辑运算符	逻辑运算符
*	+	-
并且、与、and	或者、or	不包含、非、not

在检索表达式中，以上运算符不能作为检索词进行检索，如果检索需求中包含有以上逻辑运算符，则需调整检索表达式，用多字段或多检索词的限制条件来替换掉逻辑运算符号。例如，如果要检索 C++，可组织检索式(M=程序设计*K=面向对象)*K=C 来得到相关结果。

③ 检索字段代码。

检索字段代码见表 6-2。

表 6-2　检索字段代码对照表

代码	字段	代码	字段
U	任意字段	S	机构
M	题名或关键词	J	刊名
K	关键词	F	第一作者
A	作者	T	题名
C	分类号	R	文摘

④ 扩展功能。

如图 6-20 所示，图中所有按钮均可以实现相对应的功能。用户只需要在前面的输入框中输入需要查看的信息，再单击相对应的按钮，即可得到系统给出的提示信息。

查看同义词：如用户输入"土豆"，单击"查看同义词"，即可检索出土豆的同义词：春马铃薯、马铃薯、洋芋，用户可以全选，以扩大搜索范围。

同名/合著作者：如用户可以输入"张三"，单击查看同名/合著作者，即以列表形式显示不同单位同名作者，用户可以选择作者单位来限制同名作者范围。为了保证检索操作的正常进行，系统对该项进行了一定的限制：勾选数据最多不超过 5 个。

查看分类表：用户可以直接单击该按钮，会弹出分类表页，操作方法同分类检索。

查看相关机构：如用户可以输入"上海电力学院"，单击"查看相关机构"，即可显示与上海电力学院相关的机构。为了保证检索操作的正常进行，系统对该项进行了一定的限制：勾选数据最多不超过 5 个。

期刊导航：单击"期刊导航"按钮，即进入期刊导航检索页面。

⑤ 扩展检索条件。

用户可以单击"扩展检索条件"，以进一步地减小搜索范围，获得更符合需求的检索结果。用户可以根据需要，以时间条件、专业限制、期刊范围进一步限制范围，如图 6-21 所示。

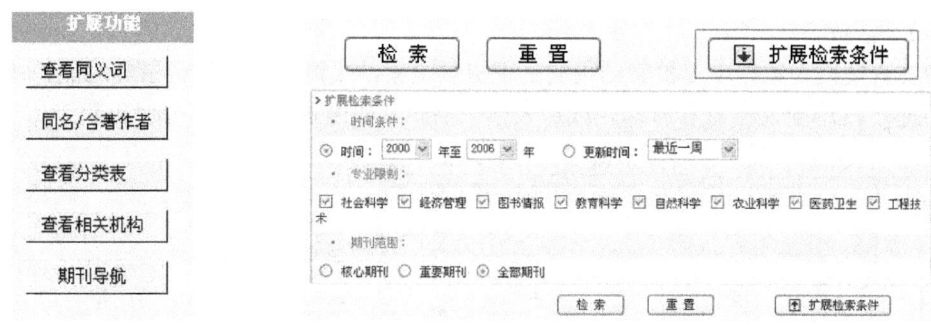

图 6-20　扩展功能　　　　　　　图 6-21　扩展检索条件

2）直接输入检索式检索。

① 检索界面：用户可在检索框中直接输入逻辑运算符、字段标识等，单击"扩展检索条件"并对相关检索条件进行限制后单击"检索"按钮即可。如图 6-22 所示。

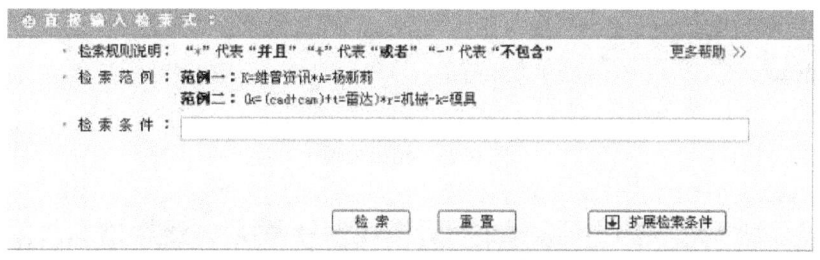

图 6-22　直接输入检索式检索界面

检索式输入有错时检索后会返回"查询表达式语法错误"的提示，看见此提示后需使用浏览器的"后退"按钮返回检索界面，重新输入正确的检索表达式。

② 扩展检索条件：与"向导式检索"相同。

③ 检索规则。

逻辑运算符：见表 6-1。

检索代码：见表 6-2。

检索优先级：无括号时逻辑与"*"优先，有括号时先括号内后括号外。括号（）不能作为检索词进行检索。

④ 检索范例。

范例一：K=维普资讯*A=杨新莉

此检索式表示：查找关键词中含有"维普资讯"并且作者为"杨新莉"的文献。

范例二：(k=(CAD+CAM)+T=雷达)*R=机械-K=模具

此检索式表示：查找文摘含有机械，并且关键词含有 CAD 或 CAM，或者题名含有"雷达"，但关键词不包含"模具"的文献。

此检索式也可以写为：

　　　　　((K=(CAD+CAM)*R=机械)+(T=雷达*R=机械))-K=模具

或者

　　　　　(K=(CAD+CAM)*R=机械)+(T=雷达*R=机械)-K=模具

（4）结果处理

中文科技期刊数据库对检索结果的处理提供检索结果浏览、标记记录等功能。还可对检索结果进行 PDF 全文下载、打印，或加入电子书架。如图 6-23、图 6-24 所示。

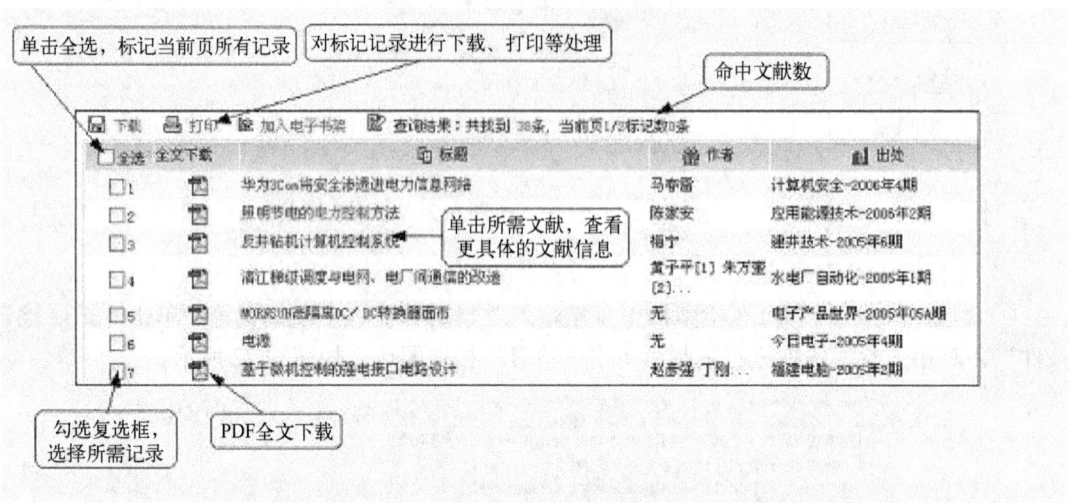

图 6-23　结果处理 1

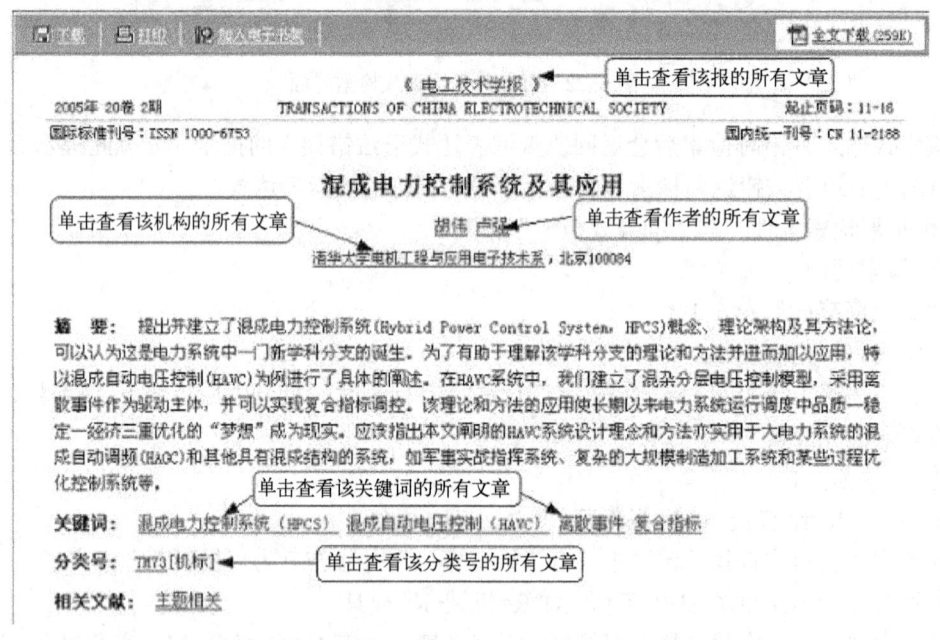

图 6-24　结果处理 2

2．中国知网数据库（CNKI）检索

（1）中国知网数据库简介

中国知识基础设施工程（China National Knowledge Infrastructure，CNKI），是以实现全社会知识信息资源共享为目标的国家信息化重点工程，被国家科技部等五部委确定为"国家

级重点新产品重中之重"项目。

CNKI 工程于 1995 年正式立项。其内容涵盖了我国自然科学、工程技术、人文与社会科学期刊、博硕士论文、报纸、图书、会议论文等公共知识信息资源；用户遍及全国和欧美、东南亚、澳洲等各个国家和地区，实现了我国知识信息资源在互联网条件下的社会化共享与国际化传播，使我国各级各类教育、科研、政府、企业、医院等各行各业获取与交流知识信息的能力达到了国际先进水平。其包括如下数据库。

1)《中国学术期刊网络出版库（CAJD)》是目前世界上最大的连续动态更新的中文期刊全文数据库。收录 1915 年至今约 7994 种期刊全文。截至目前，累积全文文献 4200 多万篇。

2)《中国博士学位论文全文数据库（CDFD)》是目前国内相关资源最完备、高质量、连续动态更新的中国博硕士学位论文全文数据库，截至目前，已累积博硕士学位论文 24 万余篇。

3)《中国重要会议论文全文数据库（CPCD)》收录我国 1999 年以来国家二级以上学会、协会、高等院校、科研院所、学术机构等单位的论文集。截至目前，累积会议文献 173 万余篇。

4)《中国重要报纸全文数据库（CCND)》收录国内重要报纸刊载的学术性、资料性文献的连续动态更新的数据库。截至目前，已积累文献 1000 多万篇。

（2）中国知网操作指南

1）初次使用。

如果初次使用 CNKI 网资源平台，需做以下事情：下载 CAJ Viewer 全文浏览器或 Adobe Reader 浏览器，有其中任何一个即可。因为 CNKI 数字图书馆的文献资源有 CAJ 格式和 PDF 格式两种，可以选择任何格式。CAJ 全文浏览器比 Adobe Reader 浏览器功能更强，建议使用 CAJ 全文浏览器（可在下载中心页面下载）。如图 6-25 所示。

图 6-25 中国知网下载 CAJ 全文浏览器和 Acrobat 浏览器界面

2）单库检索。

以期刊检索为例，其界面如图 6-26 所示。在分类检索中，可以通过导航逐步缩小范围,最后检索出某一知识单元中的文章。例如,利用分类导航,基础科学—数学—数学概论—数学范畴,可以直接检出其中的文章,如图 6-27 所示。

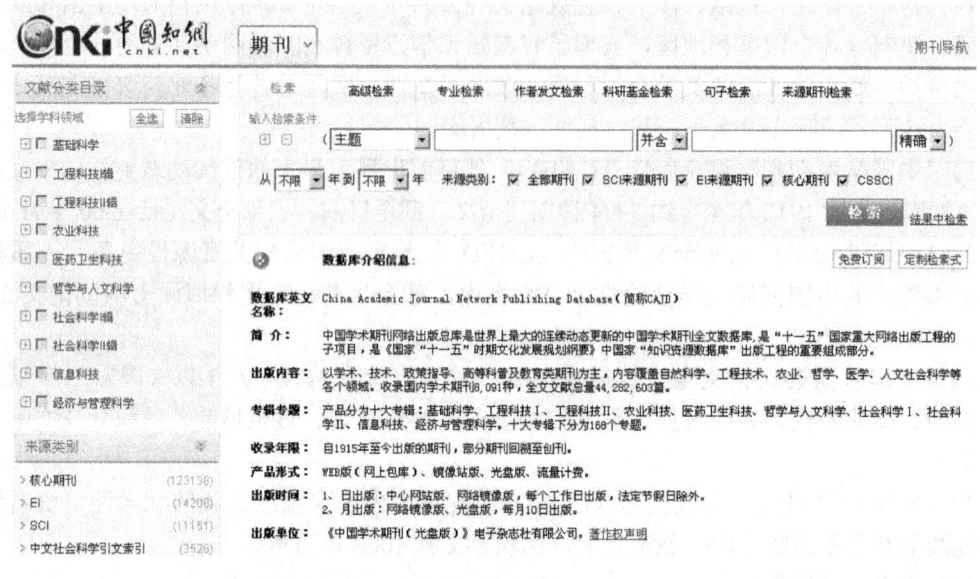

图 6-26 单库检索

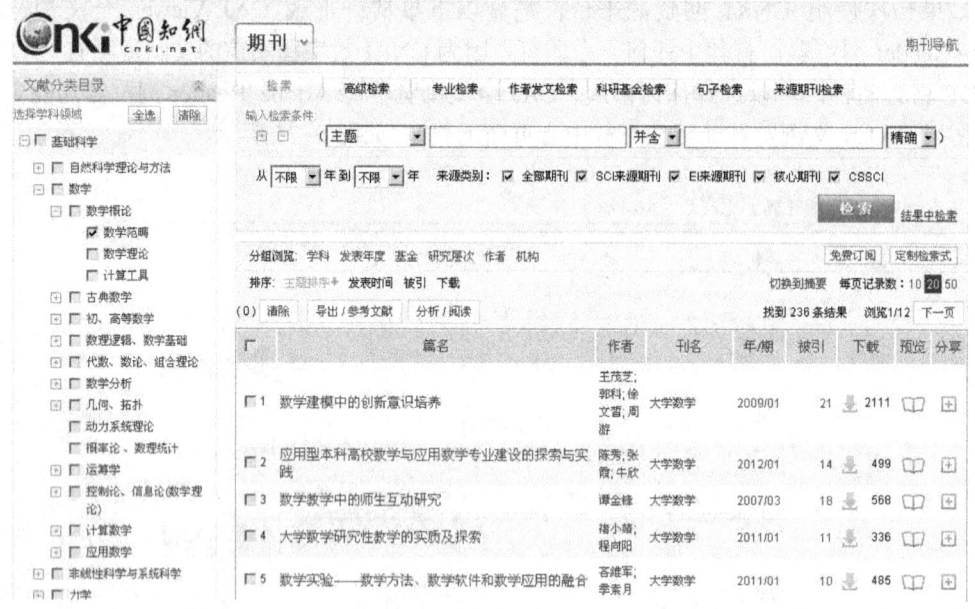

图 6-27 检索结果

3)跨库检索。

如图 6-28 所示。跨库检索使用户不必考虑各个数据库不同的接口和检索后台。当用户在知识网络服务平台的数据库列表中勾选需要的数据库时,在列表的右上角会将用户选好的数据库列出,单击"跨库选择"选项将开始跨库检索。

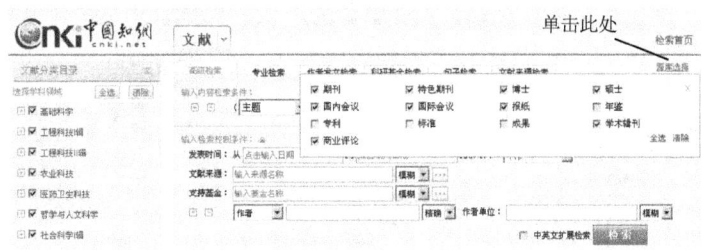

图 6-28 跨库检索

4）初级检索。

如图 6-29 所示。

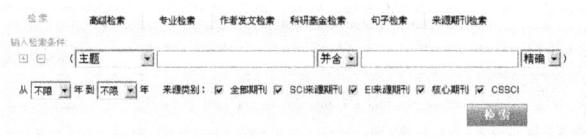

图 6-29 初级检索

① 检索项：检索项是动态显示的，检索项中下拉列表的名称是从所选数据库的检索点中汇集的共性检索点，选择不同数量的数据库，下拉列表中所显示的检索项名称有可能不同。

a．篇名、关键词、摘要、参考文献，指其中包含输入检索词的记录。

b．作者、第一作者，默认是作者，如果选择第一作者，就只在第一作者字段中检索。

c．来源，在来源中检索。

d．作者单位、基金，指可在作者单位和基金之一中检索。

e．全文，指在全文中检索。

f．智能检索，即 ffd 字段检索，是系统根据文章所在刊是否核心刊以及统计出的文章下载次数及被引用次数，得出文章相关性与重要性排序，进行相似检索。

② 排序。

无：按文献入库时间顺序输出。

相关度：按词频、位置的相关程度从高到低顺序输出。

③ 匹配。

精确：检索结果中含有与检索词完全匹配的词语。

模糊：检索结果包含检索词或检索词中的词素。

④ 排重。

不排重：检索结果直接列表输出。

题名排重：对检索结果中的题名进行去重后输出。

⑤ 检索其他说明：在 CNKI 数据库中，题名、关键词、摘要、参考文献、全文等检索项按词检索；在其他数据库中，有可能按字进行检索。

示例：

第一项中，题名、关键词=人才；第二项中，第一作者=王大中；第三项中，来源=清华大学。

5）高级检索。

如图 6-30 所示。

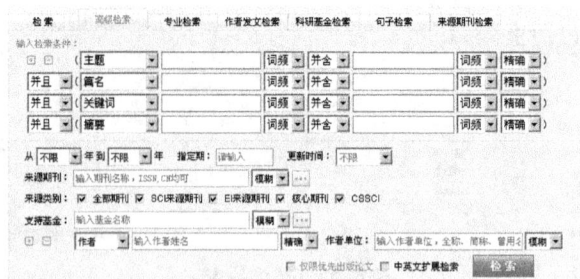

图 6-30 高级检索

① 逻辑：所有检索项按"并且""或者""不包含"三种逻辑关系进行组合检索；这三种逻辑关系的优先级相同，即按先后顺序进行组合。

② 检索项：检索项是动态显示的，检索项中下拉列表的名称是从所选数据库的检索点中汇集的共性检索点，选择不同数量的数据库，下拉列表中所显示的检索项名称有可能不同；检索项名称在下拉列表中显示。

③ 词频：指检索词在相应检索项中出现的频次。词频为空，表示至少出现 1 次；如果为数字，例如 3，则表示至少出现 3 次；以此类推。

④ 关系：指同一检索项中两个检索词之间的关系，可选择"+"（或者）、"-"（不包含）、"*"（并且）逻辑运算以及同句、同段等关系。

⑤ 检索词：在 CNKI 数据库中，题名、关键词、摘要、参考文献、全文等检索项按词检索；在其他数据库中，有可能按字进行检索。

⑥ 排序：可按时间、相关度进行排序。最早的文献、相关度最高的文献在前。

⑦ 匹配：包括精确检索与模糊检索。

精确检索：检索结果中包含检索词的原形。

模糊检索：检索结果中包含检索词中所含各词素。模糊检索只在同段落检索。

例如，以"超导器件"进行检索。精确检索，检索无记录；模糊检索结果为："用于微波器件的大面积 YBCO 超导薄膜"。

示例：

第一行中，检索项=摘要，检索词=超导，词频=2，关系="*"，第二个检索词=器件，词频=3；

表示要检索在"摘要"中"超导"至少出现 2 次，同时"器件"至少出现 3 次的文献。

6）专业检索。

如图 6-31 所示。

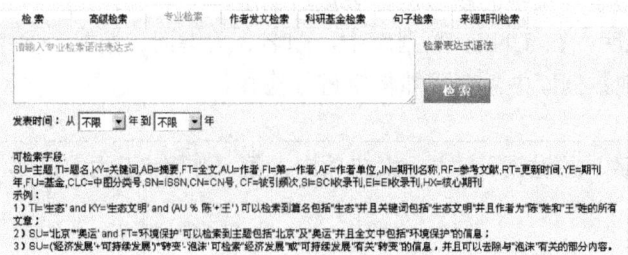

图 6-31 专业检索

① 单一检索项多条件检索：可指定多个检索词或检索表达式，使用"+"（或者）、"-"（不包含）、"*"（并且）三种逻辑运算进行组合。可以单独或组合使用运算符构造表达式。检索语法表见表6-3。

表6-3 检索语法表

检索项类型	检索运算符	检索含义
数值类型	OP value	OP 是运算符，可以是 > < = >= <=，分别表示查找大于、小于、等于、大于等于、小于等于 value 的记录
字符类型 （单位、作者、来源、基金、第一作者）	OP value	OP 是运算符，可以是 > < = >= <=，分别表示查找大于、小于、等于、大于等于、小于等于 value 的记录
	= value?	前方一致匹配（检索控制字符? 前后不可以有空格）
	= value1?value2	value1 和 value2 之间必须间隔一个字（字符/汉字），与 value1 前方一致，并且 value1 与 value2 间相隔一个字（字符/汉字）（检索控制字符? 前后不可以有空格）
	= value1?..?value2	value1 和 value2 之间必须间隔多个字（字符/汉字），一个? 对应一个字； 与 value1 前方一致，并且 value1 与 value2 间有多少个?，value1 与 value2 间就相隔多少个字（字符/汉字）
	= value1*value2	value1 和 value2 之间可间隔任意多个字（字符/汉字）； 与 value1 前方一致，value1 与 value2 间隔任意字符
	= ?value	包含 value（通过扫描检索，速度很慢）
文本类型 （题名、摘要、参考文献、关键词、全文、主题）	= str	包含 str
	% str	表示模糊匹配检索，在一段相邻的内容中包含 str 中所有的词（字），而不管这些词的前后顺序
	= 'str1 # str2'	str1 与 str2 同句（检索控制字符 # 前后都至少有一个空格）
	= 'str1 % str2'	str1 与 str2 同句，且 str1 在 str2 前面（检索控制字符%前后都至少有一个空格）
	= 'str $ N'	str 须出现 N 次以上（N 为数字，N>0），检索控制字符 $ 前后都至少有一个空格
	= 'str1 /NEAR N str2'	str1 与 str2 在同一句中，且相隔不超过 N 个字符检索控制字符，/NEAR 前后都至少有一个空格
	= 'str1 /PREV N str2'	str1 与 str2 在同一句中，且 str1 在 str2 前不超过 N 个字符，检索控制字符/PREV 前后都至少有一个空格
	= 'str1 /SEN N str2'	str1 与 str2 在同一段中，且相隔不超过 N 个句子，检索控制字符/SEN 前后都至少有一个空格

例如，要检索"题名"中同时包含"超导"和"器件"的文献，可以输入：题名=超导*器件。

② 多个检索项同时检索：表达式可使用"AND""OR""NOT"逻辑运算符进行组合。这三种逻辑运算符的优先级相同。如果要改变组合的顺序，可以使用圆括号"()"将条件括起来。

③ 符号：所有符号和英文字母（包括表6-3所示操作符），都必须是英文字符，也就是说，必须使用半角字符。

④ 检索项：包括题名、关键词、摘要、主题、作者、机构、第一作者、全文、来源、参考文献、基金。

示例1

检索表达式：题名=薄膜 OR 摘要%超导器件 AND（作者=赵钱孙 OR 机构=物理）NOT 来源=中国科学

检索意图：题名中有"薄膜"并且作者中有"赵钱孙"，或者题名中有"薄膜"并且机

165

构中有"物理",还要在摘要中对"超导器件"进行模糊检索的同时,排除来源中含有"中国科学"的条件。

示例 2

检索表达式:摘要%文物保护*'历史$2'

检索意图:在摘要中对"文物保护"进行模糊检索,同时要求摘要中还包含至少 2 个"历史"。

7)文章下载。

检索浏览到符合检索意图的文章后,即开始下载。

① 在概览界面中,单击文章前面的下载图标(蓝色小磁盘图标),开始下载,如图 6-32 所示。

单击"打开"按钮,直接浏览全文(不推荐)。建议单击"保存"按钮,保存到本地磁盘,然后双击打开浏览全文。

② 在浏览界面中,选择下载方式(CAJ 格式和 PDF 格式)。单击"下载"按钮完成下载(操作同上)。注意:在下载文章之前,必须先下载安装 CAJ 浏览器。否则下载会失败。

(3)问题解答

1)检索问题。

① 如何检索到自己需要的文章。

方法有多种,不同的用户会有自己中意的方法。这里介绍两种常用的常规检索方法:逐步逼近和多重限定(例如,当想要查找关于利用卫星通信或网络进行多媒体远程教育方面的文章时,可以进行如下操作),进入要进行检索的数据库后,会看到如图 6-33 所示界面。

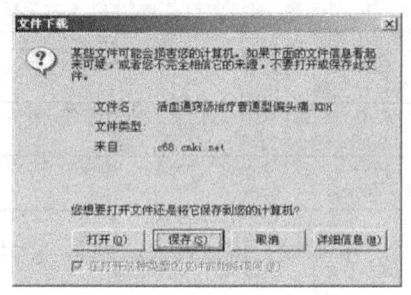

图 6-32 文章下载

图 6-33 常规检索方法步骤 1

先在"篇名"字段中输入"卫星",检索后发现有上万条结果,这时的检索界面中会自动出现"在结果中检索"选项,如图 6-34 所示。

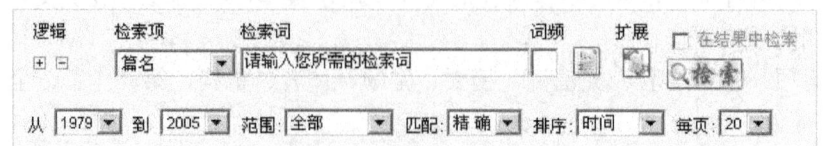

图 6-34 常规检索方法步骤 2

通过"在结果中检索"选项来逐步逼近最终目标;可以再在"篇名"字段选项中输入"网络",勾选在"结果中检索"复选框后进行检索,就能找出上百篇文章,如果觉得范围还是太大，可以继续在“篇名”字段选项中输入“多媒体”，如图 6-35 所示。

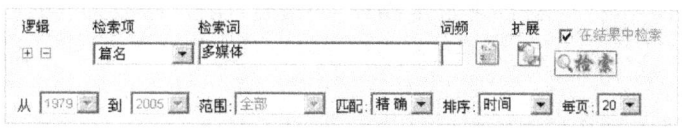

图 6-35　常规检索方法步骤 3

勾选“在结果中检索”复选框后进行检索，直到得到需要的文章，如图 6-36 所示。

	篇名	作者	机构	中文刊名	年/期
1	一种新颖的用于宽带多媒体卫星网络的调度策略	王凯东 ，易克初	西安电子科技大学综合业务网国家重点实验室	西安电子科技大学学报	2004/05
2	卫星多媒体数据广播业务分析及实现	兰杰 ，张路	北京市通信公司大客户中心传媒部	电信建设	2004/04
3	宽带多媒体卫星通信的发展	王燕 ，伍博	河南师范大学物理与信息工程学院	河南师范大学学报（自然科学版）	2004/03
4	多媒体技术在金融卫星通信网中的应用	李凤	中国人民银行清算总中心	中国金融电脑	2004/08
5	车载Ku频段多媒体宽带卫星移动通信系统	田斌 ，陈文汉		通信与信息技术	2004/03
6	中国教育卫星宽带多媒体传输网用户管理系统的应用	季静 ，梅宝富	中国教育卫星宽带传输网	有线电视技术	2004/08
7	卫星数字多媒体广播业务	沈春华	SK电讯（中国）高级分析师	中国数据通信	2004/05
8	卫星多媒体传输系统研究	卢洪武	山东师范大学传播学院 250014	山东师范大学学报（自然科学版）	2004/02

图 6-36　检索结果

单击“逻辑”选项下的添加⊞或减少⊟图标，可以任意地控制检索的限定范围；例如当并不确切地知道我们要检索的文章的篇名时，可以将要了解的词用“与”“或”的关系组合来尝试检索，如图 6-37 所示。

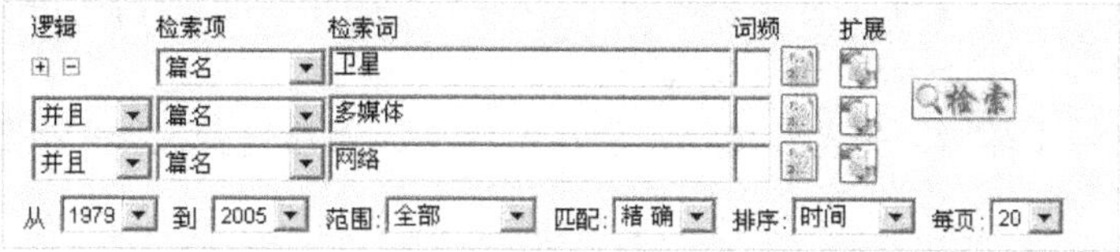

图 6-37　常规检索方法的逻辑选项的利用

② 最大并发用户数问题。

登录时如果报“最大并发用户数已满，请稍候”，是由于这时使用同一账号的人数已达到最高并发数造成的。用户可以稍后再进行检索。如果这种情况经常发生，用户可以向管理员反映，考虑增加并发用户数。

2）下载问题。

① 是否保存了.caa 链接文件，就可以在任何计算机上上网查看这篇文章呢？

可以。流量计费用户多次打开不再收取费用，但是要求使用.caa 的计算机必须在使用过程中能够连接 Internet，必须下载并安装 CNKI 全文浏览器 CAJViewer。

② 如果下载的文件为 ASP 文件怎么办？

这是由于操作流程错误造成的，可能是在下载前未安装 CAJ 浏览器或者文件类型未注册。这时需要重新建立“文件类型关联”，打开 CAJ 全文浏览器，在“工具”→“文件类型关联"中将默认选项重新应用即可。如仍未解决，则用 UltraEdit 打开文件，看开始的几个字节，如果是 KDH，则把扩展名改为 KDH；如果是 NH，则改为 NH；看不出来则改成 CAJ；博/硕士论文改为 CAA。如果已经尝试更改文件扩展名等方法仍无法打开，那么就需要重新下载。

③ 如何提取文章中的文本信息？

CNKI 全文数据库中的数据分为电子版和扫描版两种。对于电子版的文章，用户可以像处理其他格式文档一样对文章中的文字、公式、图表或图片任意复制；对于扫描版的文章，用户需要用 OCR 识别功能对文字进行识别后再复制，也可以将文章作为图片复制到其他文档中。

④ 如何降低识别错误率？

a. 确认 CAJViewer 浏览器为最新版本。

b. 打开 CAJ 浏览器上方任务栏中"工具"选项中的"设置"，选取"使用默认字符集"。

c. 打开 CAJViewer，选择工具栏内的"工具"→"设置"→"浏览"（将选项内"平滑文本"前的√去掉）。

d. 将显示器的分辨率调低。

e. 如果在 CAJ 浏览器中复制的文字粘贴到 WORD 或记事本中显示乱码，需使用最新版本 CAJ 浏览器或者在复制的同时打开中文输入法。

⑤ 浏览原文出现乱码怎么办？

a. 首先检查程序的版本，如果安装的程序版本较低，需到 www.cnki.net 下载最新版本的 CAJ 浏览器。

b. 打开 CAJViewer，选择工具栏内的"工具"→"设置"→"浏览"（将选项内"平滑文本"前的√去掉）。

c. 检查系统的字体目录，看是否有以"CAJ"开头的字体文件，如有，按〈F5〉刷新显示；如无，重新安装最新版本全文浏览器。

d. 如果是非中文环境，先至少安装一种中文字体，然后设置 CAJ 浏览器的默认字体为中文字体。

e. 在 BIG5 环境下，选择默认字体，最好设置"细明"为中文字体，不要设置楷体等其他字体。

f. 如果还有乱码，需登录 http://www.cnki.net，单击"客服中心"→"软件下载"→"CAJ 浏览器"→"浏览器字体补丁"，下载字体安装包"font.zip"，解压后安装即可。重新启动计算机，用 CAJ 浏览器再阅读乱码全文。

⑥ 为什么浏览正常，但打印是乱码？

a. 降低打印机的分辨率，可以在打印机属性中进行更改："控制面板"→"打印机"→"属性"→"打印首选项"→"打印质量"→"详细资料"→"输出设置"（更改降低分辨率）。

b. 查看 CAJ 的安装目录，看是否有 debug.ini 文件，看文件中是否有 EnableImagePrint=1 一行，可以把 1 改成 0。

⑦ 博/硕士论文在线浏览时，浏览器提示"目标地址不可到达"？

这是由于在客户端安装了防火墙软件，而防火墙软件对 CAJViewer 的数据包进行拦截造成的。在防火墙设置时必须允许 CAJViewer 的数据包的流通，不能对 CAJViewer 的数据包进行拦截设置。

3．万方数据库——万方数据知识服务平台

（1）数据库介绍

万方数据资源系统是中国科技信息研究所、万方数据集团公司开发的网上数据库联机检索系统，该系统包括三个子系统，即科技信息子系统、商务信息子系统和数字化期刊子系统。其中科技信息子系统汇集科技文献类、科技动态类、标准及法规类、成果与专利类、机构和名人类以及工具书类数据库近百种，信息总量达 1100 多万条；商务信息子系统包括工商资讯、经贸信息、成果专利、咨询服务等内容，其主要产品《中国企业、公司及产品数据库》收录 96 个行业近 20 万家企业的详细信息；数字化期刊子系统收纳了理、工、农、医、人文 5 大学科 70 余个类目的 2500 种期刊。

万方数据库类型丰富，尤以理工类文献为特色；还可提供很多实用生活方面的信息，如院校信息、医药信息、交通旅游信息、商品和通讯信息等，可适合不同层次读者的需求。

1）基本介绍，其数据库界面如图 6-38 所示。

图 6-38 万方数据库界面

① 万方期刊：集纳了哲学政法、社会科学、经济财政、教科文艺、基础科学等 8 大类 94 个类目共 8430 种科技类期刊全文。

② 万方会议论文：《中国学术会议论文全文数据库》是国内唯一的学术会议文献全文

数据库，主要收录 1998 年以来国家级学会、协会、研究会组织召开的全国性学术会议论文，数据范围覆盖自然科学、工程技术、农林、医学等领域，是了解国内学术动态必不可少的帮手。

《中国学术会议论文全文数据库》分为两个版本：中文版和英文版。其中，"中文版"所收会议论文内容是中文；"英文版"主要收录在中国召开的国际会议的论文，论文内容多为英文。

③ 万方科技信息数据库包含内容如下。

a．专利技术：内容为国内外的发明、实用新型以及外观设计。

b．中外标准：内容为国家技术监督局、建设部情报所等提供的中国国家标准、建设标准、建材标准、行业标准、国际标准、国际电工标准、欧洲标准以及美、英、德、法国国家标准和日本工业标准等。

c．科技成果：包括国内科技成果及国家级科技计划项目。

d．机构：包括我国著名科研机构、高等院校、信息机构的信息。

④ 万方学位论文。

万方学位论文库（中国学位论文全文数据库），是万方数据股份有限公司受中国科技信息研究所（简称中信）委托加工的数据库，该数据库收录我国各学科领域的学位论文。

2）详细介绍。

① 《中国数字化期刊群》。

万方数据库《中国数字化期刊群》是我国最核心的数字化期刊出版联盟，以核心期刊为主线，内容涵盖医药卫生、工业技术、农业科学、基础科学、社会科学、经济财政、科教文艺、哲学政法等各个学科领域，近 100 个类目的 8000 多种期刊，基本包括了我国文献计量单位中自然科学类统计源期刊和社会科学类核心源期刊，是核心期刊测评和论文统计分析的数据基础，完全能满足学校的教学和科研工作。

② 《中国学位论文全文数据库》。

《中国学位论文全文数据库》是国内数据量最大的学位论文全文数据库，论文来源于国家法定的论文收藏单位——中国科技信息研究所，收录我国近 600 所大学，中科院、工程院、农科院、医科院、林科院等学位授予单位的硕士、博士论文全文已达 92 万多册，在 211 院校及全国高校重点学科领域具有独到的优势。学位论文内容涵盖了人文、数理、经济、法律、生物、医药、卫生、农林、工业技术、环境、社科等学科领域，年增加论文约 10～15 万册。

③ 《中国学术会议论文全文数据库》。

《中国学术会议论文全文数据库》是国内领先的学术会议文献全文数据库，数据范围覆盖自然科学、工程技术、农林、医学、人文社科等领域，是了解国内学术动态必不可少的帮手，数据量已近 300 万篇，主要收录由国家级学会、协会、研究会组织、部委、高校召开的全国性学术会议论文。

④ 《NSTL 外文文献数据库信息检索服务平台》。

《NSTL 外文文献数据库信息检索服务平台》是万方数据联合国家科技图书馆文献中心开发的外文文献数据库信息检索服务平台，该平台包括世界各国出版的近 18000 余种重要学术期刊和世界各主要学会、协会、出版机构出版的学术会议论文 2500 多万篇。

⑤《发明专利数据库》。

收录从 1985 年至今授理的全部发明专利、实用新型专利、外观设计专利数据信息，包含专利公开（公告）日、公开（公告）号、主分类号、分类号、申请（专利）号、申请日、优先权等数据项。数据量已近 4500 万条。

⑥《国家科技成果》。

数据来自各省科技、各部委科技司；行业协会；中科院、农科院、医学院、林科院；国家重点实验室；部分重点大学；国家企业技术中心。科技成果数据共 822264 项，每年新增 5 万项。将所有科技成果数据分别按照年份、行业进行分类统计。

⑦《科技信息子系统》。

中国唯一完整的科技信息群。它汇集中国学位论文文摘、会议论文文摘、科技成果、专利技术、标准法规、各类科技文献、科教机构、科技名人等近百个数据库，其上千万的海量信息资源，为广大科研单位、公共图书馆、科技工作者、高校师生提供最丰富、最权威的科技信息。

⑧《法律法规数据库》。

该库包括自 1949 年以来全国人大及其常委会颁布的法律、条例及其他法律性文件；国务院制定的各项行政法规，各地地方性法规和地方政府规章；最高人民法院和最高人民检察院颁布的案例及相关机构依据判案实例做出的案例分析，司法解释，各种法律文书，各级人民法院的裁判文书；国务院各机构，中央及其机构制定的各项规章、制度等；工商行政管理局和有关单位提供的示范合同式样和非官方合同范本；外国与其他地区所发布的法律全文内容，国际条约与国际惯例等全文内容，是比较全面、实用的法律法规全文数据库。

⑨《中国企业、公司与产品数据库》。

《中国企业、公司及产品数据库》始建于 1988 年，由万方数据联合国内近百家信息机构共同开发。十几年来，CECDB 历经不断的更新和扩充，已收录 96 个行业近 20 万家企业的详尽信息，是国内外工商界了解中国市场的一条捷径。CECDB 的用户已经遍及北美、西欧、东南亚等 50 多个国家与地区，主要客户类型包括：公司企业、信息机构、驻华商社、大学图书馆等。国际著名的美国 DIALOG 联机系统更将 CECDB 定为中国首选的经济信息数据库，而收进其系统向全球数百万用户提供联机检索服务。《中国企业、公司及产品数据库》的信息全年 100%更新，提供多种形式的载体和版本。

⑩《中外标准数据库》。

《中外标准数据库》由中国标准化研究院提供，记录了标准文本的关键著录信息。该库收录了国内外的大量标准，包括中国国家标准、相关行业标准、计量规范规程及安全生产规范等；收录了国际标准数据库，美、英、德等的国家标准，以及国际电工标准；还收录了某些国家的行业标准，如美国保险商实验所数据库、美国专业协会标准数据库、美国材料实验协会数据库、日本工业标准数据库等。

中外标准数据库通过及时更新，把握标准动态，对于用户了解标准文本信息、推动标准实施利用、进行中外标准对比、推动国内标准化研究与发展都具有不可忽视的作用，同时标准已经成为一项重要的技术指标而用来衡量一个国家经济技术发展水平的高低，越来越被重视，具有重要的研究和使用价值。

(2) 数据库检索指南

1) 检索方式。

① 数据库总览和选择数据库。

进入万方数据库系统后，可以首先在"科技信息子系统"中的"资源总览"页面浏览全部数据库，系统将全部 120 多个数据库划分为 12 个类目：学位论文、会议文库、科技文献、成果专利、科技名人、政策法规、中外标准、科技机构、中外期刊、商务与贸易和其他。用户可根据需要选择单个数据库检索，单击数据库名即可以进入"简单检索"页面。每个数据库的检索根据数据库的特点，略有不同。

② 分类浏览检索。"分类检索"按学科浏览和检索，进入万方数据库主页的"检索中心"即可找到此项功能。分类检索提供的分类浏览以《中国图书馆图书分类法》为基础，将全部数据库划分成工业、农业、医药和其他 4 大类，35 个子类分别如下。

工业：通信、电子、自动化、电工、化工、轻工、机械、仪表、冶金、金属学、矿业、石油、建筑、建材、动力、原子能、水利、其他工业；

农业：农业、园艺、林业、畜牧、水产；

医药：预防医学、中国医学、基础医学、临床医学、药学、其他医药；

其他：生物、交通、宇航、环保、基础科学、社会科学。

其检索步骤如下。

a. 首先选择主类目：在 35 个类目中选择检索范围，单击该类目名。

b. 再选定资源类别：包括全部资源、科技文献、会议论文、学位论文、中外标准、成果专利、政策法规、科技名人、科教机构 9 个类别。

c. 进一步确定检索范围：在所选定的子类中进一步确定检索范围，例如，在"通信"类目下又划分出 15 个子类可供选择。如果在类目的后面写有"再细分"字样，说明该类目有下一级分类，单击类目旁选择方框，表明该类目被选中，可同时选择多个类目执行检索；确定上述检索范围，输入关键词检索。

③ 字典检索（索引）。

万方部分数据库提供索引功能，以帮助用户快速浏览数据库中的内容，直接定位和检索到自己需要的信息。索引通常按检索字段名称排列和提供。

例如，在"中国企业与产品数据库"中，可以在"字典检索"功能下找到产品名称、注册资金、产品英文关键词、企业所在地区、营业额、上市代码、企业名称、职工人数、有无进出口权、机构类型、负责人、创汇额、企业性质、商标、关键词 15 个索引。举例说明如下。

用户需要浏览注册资金在 50~100 万元之间的企业，单击"注册资金"，可以看到如下结果：

50 万元以下 87059

50－100 万元 8297

100－500 万元 21382

500－1000 万元 10447

"50－100 万元"栏目后的数字表示注册资金为 50~100 万元的企业有 8297 个。在栏目前的复选框中选择，再单击"字典检索"按钮，即可以看到注册资金为 50~100 万元的全部企业名称。如果用户认为结果太多，还可以进行二次检索。

④ 简单检索。

进入系统后，在"资源总览区"单击数据库名称，即进入"简单检索"页面。

不同的数据库可选择不同的检索入口，例如，中国学术会议论文库：全文、题名、作者、分类号、关键词、文摘、母体文献（来源文献）、会议名称、主办单位、会议时间、会议地点；中国企业与产品数据库：全文、企业名称、负责人、经营范围、地址、产品信息、关键词、英文关键词、企业性质、上市代码、机构类型、商标、企业简介等。

这两个数据库的检索途径充分体现了不同数据库信息的特点。在简单检索中可使用布尔逻辑检索。

⑤ 高级检索。

高级检索的最大特点和功能就是可在科技信息、数字化期刊、商务信息三个子系统内按类目进行跨库检索。例如在科技信息子系统中，可以按科技文献、会议论文、学位论文、中外标准、成果专利、政策法规、科技名人、科教机构等类目同时检索多个数据库，也可选择全部资源进行跨库检索。目前高级检索功能只在万方主服务器（http://www.wanfangdata.com.cn）上提供，镜像版系统均无此功能。单击"检索中心"，即可进入"资源检索"即高级检索页面。

检索步骤如下（以科技信息子系统检索为例）。

选择资源类别：包括科技文献、会议论文、学位论文、中外标准、成果专利、政策法规、科技名人、科教机构、专利技术 9 个选项。

字段选择：在选择资源类别的同时还可以选择检索字段，该项主要包括全文、题名、英文题名、并列题名、馆藏信息、责任者、团体责任者、卷期年、文摘、分类号、主题词 11 个检索字段。

选择逻辑运算符：提供逻辑与、逻辑或、逻辑非 3 个选项。

选择检索结果排序：提供升序、降序两种排序方式。

⑥ 专业检索。

专业检索类似命令检索，只在单个数据库中进行，在"资源总览"区单击数据库名称后，即进入"简单检索"页面，再单击"专业检索"即可进入专业检索界面。

2）检索技术。

精确检索（""）：可以在任一数据库的任一可检索项使用。如果检索词中含有括号、逻辑运算符或以字母、数字符号开始的检索词，则必须用双引号引起，以免引起错误。例如检索词为：中国$，其中"$"为截词符，输入时必须加入引号"中国$"，否则就会出现语法错误。

截词符（$）：若用户并不知道某一检索词的精确拼写，或只知道一个词根时，可以用"$"代替。如"中国$"，可以检索出包括"中国""中国人""中国人民"等检索词在内的记录。

布尔逻辑算符：基本的运算符有三个——"+"（逻辑或）、"*"（逻辑与）和"^"（逻辑非）。

位置算符（G）：限定两个检索词在同一字段内（即使是可重复字段也当作一个字段来处理）。例如，"信息（G）网络系统"，要求检索的记录必须在某一字段内，既含有检索词"信息"又含有检索词"网络系统"。

位置算符"·"：限定两个单汉字相邻，例如，选择《中国科技成果库》的专业检索，输入检索式"毫·米/（300）"（毫和米之间的"·"用半角输入，加空格，"300"为字段"成果名称"的字段标识符。)

3）检索结果。

数据库的检索结果是以题目形式显示，一次显示 20 条。浏览时根据需要单击所需题目，可看到该文献的题目、作者、单位、期刊出处、文摘等全部信息；也可以标记要显示详细信息的记录，然后单击"显示选择记录"，就可以一次浏览多篇详细记录。

① 显示格式。

各个数据库"选择显示格式"所给的选项不同，例如，《中国科技成果库》所给的选项主要包括：成果全部信息、成果名称、成果持有者信签、通讯录、成果简介、研制人信息等项。用户可根据需要选择显示的格式。

② 标记、保存和打印。

在题目浏览状态下，单击每个题目前的单选按钮以完成标记，在"改变显示格式"下拉菜单中选择所要的显示格式，然后单击"显示选择记录"，数据库就会按用户要求将记录以文本格式显示，在此状态下可以保存和打印。

 知识链接

中国人民大学书报资料中心

中国人民大学复印报刊资料网址为：http://ipub.zlzx.org/，首页如图 6-39 所示。

图 6-39 中国人民大学复印报刊资料首页

1. 全文数据库

该数据库囊括了人文社会科学领域中的各个学科，包括政治学与社会学类、法律类、哲学类、经济学与经济管理类、文学与艺术类、教育类、历史类、文化信息传播类以及其它类。每个类别分别涵盖了相关专题的期刊文章。

特色：以专家和学者的眼光，依循严谨的学术标准，在全面的基础上对海量学术信息进行精心整理、加工、分类、编辑，去芜存菁、优中选优，提供高质量的学术信息产品。数据信息量大，涵盖范围广，便于用户了解与自己的课题相关的研究状况，把握本领域的研究动态。

收录年限为 1995 年至今，部分专题已回溯到创刊年。数据库界面如图 6-40 所示。

图 6-40　全文数据库页面

2. 数字期刊库

本库资源以整刊形式面向读者，读者可以查看期刊封面、期号等信息，同时提供按期刊学科、期刊首字母、期刊分类号、期刊属性等不同形式的查询方式以方便读者进行资源检索。按刊物属性检索分为人大复印报刊资料系列、文摘刊系列、原发刊系列。收录年限为 1995 年至今。数字期刊库如图 6-41 所示。

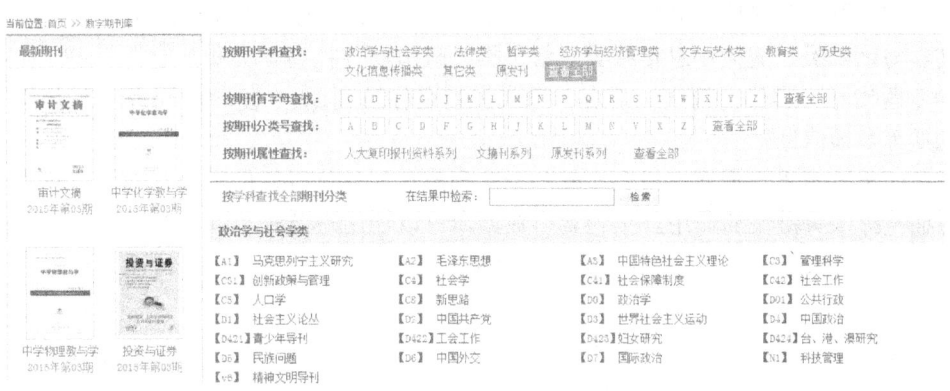

图 6-41　数字期刊库页面

3. 报刊摘要库

中文报刊资料摘要数据库是人文社科文献要点摘编形式的数据库。该数据库收集了中心出版的 14 种专题文摘，内容均为经过高等院校和研究单位的专业人员提炼和浓缩的学术资料。

特色：简明扼要地摘写文章的论点、论据和重要材料，记录科研成果，反映学术动态、积累有关数据。数据量大，涵盖范围广，便于用户了解与自己的课题相关的研究状况，把握本领域的研究动态。数据库既能通过任意词等常见字段进行检索，满足社会科学领域入门者快速获取文献信息，同时又以丰富的字段逻辑组合满足专家级的准确检索需求。对于分类号、作者、主题词、关键词、期刊等均具备无限链接功能。收录年限为 1993 年至今。报刊摘要库如图 6-42 所示。

图 6-42　报刊摘要库页面

4. 报刊索引库

该数据库为题录型数据库，汇集了自 1991 年至今的国内公开发行人文社科报刊上的全部题录。按专题和学科体系分为九大类，包括法律类、经济学与经济管理类、教育类、历史类、文学与艺术类、文化信息传播类、哲学类、政治学与社会学类和其他类。600 多万条数据包含专题代号、类目、篇名、著者、原载报刊名称及刊期、"复印报刊资料"专题期刊名称及刊期等多项信息。

特色：报刊索引数据库在报刊文献从无序到有序的转化以及促进报刊文献资源的开发与利用方面发挥着关键性的作用。报刊索引数据库可以让用户及时了解本专业的研究状况和热点问题。收录年限为 1991 年至今。报刊索引库如图 6-43 所示。

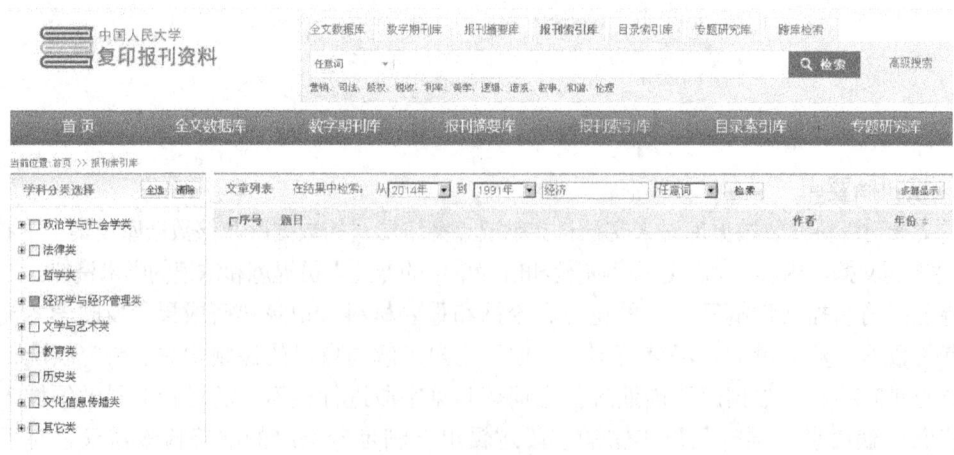

图 6-43　报刊索引库页面

5. 目录索引库

目录索引库是题录型数据库，汇集了 1978 年至今"复印报刊资料"系列期刊的全部目录，按专题和学科体系分类编排而成，累计数据达 70 多万条。每条数据包含专题代号、类目、篇名、著者、原载报刊名称及刊期、选印在"复印报刊资料"上的刊期和页次等多项信息。该数据库为订购"复印报刊资料"系列刊物的用户提供了查阅全文文献资料的得力工具。

特色：其功能大大超过传统人工索引，为科研工作提供详尽的资料，可以从中归纳出该专题的历史研究规律和趋势。收录年限为1978 年至今。目录索引库如图 6-44 所示。

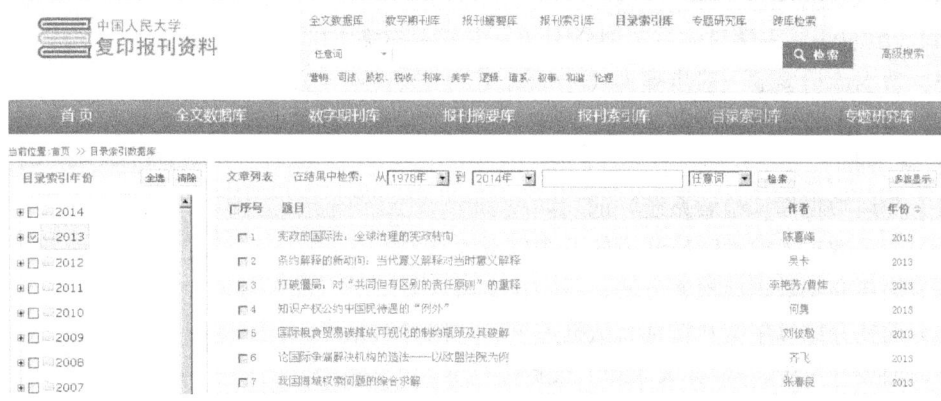

图 6-44　目录索引库页面

6. 专题研究库

专题研究库如图 6-45 所示。

图 6-45　专题研究库页面

习题

1．名词解释

（1）数据库

（2）检索语言

(3)检索技术

(4)检索语言的类型

(5)主题检索语言

(6)事实型数据库

2. 填空

(1)全文数据库的特点:(　　)、(　　)、(　　)、(　　)。

(2)事实和数值型数据库的主要特点:(　　)、(　　)、(　　)。

(3)文献数据库种类有(　　)、(　　)、(　　)。

(4)《中图法》按学科体系,划分为(　　)大部类,(　　)个类目。

(5)数据库检索的一般步骤为(　　)、(　　)、(　　)、(　　)、(　　)。

(6)数据库检索的技巧有(　　)、(　　)。

3. 简答题

(1)简述数据库(检索系统)的功能。

(2)简述数据库检索时应注意的几个问题。

(3)简要介绍数据库检索方法。

(4)简要介绍《中文科技期刊数据库》——维普数据库。

(5)简要介绍中国知网(CNKI)数据库检索。

(6)简要介绍万方数据库。

4. 操作题

(1)利用中国知网数据库的主题、篇名、作者、单位四种途径查找"于新国"关于图书馆方面的论文。

(2)利用万方数据库的高级检索功能查找某人的所有文章。

第7章 科技论文写作

7.1 科技论文概述

现代科学技术工作已经趋于综合化、社会化。一个较大的科技项目，不是一个人或几个人所能承担的；科技工作与社会各方面的联系也十分密切，没有这些联系，科技工作就寸步难行；在某一科学技术领域中往往是一群人在进行各个不同方向（或者是相同方向、相同课题）的研究，这就需要彼此联系、交流和借鉴。这种联系、交流和借鉴主要是通过科技工作者发表论文的形式进行的。论文的写作与发表，对于提高研究水平、减少无效劳动和推动科学技术发展起着不可低估的作用。科技发展史告诉我们，许多重大的发明、发现都是从继承和交流开始的，因此可以认为，科技论文写作几乎是一切科技交流的基础。科技论文写作水平的高低，往往直接影响科技工作的进展。比如一篇写得好的科研选题报告或建设项目可行性论证报告，可以促进一个有价值的科研项目或建设项目尽快上马；反之，一篇写得不好、表达不规范的论文，也将会妨碍某项科研成果得到公认，妨碍某种新理论、新方法被人们所接受，妨碍某项先进技术得到迅速推广。或者，尽管研究成果具有发表的价值，但由于文稿写作质量太差，有时也不易被期刊编辑部门所接受。因此，作为科技工作者，应当掌握科技论文写作的一般方法，了解编辑出版部门对文稿质量和规格的要求，熟悉有关的国家标准和规定，并通过写作实践，不断提高自己的写作能力，从而使自己能够得心应手地写出符合要求的论文，即学术价值或实用价值高、科学性强、文字细节和技术细节表达规范性好的科技论文，以此奉献给社会，让它们在促进学术交流和推动科学技术及经济建设的发展中发挥应有的作用。

7.1.1 科技论文的概念

科技论文的定义很多，有的简单一些，有的则比较复杂；从不同角度来看，也会有不同的说法。简单地说，科技论文是对创造性的科研成果进行理论分析和总结的科技写作文体。比较详实的定义是：科技论文是报道自然科学研究和技术开发创新工作成果的论说文章，它是通过运用概念、判断、推理、证明或反驳等逻辑思维手段，分析表达自然科学理论和技术开发研究成果的。从论文的内容这个角度来定义，将使读者对于什么样的文章才叫作科技论文有一个明确的概念，这个定义也恰恰反映了科技论文区别于其他文体的特点：科技论文是创新性科学技术研究工作成果的科学论述，是某些理论性、实验性或观测性新知识的科学记录，是某些已知原理应用于实际中取得新进展、新成果的科学总结。

科技论文的分类就像它的定义一样，有多种不同的分法。下面从两个不同的角度对科技论文进行分类，并说明各类论文的概念及写作要求。

7.1.2 科技论文的分类

科技论文就其发挥的作用来看，可分为三类：一是学术性论文，二是技术性论文，三是学位论文。

1．学术性论文

学术性论文是指研究人员提供给学术性期刊发表或向学术会议提交的论文，它以报道学术研究成果为主要内容。学术性论文反映了该学科领域最新的、最前沿的科学水平和发展动向，对科学技术事业的发展起着重要的推动作用。这类论文应具有新的观点、新的分析方法和新的数据或结论，并具有科学性。

2．技术性论文

技术性论文是指工程技术人员为报道工程技术研究成果而提交的论文，这种研究成果主要是应用已有的理论来解决设计、技术、工艺、设备、材料等具体技术问题。技术性论文对技术进步和提高生产力起着直接的推动作用。这类论文应具有技术的先进性、实用性和科学性。

3．学位论文

学位论文是指学位申请者提交的论文。这类论文依学位的高低又分为以下三种。

（1）学士论文

大学本科毕业生申请学士学位要提交的论文。工科大学生有的做毕业设计，毕业设计与科技论文有某些相同之处。论文或设计应反映出作者具有专门的知识和技能，具有从事科学技术研究或担负专门技术工作的初步能力。这种论文一般只涉及不太复杂的课题，论述的范围较窄，深度也较浅，因此，严格地说，学士论文一般还不能作为科技论文发表。

（2）硕士论文

硕士研究生申请硕士学位要提交的论文。它是在导师指导下完成的，但必须具有一定程度的创新性，强调作者的独立思考作用。通过答辩的硕士论文，应该说基本上达到了发表水平。

（3）博士论文

博士研究生申请博士学位要提交的论文。它可以是一篇论文，也可以是相互关联的若干篇论文的总和。博士论文应反映出作者具有坚实、广博的基础理论知识和系统、深入的专门知识，具有独立从事科学技术研究工作的能力，应反映出该科学技术领域最前沿的独创性成果。因此，博士论文被视为重要的科技文献。

学位论文要经过考核和答辩，因此，无论是文献综述，还是介绍实验装置、实验方法的内容都要比较详尽，而学术性或技术性论文是写给同专业的人员看的，要力求简洁。除此之外，学位论文与学术性论文和技术性论文之间并无其他严格的区别。就写作方法而论，这种分类并无太大意义，这里仅借分类说明它们各自的特点和一般写作要求。

在科学技术研究工作中，人们的研究内容和方式是不同的，有的以实验为研究手段，通过实验发现新现象，寻找科学规律，或验证某种理论和假说，总之，实验结果的科学记录和总结就是研究工作的成果；有的是先提出假说，进行数学推导或逻辑推理，或者借助数学方法作为研究的手段，用实验结果来检验理论，这类论文以论述或论证为中心，或提出新的理论，或对原有的理论做出新的补充和发展，或做出否定；有的研究对象虽然属于自然科学或工程技术范畴，但论述的方式却类似于社会科学的某些论文，即用可信的调查研究所得的事实或数据来论证新的观点。根据以上，即可按研究的方式和论述的内容对科技论文作如下分类。

（1）实（试）验研究报告

这类论文不同于一般的实（试）验报告，其写作重点应放在"研究"上。它追求的是可靠的理论依据，先进的实（试）验设计方案，先进、适用的测试手段，合理、准确的数据处理及科学、严密的分析与论证。

（2）理论推导型论文

这类论文主要是对提出的新的假说通过数学推导和逻辑推理，从而得到新的理论，包括定理、定律和法则。其写作要求：数学推导要科学、准确，逻辑推理要严密，并准确地使用定义和概念，力求得到无懈可击的结论。

（3）理论分析型论文

这类论文主要是对新的设想、原理、模型、机构、材料、工艺、样品等进行理论分析，对过去的理论分析加以完善、补充或修正。其写作要求：论证分析要严谨，数学运算要正确，资料数据要可靠，结论除了要准确之外，一般还须经实（试）验验证。

（4）设计计算

它一般是指为解决某些工程问题、技术问题和管理问题而进行的计算机程序设计；某些系统、工程方案、机构、产品的计算机辅助设计和优化设计，以及某些过程的计算机模拟；某些产品（包括整机、部件或零件）或物质（材料、原料等）的设计或调、配制等。对这类论文总的要求是相对要"新"，数学模型的建立和参数的选择要合理，编制的程序要能正常运行，计算结果要合理、准确；设计的产品或调、配制的物品要经试验证实或经生产、使用考核。

（5）专题论述

这类论文是指对某些事业（产业）、某一领域、某一学科、某项工作发表议论（包括立论和驳论），通过分析论证，对它们的发展战略决策、发展方向和道路，以及方针政策等提出新的独到的见解。

（6）综合论述

这类论文应是在作者博览群书的基础上，综合介绍、分析、评述该学科（专业）领域里国内外的研究新成果、发展新趋势，并表明作者自己的观点，做出发展的科学预测，提出比较中肯的建设性意见和建议。一篇好的综合论述，对于学科发展的探讨，产品、设计、工艺材料改进的研究，科学技术研究的选题，以及研究生学位论文的选题和青年科技人员及教师进修方向的选择等的指导作用都是很大的。对这类论文的基本要求是，资料新而全，作者立足点高、眼光远，问题综合恰当、分析在理，意见和建议比较中肯。

通过以上的两种分类，已使读者对各种各样的科技论文的概念和最基本的要求有了一个大致的了解。至于从其他角度对科技论文进行分类，如根据学科不同的分类，按作者多寡的分类，按不同文种的分类等，这里不作赘述。

7.1.3 科技论文写作与发表的意义

科技论文的写作与发表有以下几个方面的意义。

1. 科技论文的写作是科技工作者进行科学技术研究的重要手段

有的科技工作者在接受科研任务时，往往认为他们接受的只是"1项"任务即科研；实际上，他们开始就应当认为接受的是"2项"任务——科研和写作。法拉第曾说，科研过程即是"开拓，研究完成，发表"，可见写作与发表对一个科技工作者来说有多么重要。不少科研工作者往往把写作论文当作课题研究最后阶段的事来做，因而常常听到他们说："等课题完了再写吧！"其实，写论文不是为了"交差""还账"，也不只是为了发表；科技论文的写作是科学技术研究的一种手段，是科学技术研究工作的重要组成部分。最好的做法是，课题研究的开始就是论文写作的开始，即不要等课题完了才写，而应在课题研究一开始就写，因为思考一个比较复杂的问题，借助于写作效果会更好。写，就是用文字符号把思考的过程一一记录下来，让它们在纸面上视觉化，便于反复琢磨与推敲，使飘浮、抽象、混乱的思维清晰起来，变得具体化和条理化，使思维更缜密。如果把写作贯穿在整个研究工作中，边研究，边写作，则可及时发现研究工作中的不足，补充和修正正在进行的研究，使研究成果更加完善；同时也可以，激发写作灵感，导致研究方案的重大改进，从而最终提高研究成果的水平和价值。

2. 科技论文的发表可以促进学术交流

英国文学家萧伯纳曾说："倘若你有一个苹果，我也有一个苹果，而我们彼此交换，那你和我仍各有（只有）一个苹果。但倘若你有一种思想，我也有一种思想，而我们彼此交流，那我们将各有两种思想。"写作与发表的科技论文则正是科技工作者之间进行科学思想交流的永久记录，也是科学的历史，它记载了探索真理的过程，记载了各种观测结果和研究结果。科学技术研究是一种承上启下的连续性的工作，一项研究的结束可能是另一项研究的开始。因此，科技工作者通过论文写作与发表进行的学术交流，能促进研究成果的推广和应用，有利于科学事业的繁荣与发展。

3. 科技论文的写作与发表有利于科学积累

科技论文写作是信息的书面存储活动，通过论文的写作与发表，信息的传递将超越时空的限制，研究成果将作为文献保存下来，成为科学技术宝库的重要组成部分，为同时代人和后人提供科学技术知识，由整个人类所共享。人类整个科学技术历史长河就是由这样一个个浪花汇集而成的。

4. 科技论文的发表是发现人才的重要渠道，是考核科技工作者业务成绩的重要依据

一篇论文的发表，可能使一位原来默默无闻的科技工作者被发现并受到重用，这在科技史上和当今的事例是很多的。发表论文的数量和质量是衡量一个科技工作者学识水平与业务成绩的重要指标之一，同时也是考核他们能否晋升技术职务的重要依据。

7.1.4 科技论文的特点和写作要求

科技论文同一般的科技文章有共同之处，具有准确、鲜明、生动的特点，但作为科技论文，它又有自身的特殊属性。一篇科技论文必须同时具有下述特点，并同时满足下述写作要求。

1. 创新性或独创性

科技论文报道的主要研究成果应是前人（或他人）所没有的。没有新的观点、见解、结果和结论，就不能称其为科技论文。科技论文的创新程度是相对于人类已有知识而言的。至于某一篇论文，其创新程度可能大些，也可能很小，但总要有一些独到之处，总要对丰富科学技术知识宝库和推动科学技术发展起到一定的作用。"首次提出""首次发现"，当然是具有重大价值的研究成果，但这毕竟为数不多；在某一个问题上有新意，对某一点有所发展，应属于创新的范畴，而基本上是重复他人的工作，尽管确实是作者自己"研究"所得的"成果"，但并不属于创新之列。在实际研究中，有很多课题是在引进、消化、移植国内外已有的先进科学技术，以及应用已有的理论来解决本地区、本行业、本系统的实际问题，只要对丰富理论、促进生产发展、推动技术进步有效果，有作用，报道这类成果的论文也应视为有一定程度的创新。由于创新性的要求，科技论文的写作不应与教科书（讲义）和实验报告、工作总结等等同。教科书是介绍和传授已有知识的，主要读者是外行人、初学者，因此十分强调系统性、完整性和连续性，写法上要力求循序渐进、深入浅出、由浅入深。实验报告或工作总结等则要求把实验过程和操作，以及数据资料，或者做了哪些工作，怎么做的，有什么成绩和缺点，有什么经验和体会等比较详细地反映出来，即使是重复别人的工作也可以写进去。当然，这里并不否认某些实验报告或工作总结等也具有新意。科技论文报道的是作者自己的研究成果，因而与他人相重复的研究内容，基础性的知识，某些一般性的、具体的实验过程和操作或数学推导，以及比较浅显的分析等都应删去，或者只作简要的交代和说明，同时应对原始材料有整理、有取舍、有提高，要形成新观点、新认识、新结论。对于科技论文，只有新意还不够，这只是每一篇论文写作与发表必备的条件。

2. 理论性或学术性

理论性是指一篇科技论文应具有一定的学术价值，它有三个方面的含义。

1）对实验、观察或用其他方式所得到的结果，要从一定的理论高度进行分析和总结，形成一定的科学见解，包括提出并解决一些有科学价值的问题。

2）对自己提出的科学见解或问题，要用事实和理论进行符合逻辑的论证与分析或说明，总之要将实践上升为理论。从实质而言，科技论文的写作过程，本身就是作者在认识上的深化和在实践基础上进行科学抽象的过程。只有这样，论文所报道的发现或发明，才不仅具有实用价值，而且具有理论价值即学术价值；所以，写一篇论文，如果仅仅是说明解决了某一实际问题，讲述了某一技术和方法，是远远不够的。从事科学研究，特别是从事工程技术研究的科技人员，应注意并学会善于从理论上总结与提高，争取写出既有创新性又有理论价值的科技论文来。

3）科学性和准确性。一篇论文有了创新性和理论性还只能定性地说它已经具备了一篇论文最主要的东西，在具体的研究及写作阶段还必须使论文具有科学性和准确性。

所谓科学性，就是要正确地说明研究对象所具有的特殊矛盾，并且要尊重事实，尊重科学。具体来说，包括论点正确、论据必要而充分、论证严密、推理符合逻辑、数据可靠、处理合理、计算精确、实验可重复、结论客观等。所谓准确性，是指对客观事物即研究对象的运动规律和性质表述的接近程度，包括概念、定义、判断、分析和结论要准确，对自己研究成果的估计要确切、恰当，对他人研究成果（尤其是在做比较时）的评价要实事求是，切忌片面性和说过头话。

4）规范性和可读性。撰写科技论文是为了交流、传播、储存新的科技信息，让他人利用，因此，科技论文必须按一定格式写作，必须具有良好的可读性。在文字表达上，要求语言准确、简明、通顺，条理清楚，层次分明，论述严谨。在技术表达方面，包括名词术语、数字、符号的使用，图表的设计，计量单位的使用，文献的著录等都应符合规范化要求。一篇科技论文失去了规范性和可读性，将严重降低它的价值，有时甚至会使人怀疑它报道的研究成果是否可靠。

7.1.5 科技论文规范表达的概念与作用

科技论文规范表达的要求来自科学技术期刊编排的标准化和规范化。这里，首先应明确标准化和规范化的概念。什么是标准？标准就是衡量事物的准则。在科学技术和生产领域中，国家机关或社会团体为了适应科学技术发展和合理组织生产的需要，在产品质量、品种规格、零部件通用等方面规定了统一的若干技术要求，这些技术要求就是标准。我国现在通行的有国家标准、地方标准、行业标准和企业标准四种标准，同时还有国际标准化组织发布的国际标准。什么是规范？标准在某一范围内的具体化，或者把约定俗成的技术要求整理出来，在一定的范围内实施的明文规定，就是规范。由此可知，标准与规范的区别在于，标准是明文规定的准则，在我国，国家标准是由国家质量监督检验检疫总局批准并发布的一种国家法规，具有权威性、标准性和严肃性；规范虽然也是明文规定的一种"标准"（从衡量事物的"准则"角度说），但它不是国家法规，而是某些部门或团体根据约定俗成和从导向的意愿出发所提出的某种规定或建议，具有指导性、规范性和导向性。当然，规范趋于成熟，若有必要则可通过一定形式的批准和发布即上升成为标准。

什么是标准化和规范化？按标准、规范的要求去做，达到了标准、规范的要求，就是标准化和规范化。科技期刊是社会产品，当然也有标准化、规范化问题。科技学术期刊是科学技术重要文献的载体，是科学技术的新信息源。随着科学技术的高速发展，科技信息量猛增，长期以来人们习惯用的手工收集、整理、储存、传播信息的方式已远远不能满足要求，而电子计算机的普遍应用，则为科技信息的加工、传播、储存、检索、利用提供了极大方便。信息从"人"识别进入"机"识别，必然要求科技期刊的编排实现标准化和规范化。

科技学术性期刊的主体是科技论文。作为科技新信息源的科技论文，其表达的规范化是实现信息处理与传播的前提的需要。科技论文只有实现编写格式的标准化和各个细节表达的规范化，才能真正体现科学的内涵，准确表达科学的内容，从而有利于传播、储存、检索和利用。另外需要指出，科技论文表达得规范，不仅能提高论文本身的水平，而且可以反映出作者具有严谨的治学态度和优良的写作修养。这为论文被期刊编辑部门选中发表提供了极为有利的条件。诚然，一篇论文能否被期刊采用，主要决定论文报道的研究成果是否有发表价值，但是，表达规范与否也是不能忽视的因素。尤其是对于稿源丰富的期刊，当在两篇都有发表价值的论文中只能选用一篇时，被选中的肯定是表达比较规范的那一篇，因为它的编辑加工量小，或者不必要经过作者再修改，从而可以保证出版质量，缩短发表周期；因此，为了使确有发表价值的论文能得到及时发表，避免因表达不规范被退稿或推迟发表，作者努力提高论文的写作质量，使之达到规范表达的要求，是很有实际意义的。科技论文的规范表达涉及如下主要内容：

1）编写格式的标准化；

2）文字细节和技术细节表达的标准化或规范化，主要包括名词名称、数字、量和单位、数学式、化学式等的规范表达，以及插图和表格的合理设计；

3）科技语言和标点符号的规范运用。

7.2 科技论文的撰写格式

为了便于论文所报道的科学技术研究成果这一信息系统的收集、储存、处理、加工、检索、利用、交流和传播，国家标准 GB/T 7713.1—2006《学位论文编写规则》和 GB/T 7713.3—2009《科技报告编写规则》对科技论文的撰写和编排格式作了规定。尽管各篇论文的内容千差万别，不同作者的写作风格各有千秋，但格式完全可以统一。所谓格式，即一定的规格式样。科技论文的撰写和编排格式，就是撰写和编排科技论文时应满足的规格和式样方面的统一要求。

有了科技论文的编写格式这一国家标准，对于一篇科技论文应先写什么，后写什么，各部分要写什么内容，以及表达中有些什么要求，编排上应符合哪些规定，都有章可循；但是，论文的主题如何确立，论据如何选取，论证如何进行，结构如何安排，节、段如何划分，层次标题如何拟定，具体材料如何到位等。一句话，具体如何写、如何编排，则需要论文作者和刊物编者根据研究对象、研究的目的和方法，以及论文内容的不同，即根据实际情况来处理；所以可以说，只要按照科技论文的撰写和编排格式去进行创造性的写作和编辑，论文就不会千篇一律，刊物也不会千刊一面，相反，却能使它们既符合规定的格式要求，又各自具有独立的主题思想、表达手法、写作风格和编排特色，这正是一篇高质量的论文或一份高水平的刊物所必需的。

一般说，科技论文的组成部分和排列次序为：题名、作者署名、摘要、关键词、引言、正文、结论（和建议）、致谢、参考文献和附录。

以图 7-1 所示的一篇科技论文为例，粗略了解科技论文的结构。

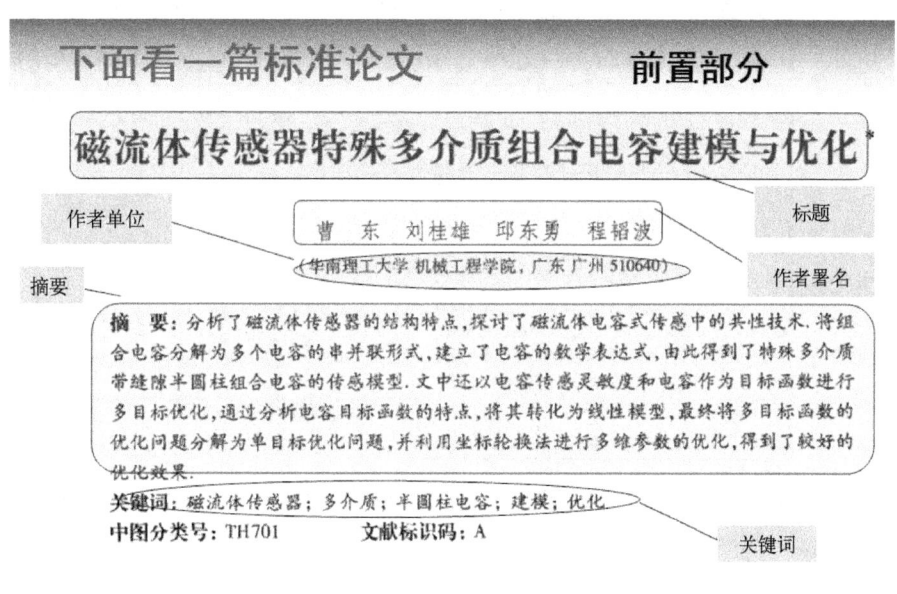

图 7-1 科技论文结构图

Modeling and Optimization of Special Multi-Medium Combinational Capacitance for Magnetic Fluid Sensor — Title（标题）

Address（地址） — Cao Dong Liu Gui-xiong Qiu Dong-yong Cheng Tao-bo — Author（作者署名）
(School of Mechanical Engineering, South China Univ. of Tech., Guangzhou 510640, Guangdong, China)

Abstract（摘要）

Abstract: This paper first analyzes the structural characteristics of magnetic fluid (MF) sensor and the commonness of MF capacitance sensor in technology. Next, a formula of capacitance is deduced by dividing the combinational capacitance into several simple capacitances with series-parallel connection. Then, a sensor model describing the multi-medium semi-cylinder combinational capacitance is set up. Moreover, the capacitance sensitivity and the capacitance are considered as the multi-objective functions to perform a multi-objective optimization, in which the capacitance function is transferred into a linear function according to its characteristics, thus simplifying the multi-objective optimization so as to form a simple objective optimization. Finally, multiple parameters of the model are optimized via the coordinate alternation method with remarkable effect.

Key words: magnetic fluid sensor; multi medium; semi-cylinder capacitance; modeling; optimization — Key words（关键词）

主体部分

0 引言

频率量的测量具有接口简单、信号输入灵活、抗干扰能力强、便于远距离传输等特点，在数据采集和测控系统中占有重要地位。通常频率的测量方法有两种：直接测频法和周期测量法。

直接测频法是在标准闸门时间 $T_{标}$ 内，通过计数器记录待测信号的脉冲个数，然后将计数值除以标准闸门时间就得到所测量频率。闸门时间通常由计数器对标准频率源计数获得[1]。由于计数值是以整数形式表示的，而被测信号又是变化的，因此 $T_{标}$ 闸门时间间隔内被测信号的计数值有可能比实际值多一个或少一个，即存在 ±1 误差。此误差随着被测信号频率的增大而下降，因此频率测量法适合于对高频信号的测量。同时，增大闸门时间也可降低测量误差。但对于要求实时性较强的信号测量难于满足。

周期测量法是一种间接测量方法，利用周期与频率互为倒数关系，即通过测量被测信号的周期并求

引言

其倒数即可得到被测信号的频率。在被测信号的一个周期内，对参考脉冲的计数值有可能比实际值多一个或少一个，仍存在 ±1 误差。由于参考脉冲的频率是固定的，因此由 ±1 误差所引起的测量误差随被测信号周期的减少（频率的增大）而增大[1]。因此周期测量法适用于低频信号的测量。

在实际应用中可以采用测频测周[2]集成的方法，用软件来判别被测频率 f_x 是否大于分界点频率 f_0，当 $f_x > f_0$，采用测频法；当 $f_x < f_0$，采用测周法。这样可以有效地减少测量误差。实践表明，要很好使用测频测周集成方法测量频率还有许多工作要做。例如，计数器与计时器的同步问题，被测频率 f_x 在分界点频率 f_0 附近变动时由于总在测频测周间反复转换而测不到值的问题。为此，研究了一种软件同步及分界点的测频测周集成以实现高准确度频率测量方法。

1 高准确度频率测量方法原理

为了解决被测频率 f_x 在分界点频率 f_0 附近变

收稿日期:2001.08.02
* 基金项目:广东省重点攻关项目(2KM00705N)

图 7-1 科技论文结构图（续）

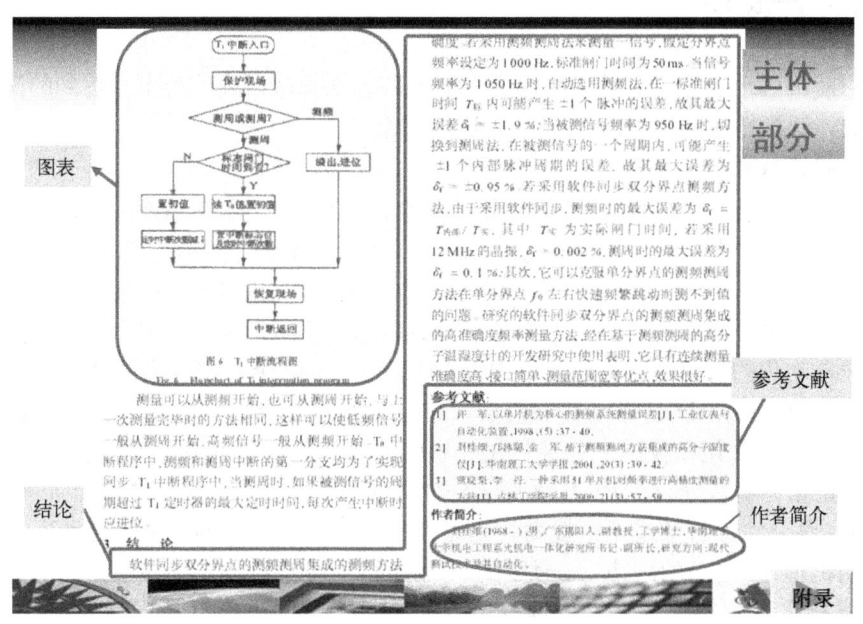

图 7-1 科技论文结构图（续）

国家标准 GB/T 7713.1—2006 和 GB/T 7713.3—2009 规定的科学技术报告、学位论文和学术论文的编写格式，指明报告与论文由以下两大部分构成。

1）前置部分（图 7-2）。

2）主体部分（图 7-3）。

下面将对科技论文的组成部分和各部分的写作要求逐一进行讨论。

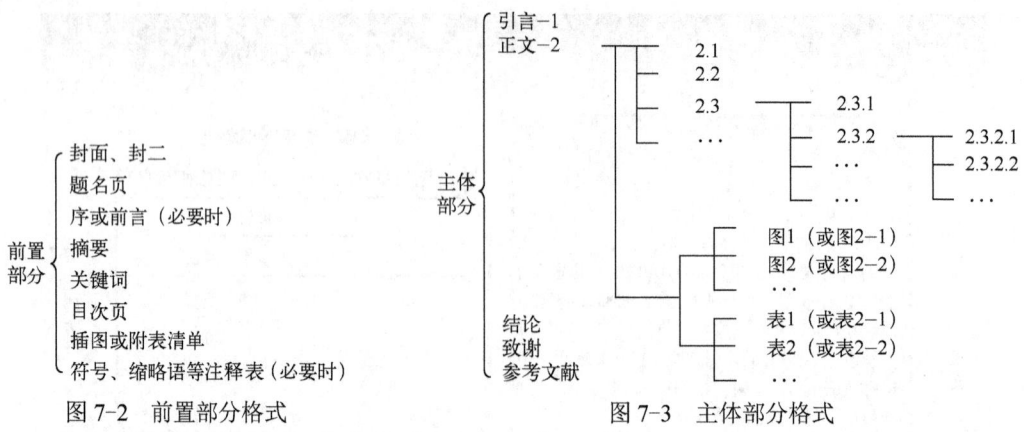

图 7-2　前置部分格式　　　　　图 7-3　主体部分格式

7.2.1 题名

1. 题名的概念

题名，又叫作文题、题目、标题（或称为"总标题"，以区别于"层次标题"），是论文的总纲，是能反映论文最重要的特定内容的最恰当、最简明的词语的逻辑组合。

2. 题名的一般要求

（1）准确得体

题名应能准确地表达论文的中心内容，恰如其分地反映研究的范围和达到的深度，不能使用笼统的、泛指性很强的词语和华而不实的辞藻。

常见的问题有如下几种。

1）题名反映的面大，而实际内容包括的面窄。例如，"中国房地产现状研究与对策"可改为"××市房地产发展现状研究与对策"或"××市房地产发展思考"。

2）标题一般化，不足以反映文章内容的特点。例如，"论自动化在我国工业现代化建设中的作用"此题名不够引人注目，因为与此类似的题名已经不少，很多文章从不同的角度都在阐明工业自动化的作用，而实际上该文有着十分明显的特点，就是首次提出了对于这一论题的定量分析的方法，通过建立数学模型和进行一系列的计算，得出了比较有说服力的结论。因此改为"自动化在我国工业现代化建设中的作用的定量分析"，就反映了这篇论文的特定内容"定量分析"，即有别于其他的一般性论述文章。

3）不注意分寸，有意或无意拔高。比如有的作者，其课题的研究深度并不大，却常常把"……的机理""……的规律"一类词语用在题名上。比较客观的做法是，除确实弄清了"机理"、掌握了"规律"外，一般地取名为"……现象的（一种）解释""……的一种机制"等比较恰当，比较慎重，也留有余地。

4）外延与内涵不恰当是指题名内所使用的各种概念在本质属性上不统一。例如，《煤、电能、劳动力的合理转换》。

5）概念、判断不合逻辑。例如，"儿童数学能力与生物学有关"。其文中的"生物学"仅指儿童的生理特点，因此题名内容不准确，应改为"儿童数学能力与生理特点有关"。

（2）简短精练

题名应简明，使读者印象鲜明，便于记忆和引用。国家标准规定，题名"一般不宜超过20字"。我们应把这"20字"视为上限，在保证能准确反映"最主要的特定内容"的前提下,题名字数越少越好。这里介绍几种减少题名字数的方法。

1)尽可能删去多余的词语。例如"××港自引船增多对安全的影响及对策研究"可改为"××港自引船增多对安全的影响及其对策"。

2)避免将同义词或近义词连用。例如"叶轮式增氧机叶轮受力分析探讨","分析"与"探讨"义近,保留其一即可。据文章内容可以删去"探讨"。

3)题名不易简化时,可用加副题名的办法来减少主题名的字数(当然,列副题名不单是为了减少主题名的字数)。例如"弧齿锥齿轮和准双曲面齿轮按大轮齿面上任一基准点配切小轮的原理"共30个字。从需要考虑,原理很难简缩,但可改为:弧齿锥齿轮和准双曲面齿轮切齿调整计算新方法——按大轮齿面上任一基准点配切小轮的原理。采用了副题名,整个字数可能还不少(此例总字数还增加了),但不会使读者感到题名过长,而且编排页眉也很方便(按惯例,页眉可以不排副题名)。采用副题名不单是为了减少主题名的字数,下列场合还可以采用副题名:

a. 题名语意未尽,用副题名补充说明论文的特定内容;

b. 一系列研究工作用几篇论文报道,或者是分阶段的研究结果,各用不同的副题名区别其特定内容;

c. 其他有必要用副题名作为引申或说明的情况。

(3)便于检索

题名所用词语必须有助于选定关键词和编制题录、索引等二次文献,以便为检索提供特定的实用信息。题名中一定要有反映文章内容的关键词,关键词多一些更好。这一点只要避免了题名"笼统"和"空泛"就比较容易做到。

(4)容易认读

题名中应当避免使用非共知共用的缩略词、首字母缩写字、字符、代号等。

3. 题名的文字要求

题名在文字表达上还有特殊要求,那就是题名比内容的行文要求更高,即一定要符合现代汉语的语法、修辞和逻辑规则,绝不能出现语病,同时还要尽量做到给人以美感。

(1)结构应合理

1)尽可能不用动宾结构。

习惯上题名不用动宾结构,而用以名词或名词性词组为中心的偏正词组。例如"研究一种配制高强混凝土的新方法"这是动宾结构(研究+新方法),可改为偏正结构:"一种高强混凝土配制新方法的研究";按题名精练原则,可以改为:"一种配制高强混凝土的新方法"。例外的是,若中心动词带有状语,则仍可用动宾结构。例如"用无损检测技术测定既有结构混凝土强度",中心动词"测定"带有状语"用无损检测法",无法将"测定"作为名词而把它改为以"测定"为中心词的偏正词组,所以仍可用动宾结构(测定+既有结构混凝土强度)。还有一种例外,即"(试)论……""(浅)谈……"等形式的题名可用动宾结构,例如"试论物流系统的网络模式"。

2)注意选用定语词组的类型。不注意定语词组类型的选择,有时会产生歧义。例如"研究模糊关系数据库的几个基本理论问题"按文章作者的本意,原题名的中心语是"几个基本理论问题",其定语是"研究模糊关系数据库(的)",但组合结果却可能使读者理解为"研究""几个基本理论问题"。问题出在定语采用了动宾词组(研究+模糊关系数据库),而应当改为主谓词组（模糊关系数据库+研究）。修改后的题名为"模糊关系数据库研究的几个基本理论问题"，最好是改为："模糊关系数据库研究中的几个基本理论问题"。

(2) 选词应准确

题名用词应仔细选取，否则会使语意不明或产生逻辑错误。例如"煎炸油质量测试仪的研制"在汉语里，"质量"一词有两种完全不同的含义：一种是物体中所含物质的量（英文为 mass），另一种是产品或工作的优劣程度（英文为 quality），两者毫无关系。从文章内容看，该测试仪是用来测量煎炸油的品质指标，而不是用来测量煎炸油的多少，所以，将"质量"改为"品质"，表意比较准确。

(3) 详略应得当

1) 避免"的"的多用和漏用。语法规则要求，联合词组、偏正词组、主谓词组、动宾词组、介词词组作定语时，中心语之前需用"的"；而修辞规则又要求，多项定语中的"的"字不宜多用。因此，题名中某处该不该用"的"，既要用语法规则，又要用修辞规则来"综合"检查——用了"的"修辞效果不好，不用"的"也通顺，就不用"的"；若不用"的"便不通顺，那就应当用"的"。例如"专家系统结构的分析"不用"的"既通顺又简练。又如"高层建筑变水量供水电气控制系统"可改为"高层建筑变水量供水的电气控制系统"。原题名未用"的"，使定语同中心语界限不清，不便理解。

2) 删去多余的词语。题名应简洁，"多余"是拟定题名的大忌。前文中已举例说明，这里不再讨论。

3) 不能随便省略词语。省去了不该省的词语，叫作苟简。题名中出现苟简，同样会造成语法和逻辑错误。例如"车辆维修器材计算机信息处理系统"，按文章应改为"车辆维修器材管理的计算机信息处理系统"。其中，"管理"一词不能省，因为在这里，计算机处理的不是"器材"的信息，而是"器材管理"的信息。

(4) 语序应正确

题名的语序不对，有时会造成语意混乱，使人不知所云。例如"计算机辅助机床几何精度测试"，正确的语序是：机床几何精度的计算机辅助测试。题名中结构助词"的"的位置不能忽视，否则表达的可能不是作者的本意。例如"拱坝的应力特点和分布规律的探讨"，第 1 个"的"放错了位置，就成为"拱坝的应力特点"和"拱坝的分布规律"。前者读起来拗口，要不拗口应改为"拱坝应力的特点"；后者与作者的本意不符：文中是研究拱坝应力的分布规律，而不是研究拱坝的分布规律。所以，修改后的题名为：拱坝应力的特点和分布规律的探讨。

7.2.2 署名

1. 署名的意义

作者在自己撰写的论文中署名有以下三个方面的意义。

1) 署名作为拥有著作权的声明。1990 年 9 月 7 日第 7 届全国人民代表大会常务委员会第十五次会议通过、1991 年 6 月 1 日起施行的《中华人民共和国著作权法》中规定："著作权属于作者"；著作权包括"署名权，即表明作者身份，在作品上署名的权利"。可见，在发表的论文中署名，是国家赋予作者的一种权利，当然受到国家法律的保护。其实，署名也是作者通过辛勤劳动所应得的一种荣誉，以此表明他们的劳动成果和作者自己得到了社会的承认和尊重。署名本身即向社会声明，作者对该作品拥有了著作权，任何个人和单位不能侵犯。

2）署名表示文责自负的承诺。所谓文责自负，就是论文一经发表，署名者即应对论文负法律责任，负政治上、科学上的责任。如果论文中存在剽窃、抄袭的内容，或者政治上、科学上或技术上存在错误，那么署名者就应完全负责，署名即表示作者愿意承担这些责任。

3）署名便于读者同作者联系。署名也是为了建立作者与读者的联系。读者阅读文章后，若需要同作者商榷、询问、质疑或请教，以及求助，可以直接与作者联系。署名即表示作者有同读者联系的意向，署名也为读者同作者联系提供了可能。

2. 署名对象

署名者只限于那些参与选定研究课题和制定研究方案、直接参加全部或主要部分研究工作并做出主要贡献，以及参加论文撰写并能对内容负责，同时对论文具有答辩能力的人员；仅参加部分工作的合作者、按研究计划分工负责具体小项的工作者、某一项测试任务的承担者，以及接受委托进行分析检验和观察的辅助人员等，均不应署名，但署名者可以将他们作为参加工作的人员一一列入"致谢"部分，或注于篇首页地脚处。个人的研究成果，个人署名；集体的研究成果，集体署名（一般应署作者姓名，不宜只署课题组名称）。集体署名时，要按对研究工作贡献的大小排列名次。

3. 署名的位置与格式

通常，学术性期刊中将署名置于题名下方，并采用如下格式：

作者姓名

（作者工作单位名称及地址）

7.2.3 摘要

1. 摘要的概念和作用

摘要是对"论文的内容不加注释和评论的简短陈述"。对一篇完整的论文都要求撰写随文摘要。其作用有二。

1）让读者尽快了解论文的主要内容，以补充题名的不足。科技文献数量大，读者不可能一拿到文章就通读。读者是否需要通读某篇论文，从题名上进行判断后，主要就是根据摘要来决定，所以，摘要担负着吸引读者和介绍文章主要内容的任务。

2）为科技情报人员和计算机检索提供方便。论文发表后，文摘杂志对摘要可以不作修改或稍作修改而直接利用，从而可避免由他人编写摘要可能产生的误解、欠缺和错误，这就为科技文献的检索和利用提供了极大的方便。

2. 摘要的内容

1）该项研究工作的内容、目的及其重要性。

2）所使用的实验方法、实验装置等。

3）总结研究成果，突出作者的新见解。

4）研究结论及其意义。

注意：摘要不分段，不列举例证，不描述研究过程，不做自我评价。

3. 摘要的分类

（1）报道性摘要

报道性摘要即资料性摘要或情报性摘要。它用来报道论文所反映的作者的主要研究成果，向读者提供论文中全部创新内容和尽可能多的定量或定性的信息。尤其适用于实验研究和专题研究类论文，多为学术性期刊所采用。篇幅以 200～300 字为宜。

（2）指示性摘要

指示性摘要即概述性摘要或简介性摘要。它只简要地介绍论文的论题，或者概括地表述研究的目的，仅使读者对论文的主要内容有一个概括的了解。篇幅以 50～100 字为宜。

（3）报道—指示性摘要

报道—指示性摘要是以报道性摘要的形式表述论文中价值最高的那部分内容，其余部分则以指示性摘要形式表达。篇幅以 100～200 字为宜。以上三种摘要形式都可供作者选用。一般地说，向学术性期刊投稿，应选用报道性摘要形式，只有创新内容较少的论文，其摘要可写成报道—指示性摘要或指示性摘要。摘要形式选用不合适，尤其是对价值较高的论文若采用指示性摘要形式，往往会给文献检索带来麻烦，可能失去较多的读者，将直接妨碍研究成果的应用和推广。有人认为随文摘要可以写得"概括"或"简短"一些，理由是"全文就在后边"。实际上，摘要的形式及其字数的多少不能依随文不随文而定，即使是随文摘要，也应根据论文价值的大小、刊发刊物的类型和论文中有用信息的多少来决定，否则摘要就可能失去应有的作用。

（4）摘要段的内容

摘要中的内容一般包括研究工作的目的、方法、结果和结论，而重点是结果和结论。下面的例子比较符合这一要求。

［例1］摘要段的内容

题名 青少年足球运动员倾向性的不同因果模型

摘要：借鉴 Bcanlan 的运动倾向性因果模型及其调查问卷来分析我国青少年足球运动员运动倾向性的影响因素。对北京市 252 名青少年足球运动员测试结果的分析表明：运动倾向性五因素模型比较符合北京市青少年足球运动员，其中运动乐趣、个人投入、参与机会是主要影响因素，而社会约束几乎无作用。

本摘要用不长的篇幅即表述研究工作的目的（从"分析我国"至"影响因素"片断）、方法（从"借鉴"至"问卷"片断）、结果和结论（冒号之后至末尾）。可见在行文方式上，倒无需机械地用"本文的目的是……""所用的方法是……"和"结果是……"这样的语句格式。我们看到的许多摘要，也如例 1 那样，很自然地就把"目的""方法""结论"等主要内容阐述清楚了。当然，在具体行文时，"目的""方法""结论"等哪项应详写，哪项可略写，还有"研究的背景""成果的意义"等写不写，如何写，是因文而异的，不必千篇一律。

（5）摘要的写作要求

根据有关规定，可以把摘要的写作要求归纳成如下几点。

1）用第三人称。作为一种可供阅读和检索的独立使用的文体，摘要只能用第三人称而不用其他人称来写。

2）简短精练，明确具体。简短，指篇幅短，一般要求 50～300 字（依摘要类型而定）；精练，指摘录出原文的精华，无多余的话；明确具体，指表意明白，不含糊，无空泛、笼统的词语，应有较多有用的定性和定量的信息。

3）格式要规范。尽可能用规范术语，不用非共知共用的符号和术语。不得简单地重复题名中已有的信息，并切忌罗列段落标题来代替摘要。除了实在无变通办法可用以外，一般不出现插图、表格，以及参考文献序号，一般不用数学公式和化学结构式。不分段，摘要段一般置于作者及其工作单位之后，关键词之前。

4）文字表达上应符合"语言通顺，结构严谨，标点符号准确"的要求。摘要中的语言应当符合现代汉语的语法规则、修辞规则和逻辑规则，不能出现语病。

7.2.4 关键词

关键词是为了满足文献标引或检索工作的需要而从论文中选取出的词或词组。关键词包括主题词和自由词两个部分：主题词是专门为文献的标引或检索而从自然语言的主要词汇中挑选出来并加以规范的词或词组；自由词则是未规范化的即还未收入主题词表中的词或词组。每篇论文中的关键词应能反映论文的主题内容。其中主题词应尽可能多一些，它们可以从综合性主题词表（如《汉语主题词表》）和专业性主题词表（如 NASA 词表、INIS 词表、TEST 词表、MeSH 词表等）中选取。那些的确能反映论文的主题内容，但现行的主题词表还来不及收入的词或词组可以作为自由词列出，以补充关键词个数的不足，或为了更好地表达论文的主题内容。关键词作为论文的一个组成部分，列于摘要段之后。科技期刊普遍要求作者提供论文关键词。国家标准规定："关键词是为了文献标引工作从报告、论文中选取出来以表示全文主题内容信息款目的单词或术语"。关键词是从文章的题名、摘要、正文中抽出的，并能表达全文内容主题，具有实在意义的单词或术语。国家标准还规定每篇论文选取 3～8 个关键词，并尽量用《汉语主题词表》提供的规范词。

主题词包括标题词、单元词、叙词和关键词。前三者是经规范化的主题词，关键词一般是非规范化主题词。不少文献把标题词、单元词、叙词也都叫作"关键词"。期刊社将指定主题词表以选择关键词，对同一论文所选择的关键词也可能因人而不同。

大多数科技人员是利用主题检索途径，通过文摘、索引等二次文献工具获取某一领域所需文献的，因此准确选择主题词是十分重要的。

国家标准规定中国期刊论文尽量用《汉语主题词表》提供的规范词。《汉语主题词表》分社会科学卷、自然科学卷、附表等三卷，共十个分册。其中自然科学卷的第 1～4 分册为主题词字顺主表，第 5 分册为词族索引，第 6 分册为范畴索引，第 7 分册为英汉对照索引。主题词表按字顺排，款目格式如下：

汉语拼音　　　　Jiechuhan
款目主题词　　　接触焊　　　　　　[66L]　范畴号
英文译名　　　　Resistance　Welding
参照项　　　　　Y　电阻焊

其中参照项包括：

Y　"用"（如：报警　Y　报警系统，后者是规范主题词）
D　"代"（如：森林防火　D　护林防火，后者是非规范主题词）
F　"分"
S　"属"
Z　"族"
C　"参"

《汉语主题词表》的使用方法如下。

假设一篇论文涉及"森林火警监测与警报"等主题内容，用《汉语主题词表》确定有关主题词（关键词）的过程如下。

第一步：查索引。

（1）查词族索引

拟定几个词（自由词）查词族索引，用参照体系初步确定主题词如下。

报警　　　报警系统　　（包括"近地警告系统"等下级主题）
警报　　　警报器　　　（包括"火警报警器"等7个下级主题）
森林　　　森林防火　　D（代替）"护林防火"，S（属于）"防火"
防火　　　　　　　　　F 飞机防火　林木防火　森林防火等主题
防火系统　　　　　　　D 火灾探测设备　灭火系统

（2）查范畴索引（相当于从分类查）

49　农业科学
49GE　森林保护　有护林防火，森林火，森林防火等条目

第二步：核查主表。

本例可选择报警系统、警报器、森林防火、防火等词核对主表。其中从"报警系统"查得的结果是：

Baojing xitong　　　[58BC]

报警系统

Warning systems

D　报警指示器　警告系统　报警系统

C　安全装置　虚警　自动探测　自动报警系统

第三步：选择关键词

本例从"森林火警"角度至少可选择"森林防火（防火）"，"报警系统（自动报警系统）"等主题词。

7.2.5　分类号和文献标识码

国家标准要求学术期刊论文，一般应注明《中国图书馆分类法》（第五版）的分类号，同时尽可能注明《国际十进分类法》的分类号。一般国内外学术期刊要求投稿论文应按指定分类法注明其分类号。分类法是按一定的思想观点，依学科的上下级关系组织成的一个分类体系（分类表）。在这个体系中，各学科以符号表示。确定学术论文分类号的过程就是利用已有的分类法表，确定该论文内容所属学科专业在分类法中的代表符号，即分类号。分类表中的学科名称，称为类目名称。涉及多学科论文的，可以给出几个分类号，第一个为主分类号。

文献标识码是《中国学术期刊（光盘版）检索与评价数据规范》（由原国家新闻出版总署（国家新闻出版广电总局）印发）中规定的，为便于文献统计和期刊评价，确定文献检索范围，提高检索结果的适用性，每篇文章按 5 种不同类型标识一个文献标识码。A—理论与应用研究学术论文；B—实用性技术成果报告，理论学习与社会实践总结；C—业务指导与技术管理性文章；D—一般动态，信息；E—文件，资料。不属于上述各类的文章不加文献标识码。

《中国图书馆分类法》的结构与基本大类如下。

该分类法分为五大部，二十二个基本大类（一级类）。其一级类目用汉语拼音大写字母表示，二级类目中，除"工业技术类"，其余一律用阿拉伯数字表示。五大部，一级目录及部分二级目录如下：

基本部类	一级类目	二级类目
马克思主义 列宁主义 毛泽东思想	A 马克思主义、列宁主义、毛泽东思想	
哲　　学	B 哲学	
	C 社会科学总论	
	D 政治 法律	
	E 军事	
	F 经济	
社会科学	G 文化、科学、教育、体育	
	H 语言、文字	
	I 文学	
	J 艺术	
	K 历史、地理	
	N 自然科学总论	O1 数学　　O3 力学
	O 数理科学和化学（一级类目）	O4 物理学　O6 化学
		TB 一般工业技术　TD 矿业工程
	P 天文学、地球科学	TE 石油、天然气工业
自然科学	Q 生物科学	TF 冶金工业
	R 医药、卫生	TG 金属学与金属工艺
	S 农业科学	TH 机械、仪表工业
	T 工业技术（分16个二级类）	TJ 武器工业
		TK 能源与动力工程
		TL 原子能技术
	U 交通运输	TM 电工技术
	V 航空、航天	TN 电子技术、通信技术
	X 环境科学、安全科学	TP 自动化技术、计算机技术
		TQ 化学工业
		TS 轻工业、手工业、生活服务业
综合性图书	Z 综合性图书	TU 建筑科学　TV 水利工程

科技论文作者对论文进行分类，可以利用《中国图书馆分类法》逐步细分，如论文涉及"森林火警监测与警报"内容，可依次按"S 农业科学""S7 林业""S76 森林保护学""S762.3 森林防火与灭火"确定其分类号为"S762.3"。此外，如从主题角度确定分类号，可利用《中国分类主题词表》的第二卷《主题词—分类号对应表》。上述主题论文从"林火预防，森林防火，森林灭火"，利用《主题词—分类号对应表》确定其分类号为"S762.3"。

7.2.6　引言

1. 引言的概念和内容

论文的引言又称为绪论。写引言的目的是向读者交代本研究的来龙去脉，其作用在于唤起读者的注意，使读者对论文先有一个总体的了解。

引言中要写的内容大致有如下几项。

1) 研究的理由、目的和背景。包括问题的提出，研究对象及其基本特征，前人对这一问题做了哪些工作，存在哪些不足；希望解决什么问题，该问题的解决有什么作用和意义；研究工作的背景是什么。因为要回答的问题比较多，只能采取简述的方式，通常用一两句话即把某一个问题交代清楚，无需赘言。

2) 理论依据、实验基础和研究方法。如果是沿用已知的理论、原理和方法，只需提及一笔，或注出有关的文献。如果要引出新的概念或术语，则应加以定义或阐明。

3) 预期的结果及其地位、作用和意义。要写得自然、概括、简洁、确切。

2. 引言的写作要求

1) 言简意赅，突出重点。引言中要求写的内容较多，而篇幅有限，这就需要根据研究课题的具体情况确定阐述重点。共知的、前人文献中已有的不必细写。主要写好研究的理由、目的、方法和预期结果，意思要明确，语言要简练。

2) 开门见山，不绕圈子。注意一起笔就切题，不能铺垫太多。

3) 尊重科学，不落俗套。有的作者在论文的引言部分总爱对自己的研究工作或能力表示谦虚，寻几句客套话来说，如"限于时间和水平"或"由于经费有限，时间仓促""不足或错误之处在所难免，敬请读者批评指正"等。其实大可不必。因为，第一，这本身是客套话，不符合科学论文严肃性的要求。第二，既是论文，作者应有起码的责任感和自信心。这里的责任感表现在自我要求不能出差错；自信心表现为主要问题上不会有差错，否则就不要投稿，不要发表。第三，水平高低，质量好坏，应让读者去评论。确实需要作说明或表示歉意，可以在文末处写，但要有分寸，实事求是；同时要具体写，不能抽象和笼统。当然，必要时引言中可以交代方法和结果等可以供哪些人、干什么作参考。

4) 如实评述，防止吹嘘自己和贬低别人。

下面介绍一篇写得比较好的"引言"，供读者参考。

题名：液压式固有频率可控动力消振器的研究

（引言）：动力消振器是一个附加于主振系上的由质量和弹簧组成的振动系统。当其固有频率与主振系的振动频率相等时，主振系便不发生振动。①（介绍研究对象及其基本特征）由于动力消振器具有良好的消振效果，自本世纪初发明以来，已得到了广泛应用。但传统动力消振器的缺点在于其固有频率固定不变，不能在使用过程中加以调节，更不能随主振系振动频率的变化对它进行控制，因而它只适用于消除基频基本不变的振动。对于更为常见的频率经常改变的振动系统，使用传统动力消振器不仅收不到良好的消振效果，反而会招致更大的危害。②（说明研究对象存在的问题，即前人研究的不足，也说明了本研究的理由和背景）笔者提出一种可以用于消除变频振动的新方法，即采用液压式固有频率可控动力消振器来跟踪振动频率的变化，使之在变频条件下达到良好的消振效果。实验表明，这是一种很有前途的消振方法。③（本研究的成果及其意义）。

这篇引言问题阐述明确，条理也很清楚。

7.2.7 正文

正文即论证部分，是论文的核心部分。论文的论点、论据和论证都在这里阐述，因此它要占主要篇幅。由于论文作者的研究工作涉及的学科、选题、研究对象和研究方法、工作进程、结果表达方式等差异很大,所以对正文要写的内容不能作统一规定;但是,总的思路和结构安排应当符合"提出论点,通过论据(事实和(或)数据)来对论点加以论证"这一共同的要求。

1. 正文的立意与谋篇

立意与谋篇是一般写作,也是科技论文写作的中心环节。正文是论文的核心部分,其立意与谋篇显得特别重要。正文的立意就是把论文的主题思想在正文部分确立起来;正文的谋篇就是要安排好正文的结构,选择好正文的材料,以充分而有效地表达论文的主题。

(1) 对主题的要求

主题,即作者总的意图或基本观点的体现,对论文的价值起主导和决定作用。对科技论文主题的基本要求是:新颖、深刻、集中、鲜明。

1) 主题新颖,就是要研究、解决、创立和提出前人没有研究和解决的问题。要使主题新颖,选题时必须广泛查阅文献资料,了解与本课题有关的前人的工作;研究时应从新的角度去探索;写作时应认真分析研究实验、观察、测试、计算及调查、统计结果,得出新的见解和观点。

2) 主题深刻,就是要抓住问题的本质,揭示事物的主要矛盾,总结出事物存在、运动、变化和发展的客观规律。要使主题深刻,就不能停留在简单地描述现象,堆砌材料,和盘托出实验或观测、统计数据的阶段上,而应透过现象抓住事物的本质,在分析材料、整理实验或观察结果的基础上提出能反映客观规律的见解,将实践知识上升为理论,得出有价值的结论。

3) 主题集中,就是一篇论文只有一个中心。要使主题集中,就不能面面俱到,凡与本文主题无关或关系不大的内容不应涉及,更不能过多阐述,否则会使问题繁杂,脉络不清,主题淡化。

4) 主题鲜明,就是论文的中心思想地位突出,除了在论文的题名、摘要、引言、结论部分明确地点出主题外,在正文部分更要注意突出主题。

(2) 对材料的要求

所谓材料,就是为了表现主题而收集到的各种事实、数据和观点等。按来源分,材料有三种:第一种,直接材料,即作者亲自通过调查或科学实验得到的材料;第二种,间接材料,即作者从文献资料中得到的或由他人提供的材料;第三种,发展材料,即作者对直接材料和间接材料加以整理、分析、研究而形成的材料。

选择材料时应遵循以下原则。

1) 必要而充分。必要即必不可少,缺此则不能表现主题。写作时应紧紧抓住这类材料,而与主题无关的材料,则不论得来多么不易也不要采用,即使用了,在修改时也应割爱。充分即量要足够,必要的材料若没有一定的数量,有时难以论证清楚问题,即所谓"证据不足"。有了足够的量,才能从中选出足够的必要材料。

2) 真实而准确。真实即不虚假,材料来自客观实际,即来自社会调查、生产实践和科学实验,而不是虚拟或编造的。准确即完全符合实际。科技论文十分强调科学性,任何一点不真实、不准确的材料,都会使观点失去可信度和可靠性,从而使论文的价值降低或完全丧失;因此,研究方法、调查方式和实验方案的选取要合理,实验操作和数据的采集、记录及处理要正确,这样才能获得真实而准确的材料。写作时要尽量用直接材料;对间接材料要分析和核对，引用时要在全面理解的基础上合理取舍，避免断章取义，更不能歪曲原意；形成发展材料时，要保持原有材料的客观性，力求避免由主观因素可能造成的失真。

3）典型而新颖。典型即材料能反映事物的本质特征。这样的材料能使道理具体化，描述形象化，有极强的说服力。要获得典型的材料，调查和研究工作必须深入，否则难以捕获事物的本质；应善于从众多、繁杂的材料中取其具有代表性的，而将一般性的材料不吝舍去。新颖即新鲜，不陈旧。要使材料新颖，关键是要做开拓性工作，不断获得创新性成果；同时，收集文献资料面要广、量要大，并多作分析、比较，从中选取能反映新进展、新成果的新材料，而摒弃过时的陈旧材料。

（3）对结构的要求

正文以至整篇论文的结构，是指节、段的层次及划分。不同内容的正文，有各自合理的结构，但总的要求是：层次清楚，节、段安排符合逻辑顺序，服从读者的认识和思维规律。对于不同的科学技术问题，阐明或论证的方法可能不同，应根据具体情况，灵活处理，采取合适的结构顺序和结构层次，组织好段落，安排好材料。说明、描写、记叙和论证时应注意：一节、一个段落、一个自然段，甚至一个句组、一个句子只能有一个中心，并应互相连贯、前后衔接；完稿后修改时可以采取增删、调整、分合等办法来解决文稿中存在的重复、脱节和交叉混杂的问题，以使全文主题明确、中心突出、脉络清晰、层次分明、过渡自然，达到结构严谨的要求。

（4）对论证的要求

论证是指用论据证明论点的推理过程，其作用是说服读者相信作者论题的正确性，即"以理服人"。论证是科技论文的主要表达方式，当然也是在正文部分所要采用的基本写作手段。论证是由论点、论据和论证方式三个环节组成的。关于论点和论据，前面已经讨论；这里仅归纳出常用的论证方式，供论文作者根据不同的论证对象合理选用。

常用的论证方式如下。

1）举例。即"摆事实"，用具体事实（包括数据）来证明论点。思维形式是归纳推理。

2）事理引申。以人们已知的道理为论据来证明作者的观点。思维形式是演绎推理。

3）反证。从反面来证明论点，如数学上的反证法。思维形式也是演绎推理。

4）类比。将甲类事物与乙类事物作对比，以乙类事物的正确与否来证明甲类事物的正确与否。思维形式是类比推理。

5）对比。将截然相反的两种情况进行比较，形成鲜明的对照，从而证实一方面的存在或正确。思维形式也是类比推理。

6）因果互证。通过事理分析，揭示论点与论据之间的因果关系，以此证明论点的正确性。思维形式是归纳推理。

7）归谬法。先假定某一论点是正确的，然后以此为前提，导出一个显然是荒谬的结论，从而证明假定的那一论点是错的。这种方法只适用于驳论。思维形式是演绎反驳推理。

要使论证具有论证性，必须遵守如下一些逻辑规则。

① 论题应当清楚、确切，不应含糊其辞，不应有歧义。做不到这一点，就会犯"论题不清"的逻辑错误。论题是整个论证的靶子，只有把论题清楚、确切地规定出来，论证才可能是有"的"放矢的和有效的。因此，在进行论证时，作者首先必须弄清楚自己的论题是什么，并且尽量用明确的语言把它表述出来。为了避免歧义，在表述论题时，应尽量选用意义

明确的词语，对论题中的关键性概念，必要时还应予以界定。总之，论题究竟是什么，对自己，对读者都应是清楚、明白的。这是使论证有论证性的最起码的一个条件。

② 论题应当保持同一。在一个论证中论题只能有一个，并且在整个论证过程中保持不变，即要遵守"同一律"这一逻辑规则。如果在同一个论证过程中任意变换论题，便无法达到论证的目的。做不到这一点，就会犯"偷换论题"的逻辑错误。常见的"偷换论题"错误是"证明过多"和"证明过少"。"证明过多"指的是，在论证中不去论证论题，而去论证某个比论题断定较多的判断。例如，本来应当论证"因数与系数是不同的"，但实际上所论证的却是"因数和系数都是比例乘数"。这就是一种"证明过多"的错误论证，因为"因数和系数都是比例乘数"比"因数与系数是不同的"断定较多，它们虽然都是比例乘数，但概念上可能相同，也可能不同，还可能存在别的什么关系，即前一个判断蕴含后一个判断，而后一个判断却不蕴含前一个判断。"证明过少"指的是，在论证中不去论证论题，而去论证某个比论题断定较少的判断。例如，与上例相反，本来应当论证"因数和系数都是比例乘数"，但实际上所论证的却是"因数与系数是不同的"。这就是一种"证明过少"的错误论证，因为"因数与系数是不同的"比"因数和系数都是比例乘数"断定较少。

③ 论据应当是真实的判断。在论证中论据是论题的根据，只有论据的真实才能推出论题的真实。做不到这一点，就会犯"虚假论据"的逻辑错误。要使一个论证有论证性，论据必须是真实的。当然，论据虚假并不意味着论题也必然虚假，只是缺乏论证性，不可能有说服力。应当注意，不仅以完全虚假的判断为论据是错误的，而且以真实性未被证实的判断（如捕风捉影的话）作为论据也是错误的。

④ 论据的真实性不应依赖论题的真实性来论证。在论证中，论题的真实性是从论据的真实性中推出来的，是依赖于论据来论证的。所以，如果论据的真实性反过来又依赖论题的真实性来论证，那就什么也没有论证。做不到这一点，就会犯"循环论证"的逻辑错误。

⑤ 从论据应能推出论题。所谓从论据能推出论题，就是说论据是论题的充足理由，从论据的真实性可以推出论题的真实性。做不到这一点，就会犯"推不出"的逻辑错误。为了杜绝这种错误，论证中必须避免"论据与论题不相干"和"论据不足"的情况出现；同时必须遵守有关的推理规则或要求，因为，违背了推理规则或要求，就意味着论题不是从论据中推出的，也就是犯了"推不出"的错误。总之，正文写作中应恰当地使用这些论证方式，并遵守论证的逻辑规则，在组织好真实而充分的材料即论据的基础上，通过符合逻辑的推理和论证，使论文的主要论点即作者的主要观点为读者所接受。当然，严密论证的结果，也可能否定了原来的某些论点。这并不可怕，反而是好事，因为它保证了论文的科学性，同时表明作者具有"坚持真理，修正错误"的科学态度。

2. 正文的内容

一般地，正文可分为几个段落来写，每个段落需列什么样的标题，没有固定的格式，但大体上可以有以下几个部分（以实验研究报告类论文为例）。

（1）理论分析

理论分析也称为基本原理，包括论证的理论依据，对所作的假设及其合理性的阐述，对分析方法的说明。其要点是：假说、前提条件、分析的对象、适用的理论、分析的方法、计算的过程等。写作时应注意区别哪些是已知的（前人已有的），哪些是作者首次提出来的，哪些是经过作者改进的，须交代清楚。

(2) 实验材料和方法

材料的表达主要指对材料的来源、性质和数量，以及材料的选取和处理等事项的阐述。

方法的表达主要指对实验的仪器、设备，以及实验条件和测试方法等事项的阐述。

写作要点是：实验对象，实验材料的名称、来源、性质、数量、选取方法和处理方法，实验目的，使用的仪器、设备（包括型号、名称、测量范围和精度等），实验及测定的方法和过程，出现的问题和采取的措施等。材料和方法的阐述必须具体、真实。如果是采用前人的，则只需注明出处；如果是改进前人的，则要交代改进之处；如果是自己提出的，则应详细说明，必要时可用示意图、方框图或照片图等配合表述。由于科学技术研究成果必须接受检验，介绍清楚这些内容，其目的在于使别人能够重复操作。

3. 实验结果及分析

它是论文的价值所在，是论文的关键部分。它包括给出结果，并对结果进行定量或定性的分析。写作要点是：以绘图和（或）列表（必要时）等手段整理实验结果，通过数理统计和误差分析说明结果的可靠性、再现性和普遍性，进行实验结果与理论计算结果的比较，说明结果的适用对象和范围，分析不符合预见的现象和数据，检验理论分析的正确性等。

给出实验结果时应尽量避免把所有数据和盘托出，而要对数据进行整理，并采用合适的表达形式如插图或表格等。在整理数据时，不能只选取符合自己预料的，而随意舍去与自己料想不符或相反的数据。有些结果异常，尽管无法解释，也不要轻易舍去，可以加以说明；只有找到确凿证据足以说明它们确属错误之后才能剔除。结果分析时，必须从辩证唯物主义的认识论出发，以理论为基础，以事实为依据，认真、仔细地推敲结果，既要肯定结果的可信度和再现性，又要进行误差分析，并与理论结果做比较（相反，如果论题产生的是理论结果，则应由实验结果来验证），说明存在的问题。分析问题要切中要害，不能空泛议论。要压缩或删除那些众所周知的一般性道理的叙述，省略那些不必要的中间步骤或推导过程，突出精华部分。此外，对实验过程中发现的实验设计、实验方案或执行方法方面的某些不足或错误，也应说明，以供读者借鉴。

4. 结果的讨论

对结果进行讨论，目的在于阐述结果的意义，说明与前人所取得结果不同的原因，根据研究结果继续阐发作者自己的见解。写作要点是：解释所取得的研究成果，说明成果的意义，指出自己的成果与前人研究成果或观点的异同，讨论尚未定论之处和相反的结果，提出研究的方向和问题。最主要的是突出新发现、新发明，说明研究结果的必然性或偶然性。

5. 正文的写作要求及注意事项

对正文部分写作的总的要求是：明晰、准确、完备、简洁。

具体要求有如下几点：

- 论点明确，论据充分，论证合理。
- 事实准确，数据准确，计算准确，语言准确。
- 内容丰富，文字简练，避免重复、烦琐。
- 条理清楚，逻辑性强，表达形式与内容相适应。
- 不泄密，对需保密的资料应做技术处理。

正文写作时主要注意下述两点。

1）抓住基本观点。正文部分乃至整篇论文总是以作者的基本观点为轴线，要用材料

（事实或数据）说明观点，形成材料与观点的统一。观点不是作者头脑里固有的或主观臆造的，正确的观点来自客观实际，来自对反映客观事物（比如研究对象）特征的材料（比如实验结果）的归纳、概括和总结。在基本观点上，对新发现的问题要详尽分析和阐述，否则不能深入，也要严密论证，否则得不出正确的、有价值的结论，说服不了读者，更不会为读者所接受；而对一般性的问题只需作简明扼要的叙述，对与基本观点不相干的问题则完全不要费笔墨，哪怕只有一句一字。

2）注重准确性，即科学性。对科学技术论文特别强调科学性，要贯穿在论文始终，正文部分对科学性的要求则更加突出。写作中要坚持实事求是的原则，绝不能弄虚作假，也不能粗心大意。数据的采集、记录、整理、表达等都不应出现技术性错误。叙述事实，介绍情况，分析、论证和讨论问题时，遣词造句要准确，力求避免含混不清、模棱两可、词不达意。给出的式子、数据、图表，以及文字、符号等都要准确无误，不能出现任何细小的疏漏。

7.2.8 结论和建议

结论又称为结束语、结语。它是在理论分析和实验验证的基础上，通过严密的逻辑推理而得出的富有创造性、指导性、经验性的结果描述。它又以自身的条理性、明确性、客观性反映了论文或研究成果的价值。结论与引言相呼应，同摘要一样，其作用是便于读者阅读和为二次文献作者提供依据。

1. 结论段的内容与格式

结论不是研究结果的简单重复，而是对研究结果更深入一步的认识，是从正文部分的全部内容出发，并涉及引言的部分内容，经过判断、归纳、推理等过程，将研究结果升华成新的总观点。其内容要点如下。

1）本研究结果说明了什么问题，得出了什么规律性的东西，解决了什么理论或实际问题。

2）对前人有关本问题的看法做了哪些检验，哪些与本研究结果一致，哪些不一致，作者做了哪些修正、补充、发展或否定。

3）本研究的不足之处或遗留问题。

对于某一篇论文的"结论"，上述要点1）是必需的，而2）和3）视论文的具体内容而定；如果不能导出结论，也可以没有结论而进行必要的讨论。结论段的格式安排可作如下考虑。

如果结论段的内容较多，可以分条来写，并给予编号，如 1）、2）、3）等，每条成一段，包括一句话或几句话；如果结论段内容较少，可以不分条写，整个为一段，几句话。

结论里应包括必要的数据，但主要是用文字表达，一般不再用插图和表格。

2. 结论和建议的撰写要求

撰写的结论应达到如下要求。

（1）概括准确，措词严谨

结论是论文最终的、总体的总结，对论文创新内容的概括应当准确、完整，不要轻易放弃，更不要漏掉一条有价值的结论，但也不能凭空杜撰。措词要严谨，语句要像法律条文那样，只能作一种解释，清清楚楚，不能模棱两可，含糊其辞。肯定和否定要明确，一般不用"大概""也许""可能是"这类词语，以免使人有似是而非的感觉，怀疑论文的真正价值。

（2）明确具体，简短精练

结论段有相对的独立性，专业读者和情报人员可以只看摘要和（或）结论而能大致了解论文反映的成果和成果的价值，所以结论段应提供明确、具体的定性和定量的信息。对要点要具体表述，不能用抽象和笼统的语言。可读性要强，如一般不单用量符号，而宜用量名称，比如，说"T 与ρ呈正比关系"不如说"××温度与××压力呈正比关系"易读。行文要简短，不再展开论述，不对论文中各段的小结作简单重复。语言要精炼，删去可有可无的词语，如"通过理论分析和实验验证，可得出下列结论"这样的行文一般都是废话。

（3）不作自我评价

研究成果或论文的真正价值是通过具体"结论"来体现的，所以不宜用如"本研究具有国际先进水平""本研究结果属国内首创""本研究结果填补了国内空白"一类语句来作自我评价。成果到底属何种水平，是不是首创，是否填补了空白，读者自会评说，不必由论文作者把它写在结论里。"建议"部分可以单独用一个标题，也可以包括在结论段，如作为结论的最末一条。如果没有建议，也不要勉强杜撰。

7.2.9 致谢

现代科学技术研究往往不是一个人能单独完成的，而需要他人的合作与帮助，因此，当研究成果以论文形式发表时，作者应当对他人的劳动给予充分肯定，并对他们表示感谢。

致谢的对象是，凡对本研究直接提供过资金、设备、人力，以及文献资料等支持和帮助的团体和个人。"致谢"段可以列出标题并贯以序号，如"6.致谢"放在如"5.结论"段之后，也可不列标题，空一行置于"结论"段之后。

7.2.10 参考文献

所谓"参考文献"，是指"文后参考文献"。其概念是，为撰写或编辑论著而引用的有关图书资料。按规定，在科技论文中，凡是引用前人（包括作者自己过去）已发表的文献中的观点、数据和材料等，都要对它们在文中出现的地方予以标明，并在文末（"致谢"段之后）列出参考文献表。这项工作叫作参考文献著录。

1. 参考文献著录的目的与作用

对于一篇完整的论文，参考文献著录是不可缺少的。归纳起来，参考文献著录的目的与作用主要体现在以下 5 个方面。

1）参考文献著录可以反映论文作者的科学态度和论文具有真实、广泛的科学依据，也反映出该论文的起点和深度。

2）参考文献著录能方便地把论文作者的成果与前人的成果区别开来。论文报道的研究成果虽然是论文作者自己的，但在阐述和论证过程中免不了要引用前人的成果，包括观点、方法、数据和其他资料，若对引用部分加以标注，则他人的成果将表示得十分清楚。这不仅表明了论文作者对他人劳动的尊重，而且也免除了抄袭、剽窃他人成果的嫌疑。

3）参考文献著录能起到索引作用。读者通过著录的参考文献，可以方便地检索和查找有关图书资料，以对该论文中的引文有更详尽的了解。

4）参考文献著录有利于节省论文篇幅。论文中需要表述的某些内容，凡已有文献所载者不必详述，只在相应之处注明参见何文献即可。这不仅精炼了语言，节省了篇幅，而且避免了一般性表述和资料堆积，使论文容易达到篇幅短、内容精的要求。

5）参考文献著录有助于科技情报人员进行情报研究和文献计量学研究。

2. 参考文献著录的原则

1）只著录最必要、最新的文献。

2）只著录公开发表的文献。

3）采用标准化的著录格式。

3. 参考文献著录的方法和要求

论文中参考文献的著录方法，国际上流行的有多种，而我国国家标准《文后参考文献著录规则》（GB/T 7714—2005）中规定采用"顺序编码制"和"著者-出版年制"这两种。其中，顺序编码制为我国科学技术期刊所普遍采用，所以这里只介绍这一种。

（1）文内标注格式

采用顺序编码制时，在引文处，按它们出现的先后顺序用阿拉伯数字连续编码，并将序码置于方括号内，视具体情况把序码作为上角标，或者作为语句的组成部分。

（2）文后参考文献表的编写格式

采用顺序编码制时，在文后参考文献表中，各条文献按在论文中的文献序号顺序排列，项目应完整，内容应准确，各个项目的次序和著录符号应符合规定（请注意：参考文献表中各著录项之间的符号是"著录符号"，而不是书面汉语或其他语言的"标点符号"，所以不要用标点符号的概念去理解）。论文中参考文献表置于"致谢"段之后，"附录"段之前。

（3）各类文献著录的通用格式

1）参考文献的类型。

参考文献（即引文出处）的类型以单字母方式标识，具体如下：

M——专著

D——学位论文

C——论文集

R——报告

N——报纸文章

S——标准

J——期刊文章

P——专利

A——文章

对于不属于上述类型的文献，采用字母"Z"标识。

常用的电子文献及载体类型标识如下：

[DB/OL]——联机网上数据（Database Online）

[DB/MT]——磁带数据库（Database on Magnetic Tape）

[M/CD]——光盘图书（Monograph on CDROM）

[CP/DK]——磁盘软件（Computer Program on Disk）

[J/OL]——网上期刊（Serial Online）

[EB/OL]——网上电子公告（Electronic Bulletin Board Online）

对于英文参考文献，还应注意以下两点。

① 作者姓名采用"姓在前，名在后"原则，具体格式是：姓，名字的首字母。如 Malcolm Richard Cowley 应为：Cowley, M.R.；如果有两位作者，则第一位作者表示方式不

变，& 之后第二位作者名字的首字母放在前面，姓放在后面，如 Frank Norris 与 Irving Gordon 应为：Norris,F. & I.Gordon.。

② 书名、报刊名使用斜体字，如 *Mastering English Literature*，*English Weekly*。

2）参考文献的格式及举例。

① 期刊类。

【格式】[序号]作者.篇名[J].刊名，出版年份，卷号（期号）：起止页码.

【举例】

[1] 周融，任志国，杨尚雷，厉星星.对新形势下毕业设计管理工作的思考与实践[J].电气电子教学学报，2003(6)：107-109.

[2] 夏鲁惠.高等学校毕业设计（论文）教学情况调研报告[J].高等理科教育，2004(1)：46-52.

[3] Heider, E.R.& D.C.Oliver. The structure of color space in naming and memory of two languages [J]. *Foreign Language Teaching and Research*, 1999 (3):62 – 67.

② 专著类。

【格式】[序号]作者.书名[M].出版地：出版社，出版年份：起止页码.

【举例】

[4] 刘国钧，王连成.图书馆史研究[M].北京：高等教育出版社，1979：15-18，31.

[5] Gill, R. *Mastering English Literature* [M]. London: Macmillan, 1985: 42-45.

③ 报纸类。

【格式】[序号]作者.篇名[N].报纸名，出版日期（版次）.

【举例】

[6] 李大伦.经济全球化的重要性[N]. 光明日报，1998-12-27(3).

[7] French, W. Between Silences: A Voice from China[N]. *Atlantic Weekly*, 1987-8-15(33).

④ 论文集。

【格式】[序号]作者.篇名[C].出版地：出版者，出版年份：起止页码.

【举例】

[8] 伍蠡甫.西方文论选[C]. 上海：上海译文出版社，1979：12-17.

[9] Spivak,G. "Can the Subaltern Speak?"[A]. In C.Nelson & L. Grossberg(eds.). Victoryin Limbo: Imagism [C]. Urbana: University of Illinois Press, 1988： pp.271-313.

[10] Almarza, G.G. Student foreign language teacher's knowledge growth [A]. InD.Freeman and J.C.Richards (eds.). Teacher Learning in Language Teaching [C]. New York:Cambridge University Press，1996：pp.50-78.

⑤ 学位论文。

【格式】[序号]作者.篇名[D].出版地：保存者，出版年份：起止页码.

【举例】

[11] 张筑生.微分半动力系统的不变集[D].北京：北京大学数学系数学研究所,1983：1-7.

⑥ 研究报告。

【格式】[序号]作者.篇名[R].出版地：出版者，出版年份：起止页码.

【举例】

[12] 冯西桥.核反应堆压力管道与压力容器的 LBB 分析[R].北京：清华大学核能技术设计研究院, 1997：9-10.

⑦ 专利。

【格式】[序号]专利所有者.题名[P].国别：专利号，发布日期.

【举例】

[13] 姜锡洲.一种温热外敷药制备方案[P].中国专利：881056073, 1989－07－26.

⑧ 标准。

【格式】[序号]标准编号，标准名称[S].

【举例】

[14] GB/T 16159—2012, 汉语拼音正词法基本规则[S].

⑨ 条例。

【格式】[序号]颁布单位.条例名称[Z].发布日期.

【举例】

[15] 中华人民共和国科学技术委员会.科学技术期刊管理办法[Z].1991-06-05.

⑩ 电子文献。

【格式】[序号]主要责任者.电子文献题名. [电子文献及载体类型标识]电子文献出处（或可获得地址），发表或更新日期/引用日期.

【举例】

[16] 王明亮. 关于中国学术期刊标准化数据库系统工程的进展. [EB/OL].http://www.cajcd.edu.cn/pub/wml.txt/980810–2.html, 1998–08–16/1998–10–04.

[17] 万锦.中国大学学报论文文摘（1983－1993）.英文版 [DB/CD]. 北京：中国大百科全书出版社, 1996.

⑪ 各种未定义类型的文献。

【格式】[序号] 主要责任者.文献题名[Z].出版地：出版者, 出版年月.

3）注释。

注释是对论文正文中某一特定内容的进一步解释或补充说明。注释应置于本页页脚，前面用圈码①、②、③等标识。

7.2.11 附录

附录是论文主体的补充项目，对于每一篇科技论文并不是必需的。为了体现整篇论文材料上的完整性，但如果写入正文又可能有损于行文的条理性、逻辑性和精练性，这类材料可以写入"附录"段。"附录"段大致包括如下一些材料。

1）比正文更为详尽的理论根据、研究方法和技术要点更深入的叙述，建议可以阅读的参考文献题录，对了解正文内容有用的补充信息等。

2）由于篇幅过长或取材于复制品而不宜写入正文的资料。

3）不便于写入正文的罕见珍贵资料。

4）一般读者并非必要阅读，但对本专业同行很有参考价值的资料。

5）某些重要的原始数据、数学推导、计算程序、框图、结构图、统计表、计算机打印输出件等。"附录"段置于参考文献表之后，依次用大写正体 A，B，C…编号，如以"附录 A""附录 B"作标题前导词。附录中的插图、表格、公式、参考文献等的序号与正文分开，另行编制，如编为图 A1，图 B2；表 B1，表 C3；式（A1），式（C2）；文献［A1］，文献［B2］等。

7.2.12 注释

解释题名项、作者及论文中的某些内容时，均可使用注释。能在行文时用括号直接注释的，尽量不单独列出。不随文列出的注释叫作脚注。用加半个圆括号的阿拉伯数字 1)，2)，3) 等，或用圈码①，②，③等作为标注符号，置于需要注释的词、词组或句子的右上角。每页均从数码 1) 或①开始，当页只有 1 个脚注时，也用 1) 或①。注释内容应置于该页地脚，并在页面的左边用一短细水平线与正文分开，细线的长度为版面宽度的 1/4。

为了保证文稿质量，作者需注意以下几个重要问题。

1. 层次标题

各层次标题一律用阿拉伯数字连续编码，不同层次的两个数字之间用下圆点（.）分隔开，末位数字后面不加点号；各层次的第一个序码均左顶格书写，最后一个序码之后空一个字距接写标题。例如：

题名：采用预应力修复工艺加固码头承台梁的试验研究

1. 试验原理
2. 试验目的与任务
2.1 施工可靠性试验
2.2 钢绞线弯曲半径的张拉试验
2.3 补加钢绞线数量的确定
2.4 加固效果检验
3. 试验设计
3.1 基本数据
3.1.1 钻孔设计
3.1.2 梁折角处钢绞线的处理
3.1.3 锚具设计
3.1.4 钢绞线选择
3.2 试验组合
3.3 钢绞线张拉
3.4 孔道及裂缝灌浆
3.4.1 灌浆材料
3.4.2 灌浆工艺
3.5 外包砼
3.5.1 外包砼的等级
3.5.2 外包砼的位置、规格和尺寸
3.5.3 外包砼的浇筑与振捣
4. 试验结果
5. 结论
6. 参考文献

如果需要,也可有四级标题等,如"2.1.2.3""2.1.2.4"。此外,"要点"序码全文甚至全刊也应统一,比如,第一层用"1.""2.""3."等,第二层用"1)""2)""3)"等,第三层用"①""②""③"等。

2. 量名称和量符号

(1) 量名称

1) 通用的量名称,按国家标准《量和单位》的规定选用,切勿使用已废弃的量名称。

2) 学科或专业的量名称,用全国科学技术名词审定委员会审定公布的。目前全国名词委已公布出版了60多个学科的名词术语。

(2) 量符号

在国家标准《量和单位》中,对每个基本物理量都给出了一个或一个以上的符号,这些符号就是标准化的量符号,如 l(长度)、d(直径)、A 或 S(面积)、V(体积)、t(时间)、v(速度)、λ(波长)、m(质量)、F(力)、M(力矩)、p(压力,压强)、E(能[量])、P(功率)、T 或 Θ(热力学温度)、t 或 θ(摄氏温度)、Q(热量)、w(质量分数)、φ(体积分数)等。国家标准规定,非普及性科学书刊,尤其是在数理公式中,必须使用量符号。使用量符号时请注意以下几点。

1) 应尽量采用标准规定的量符号。若用到的量国标中没有,可以参照标准自己拟定量符号。自拟时要注意,量符号一般是由单个拉丁字母或希腊字母表示的(25个特征数符号除外,它们由两个字母构成,如雷诺数 Re、普朗特数 Pr 等,另一个例外是 pH 值),不能用多字母作量符号,如把"临界高温"的量符号写作 CHT(Critical High Temperature)是错误的,正确表达应为 $T_{c,h}$。当然,类似 CHT 这样的英文缩略词用在文字叙述中,而不是作为量符号用在公式或图表中是允许的。

2) 文稿若是打印件,量符号必须用斜体字母(pH 值除外)。

3) 量符号的大小写也有规定,不能随意。比如 T 是热力学温度,t 是摄氏温度;V 是体积,v 是速度;P 是功率,p 是压力等。

4) 在全文中某一个字母代表的量应是唯一确定的。比如 t,不能在这里表示"时间",在那里又表示"摄氏温度";在这里表示"初始温度",在那里又表示"终了温度"。解决办法是:t 已经定为表示"时间",就用 θ 表示"摄氏温度";用 t_i(i 为 initial(初始的)首字母)表示"初始温度",用 t_e(end)表示"终了温度"。类似地,用 p_A 表示 A 点的压力,用 p_B 表示 B 点的压力,用 p_C 表示 C 点的压力等。总之,为了表示量的特定状态、位置、条件或测量方法等,可以在量符号上附加上下角标,如星号(*)、外文字母、阿拉伯数字及其他符号,个别情况下允许加汉字角标(如 $h_{小麦}$ 表示"小麦株高")。

5) 不能把化学元素符号作为量符号使用。把化学元素符号当作量符号来用的现象比较普遍,包括过去很多教科书。例如"$H_2:O_2=2:1$",这很不规范,含义也不清楚。正确的表达方式如下:

若指质量比,则应为 $m(H_2):m(O_2)=2:1$;

若指体积比,则应为 $V(H_2):V(O_2)=2:1$;

若指物质的量的比,则应为 $n(H_2):n(O_2)=2:1$。

3. 计量单位

按规定,一律采用《中华人民共和国法定计量单位》。我国法定计量单位是以国际单位制

(SI) 单位为基础，根据我国情况加选一些非 SI 单位构成的。使用法定单位的原则如下。

1) 全文只能使用法定单位，不能使用非法定单位，如市制单位、公制单位、英制单位，以及其他旧杂制单位。尤其需注意，土地面积不能用"亩"。大面积用 hm^2（读作"公顷"），很大面积用 km^2（读作"平方千米"），小面积（如宅基地、小试验地等）用 m^2（读作"平方米"）。

2) 全文只能采用单位的国际通用符号（简称国际符号），而不能采用单位的中文符号。国际符号指用拉丁字母或希腊字母表示的单位或其词头，如μm（读作"微米"）、kg（读作"千克"）、N（读作"牛顿"）、kPa（读作"千帕"）、W（读作"瓦特"）、J（读作"焦耳"）等。使用法定单位的要点如下。

① 若文稿是打印件，则单位符号（指单位的国际符号，下同）毫无例外地用正体字母。

② 要注意区分单位符号和词头符号的大小写：一般单位符号为小写体，如 m（米）、t（吨）、g（克）等；来源于人名的单位，其符号的首字母大写，如 A（安培）、Pa（帕斯卡）、J（焦耳）等，例外的是 L（升）虽不是来源于人名，也大写。词头符号中表示的幂次为 10^6 及以上，用大写体，如 M（10^6，兆）等；表示的幂次为 10^3 及以下，用小写体，如 k（10^3，千）、h（10^2，百）、d（10^{-1}，分）、c（10^{-2}，厘）、m（10^{-3}，毫），μ（10^{-6}，微）、n（10^{-9}，纳）等。

③ 遵守组合单位符号的构成规则。

a. 相乘组合单位符号有两种形式，即加点乘号和不加点乘号：如力矩单位 N·m，也可写作 Nm。

b. 相除组合单位有三种形式，如热容的单位为 J/K 或 J·K^{-1}，最末一种形式一般只用于数理公式中。

c. 相除组合单位符号中的斜分数线"/"不能多于一条，当分母有两个以上单位时，分母就应加圆括号。如传热系数的单位 W/(m^2·K)，不能写成 W/m^2/K，也不能写成 W/m^2·K。

d. 组合单位中不能夹有单位的中文符号，例如，把流量单位写成 m^3/秒，把用药量单位写成 mg/(kg·天)，都是错误的，应分别写成 m^3/s 和 mg/(kg·d)。但是，组合单位中允许有计数单位（如元、只、人、把、个、株、粒、颗等）和一般常用时间单位（如月、周（星期）等），如价格单位元/t，人均住房面积单位 m^2/人，劳动生产率单位 kg/（月·人）等。

另外，"万"和"亿"是我国特有的数词（但它们不是单位的"词头"），可以与法定单位符号连用，例如可写作 20 亿 t，35 万 km^2 等。

④ 不应把一些不是单位符号的"符号"作为单位符号使用。

a. 单位英文名称的缩写不是单位符号，如 m（分）、sec（秒）、day（天）、hr（［小］时）、y 或 yr（年）、wk（星期）、mo（月）等，它们的单位符号分别应为 min、s、d、h、a（年）、周、月等。

b. 长期以来用作单位符号的 ppm、ppb 等，只是表示数量份额的英文缩写，意义也不确切，而且其中有的在不同国家代表不同的数值，因此不能使用。可视具体情况进行改写，例如可将 200ppm 改为 $200×10^{-6}$，或者改为 200mg/kg。

⑤ 绝不能对单位符号进行修饰。常见的修饰方式有以下两种。

a. 加下角标。如把试验用种子的质量表示成 m=50g 种，正确表示为 m_s=50g，其中 s 为 seed（种子）的缩写，也可写成 m 种子=50g。

b. 插入化学元素符号等说明性记号。例如，0.15 mg（Pb）/L，正确表示为ρ(Pb)=0.15 mg/L；又如，1g 生药/mL，正确表示为ρ（生药）=1g/mL。

⑥ 单位前的数值，一般应控制在 0.1～1 000 之间，既不能太小，也不能太大，尤其在图表中；否则应当改换词头。例如，0.001m 应改为 1 mm，1200g 应改为 1.2kg，32000kg 应改为 32 t。

4. 数字

（1）汉字数字与阿拉伯数字

什么情况使用汉字数字，什么情况使用阿拉伯数字，这在国家标准中有相应规定。

总的原则是：凡是可以使用阿拉伯数字而且又很得体的地方，均应使用阿拉伯数字。

使用阿拉伯数字的场合如下。

1）公元世纪、年代、年、月、日、时刻。如 20 世纪 90 年代；1999 年 1 月 15 日；12 时 5 分 18 秒。请注意：年份不能简写，如 1999 年在任何地方都不能写作 99 年。"时刻"可用标准化格式表示，如"12 时 5 分 18 秒"可写为"12：05：38"。日期与日的时间的组合，表示方法是：年-月-日 T 时：分：秒。T 为时间标志符。"时""分""秒"之间的分隔符是冒号（：）而不是比号（：）。例如"1999 年 1 月 15 日 12 时 5 分 18 秒"，可表示为"1999-01-15T12：05：18"。这种方式更多地用在图表中。

2）计量单位和计数单位前的数字。如食盐 200g，木料 5m^3；猪 15 头，羊 2 只，鱼 1 条；3 个特点，2 条意见，200 多人。

3）纯数字，包括整数、小数、分数、百分数、比例，以及一部分概数。如 4，-0.3，4/5，56%，3：2，10 多，300 余。

4）产品型号、样品编号，以及各种代号或序号。

5）文后参考文献著录中的数字（古籍除外）。

使用汉字数字的场合如下。

① 定型的词、词组、成语、惯用语、缩略语，以及具有修辞色彩的词语中作为语素的数字，必须用汉字数字。例如第一，二倍体，三氧化二铝，十二指肠，星期五，"十五"计划，第一作者，一分为二，三届四次理事会，他一天忙到黑。

② 相邻两个数字连用表示的概数。例如一两千米，二三十公顷，四百五六十万元（注意：其间不用顿号（、））。

③ 带有"几"字的数字表示的概数。例如十几，几百，三千几百万，几万分之一。

④ 各国、各民族的非公历纪年及月日。

⑤ 含有月日简称表示事件、节日和其他特定含义的词组中的数字。例如，"一二·九"运动，五四运动，"一·一七"批示。

（2）数字的书写规则

1）书写和排印四位和四位以上的数字要采用三位分节法，即从小数点算起，向左和向右每三位数之间留出 1/4 个汉字大小的空隙。例如 3 245，3.141 592 6。

2）小数点前用来定位的"0"不能省略。如 0.85 不能写作.85。

3）阿拉伯数字不能与除"万""亿"外的汉字数词连用。如"十二亿一千五百分"可写为"121 500 万"或"12.15 亿"，但不能写为"12 亿 1 千 5 百万"。

4）数值的有效位数必须全部写出。例如，一组有三位有效数字的电流值"0.250，

0.500，0.750A"，不能写作"0.25，0.5，0.75A"。

5）表示数值范围和公差时应注意以下几点。

① 表示数值范围采用浪纹号（～）。例如 120～130 kg，70～80 头（羊）。此外，若不表示数值范围，则不要用浪纹号。如"1995～2000 年"，"做 2～3 次试验"都不妥。前者是两个年份（不是数值），其间"～"应改为连接号"—"（一字线）；后者"2 次"与"3 次"之间不可能有其他数值，应改为"两三次"，但"做 2～4 试验"这样的表述则可以。

② 表示百分数范围时，前一个百分号不能省略。如"52%～55%"不能写成"52～55%"。

③ 用"万"或"亿"表示的数值范围，每个数值中的"万"或"亿"不能省略。如"20 万～30 万"不能写成"20～30 万"。

④ 单位不完全相同的量值范围，每个量值的单位应全部写出，如"3 h～4h 20 min"不能写作"3～4 h 20 min"；但单位相同的量值范围，前一个量值的单位可以省略，如"100 g～150 g"可以写作"100～150g"。

⑤ 量值与其公差的单位相同、上下公差也相等时，单位可以只写一次，如"12.5 mm±0.5mm"可写作"（12.5±0.5）mm"，但不能写作"12.5±0.5mm"。

⑥ 量值的上下公差不相同时，公差应分别写在量值的右上、右下角，如"cm"；量值与公差的单位不相同时，单位应分别写出，如"20cm mm"。

⑦ 表示带百分数公差的中心值时，百分号（%）只需写一次，同时"%"前的中心值与公差应当用括号。例如"（50±5）%"任何时候都不得写作"50±5%"，也不得写作"50%±5%"。

6）用量值相乘表示面积或体积时，每个数值的单位都应写出。例如 60 m×40 m，不能写作 60×40 m，也不能写作 60×40 m^2；50 cm×40 cm×20 cm，不能写作 50×40×20 cm，也不能写作 50×40×20 cm^3。

7）一组量值的单位相同时，可以只在最末一个量值后写出单位，其余量值的单位可以省略。如"50 mm，45 mm，42 mm，37 mm"，可以写作"50，45，42，37 mm"。各量值后的点号可以用"，"，也可以用"、"，但全书应统一。

5. 图表

插图和表格是论文的重要组成部分，对于它们的设计和制作，这里再强调几点。

1）图表都应精省：一般能用文字表示清楚的内容就不必用图表，用大量文字还说不明白而用图或表才能方便说明的内容可用图表；只用一幅图或一个表就能说明的内容，就不要用两个或更多的图或表。

2）每个图表都应有图序或表序。图序的格式为"图 1""图 2""图 3"等，表序的格式为"表 1""表 2""表 3"等。

3）每个图表都应有图题或表题。图题或表题应是以最准确、最简练的并能反映图或表特定内容的词语的逻辑组合，一般是词组（很少用句子），而且绝大多数是以名词或名词性词组为中心语的偏正词组（很少用动宾词组），要求准确得体，简短精练，容易认读。

4）图表中的标目，采用量与单位比值的形式，即"量名称或（和）量符号/单位"，比如"p/MPa"，或"压力/MPa"，或"压力 p/MPa"；而不用传统、不科学的并容易引起歧义的表示方法，如"p，MPa"，或"压力，MPa"，或"压力ρ，MPa"，或者"p（MPa）"或"压力（MPa）"，或"压力 p（MPa）"。这类正确的表达方式，中学教材已经或正在采用。百分号"%"虽然不是单位，但在这里也可按单位处理，如"相对压力/%"或"η p/%"，传统的表示法是"相对压力，%"或"ηp，%"，或者"相对压力（%）"或ηp（%）"。

7.3 常见科技论文写作要求和特点

本节就目前理工科高校（包括高职院校）、中等职业学校常用的几种形式的科技论文作介绍。

7.3.1 科技报告类文体

1. 科技报告类文体的含义

科技报告，国际标准 ISO 5966—1982 给出的科技报告的定义是：科技报告是记述科学技术研究进展或结果的文件，或是陈述科学技术问题现状的文件。科技报告按类型可分为报告（Report）、札记（Note）、论文（Paper）、备忘录（Memo）和通报（Bulletin）五种。从内容上可分为可行性报告、开题报告、进展报告、考察报告、实验报告等。

同学术论文比较而言，科技报告是实验、考察、调查结果的如实记录，侧重于报告科技工作的过程、方法和说明有关情况。不论结果如何，只要是经验或教训都可以写入报告，而学术论文则要求有见解或理论升华。科技报告有时是向有关部门报告科研工作进展的一种文件。科技报告作为内部的科研记录，其内容具体，一般不公开发表，保密性强于学术论文。

2. 科技报告类文体的作用

科技报告类文体的作用主要有以下几个方面。

（1）汇报情况，提供依据

科技报告是一种用途广泛的文体。宏观而言，它可以报告国内外科学研究和技术发展的基本状况和趋势；微观而言，又可以反映某项科学研究的进展情况、经过、成绩和问题，以便有关部门和人员及时了解情况，及时进行指导，并为领导决策提供依据基础。

（2）报道成果，传播信息

科技报告作为一次文献具有直接报道新的科学发现和发明的功能，通过科技报告将科技成果及时公布于世，促进科学技术的推广与应用。同时，科技报告对于开展学术交流、提供学术信息、推动科学发展发挥着重要的作用。

（3）储存资料，丰富数据

科技报告包含着丰富的新知识、新数据、新资料、新方法、新理论，通过科技报告归纳、整理、储存这些资料信息，对于丰富人类知识宝库具有重要的现实意义和深远的历史意义。

3. 科技报告类文体的分类和特征

（1）科技报告类文体的分类

科技报告是一种使用广泛的文体类型，它包括若干类文种，常用的主要有四类。

1）科技调查报告。如科技调查报告、实地考察报告、会议考察报告、出国考察报告等。

2）科技实验报告。这类报告主要是验证科学假设，陈述实验方法、过程和结果，证实某种理论或设想的科学性。

3）科技研究报告。如可行性报告、科学研究报告、科研成果报告等。这类报告主要是学术性的，其作用是进行学术交流，报道新发明、新成果等。

4）科技工作报告。主要有科研进度报告、总结报告、科技简报等。

（2）科技报告类文体的特征

科技报告类文体的特征主要包括如下四点。

1）告知性。

它是科技报告的基本特点。科技报告行文的目的主要是将科技工作的有关情况告知有关人员，以便使有关人员了解知晓。其告知的对象一是上级机关或主管部门，如科研进度报告主要是针对批准立项的机关和部门；二是平级机关，如同行交流、承担方、委托方或资助方的报送；三是老师告知，如做完实验后向老师递送的实验报告等。

2）客观性。

它是科技报告的基本要求。科技报告是以科研实践中的事实为内容，真实地记述科学研究和技术工作中的新情况、新动向、新进展、新认识、新发现、新成果，因而以实事求是的精神反映客观实际是科技报告的基本要求。无论是陈述科研进展情况，还是列举搜集到的资料或调查到的事实、实验数据、结论等，都要全面、客观、准确无误，不可主观臆断。

3）技术性。

它是科技报告的核心。科技报告主要是反映科学研究和技术发展状况的，是交流有关新发明、新发现或有关科技信息的，因而技术性是科技报告的核心，也是科技报告的标志。

4）快速性。

它是科技报告的关键。科技报告具有传播科技新成果、新知识的作用，因而对时间的要求也就比较高。在取得某项新的科技成果后，要迅速、及时地通过科技报告进行信息的交流与传播，以缩短科学发现或技术发明从产生到公布于世的时间差，使科研成果、科技信息尽快问世。

4. 科技实验报告的写作

（1）科技实验报告的含义与作用

科技实验报告是指记录和描述某一项科学实验过程和结果的告知性书面报告材料。

科技实验是一种在特定条件下，认识自然现象、探索自然奥秘、获取感性知识、检验和发展科学理论的活动。在科研活动中，为了检验某种科学理论或假说，进行创造发明和解决实际问题，往往都要进行科学实验。通过观测、分析、综合、判断，如实地将实验过程和结果记录下来，这样形成的书面文字材料就是实验报告。科技实验报告的主要作用是进一步验证科学理论及其概念、定律、法则，补充和修正前人实验的不足之处；用已有的实验原理做出更高数量级的测试精度；用新的实验方法证明原有的结果；为某项开拓性研究设计全新的实践方案，以及提高科技人员独立思考和工作的能力。

（2）科技实验报告的分类和特征

实验报告主要有两种类型：一是检验型实验报告，如在校学生在物理、化学实验后写的实验报告。这类实验报告比较简单，只是重复前人的实验。二是创新型实验报告，它被广泛应用于科学研究领域，是科研人员常用的。这类实验报告所反映的或者是一项新的科研项目，设计出一个全新的实验过程；或者是改进一项实验方法，寻求更高的测量结果等。科技实验报告是对科学实验工作的如实描述和系统概括，它是科学研究工作的重要环节，也是开展科学研究工作的重要手段。其主要特点是：创新性、确证性、实践性和记录性。

（3）科技实验报告的格式

检验型实验报告一般项目单一，内容简单，格式简便，有些常按表格式样进行填写。创新型实验报告内容较为复杂，其内容结构与写法如下。

1)标题。

实验报告的标题即实验的名称,其写法要揭示实验的基本内容,简明、准确、扼要。如《水污染控制实验报告》《新型防火阀与火灾报警器定期观测实验报告》。

2)作者及其单位。

在标题之下写明作者姓名(或实验人姓名)、职称(或职务),或承担实验任务的单位名称,并注明实验的日期。作者及其单位也可放在报告正文之后。

3)摘要。

摘要是全篇实验报告内容的浓缩,重点阐释实验的结论。

4)关键词。

关键词是对实验目的、条件、方法和所产生的变化效应等方面进行提炼,多以名词或名词词组的形式出现。

5)导言。

导言又称为引言、前言等。它是报告的开端,具有开宗明义的作用。其内容是概要介绍实验的背景和条件、实验的目的和作用,实验的主要内容和结果等。要求概括、精练,点到即可,重要的地方可略加说明。

6)正文。

正文部分主要包括以下内容。

实验目的:着重指明为什么要进行本实验,简明扼要。

实验原理:即进行本实验的理论依据,简要说明实验中所涉及的概念、定律。

公式及推导方法等:有的实验报告还画出实验原理图、化学反应方程式等。

实验设备、装置和材料:包括实验过程中使用的重要设备、特殊设备、自制设备。详细介绍各类设备的原理、结构、规格、型号、性能等。实验材料应按照其性质分类详细介绍,化学实验中的试剂应给出形态、浓度及化学成分等。实验装置应以其在空间的位置为序介绍,必要时绘出草图,附以文字和符号说明。

实验方法步骤:主要介绍实验步骤和操作方法,一般按时间顺序写。要叙述实验的条件及对实验的具体要求,简要介绍实验过程,重点介绍实验方法。实验方法包括数据方法和以实验数据为依据的设计计算方法。

实验结果:这是报告的关键。实验结果包括描述和分析实验过程中所发生的现象、实验中得到的各种数据、误差的分析以及实验的最终结果,有的可绘出图表,并加以文字说明。实验结果一般要使用科技专用术语,引用数据要真实准确,要客观描述、科学分析实验现象。

讨论和结论:讨论是把实验中的感性认识推向理性认识的过程,其内容包括:对异常现象和数据误差进行解释,对影响实验结果的因素进行分析,对改进实验方法及装置进行探讨或建议等。结论是对实验结果做出最后的判断,主要说明本实验验证或发展了哪些科学理论,发现了哪些新的规律;实验取得了哪些结果,该结果有何价值、作用和意义。

参考文献:列明参考文献是为了表明本次实验的理论依据,同时也是尊重他人知识成果所必须的。

(4)实验报告的写作要求

1)认真做好实验。写好实验报告关键是要做好实验,要认真记录各种现象和数据,这些都是写好实验报告的前提和基础。

2）使用说明的方式。实验报告是一种说明性文体，强调真实记录和描述性，因此要采取说明的方式，用简练、清晰、确切的文字和专业术语，客观地表述实验过程和实验结果。同时实验报告具有报道性，因而在保证技术性的基础上要尽量通俗易懂，注意可读性。要绘制好图表，并进行清楚明了的说明和解释，但不能任意编造实验现象和篡改实验数据。

3）格式规范，层次分明。科学实验是一个复杂的过程，因而要求抓住重点和关键，讲求结构格式的规范性，做到层次分明，要点突出，行文简洁流畅，不枝不蔓。

（5）写作范例

"磁场中的电化学反应"实验报告

刘武青

摘要：（略）

关键词：×××　××　×××

一、前言

现在制造电池、蓄电池的原理是电化学反应。电极由不同元素、不同化合物构成，产生电流不需要磁场的参与。目前有磁性材料作电极的铁镍蓄电池，但铁镍蓄电池放电时没有外加磁场的参与。通过数次实验证明，在磁场中是可以发生电化学反应的。本实验报告是研究电化学反应发生在磁场中，电极用同种元素、同种化合物的现象。"磁场中的电化学反应"不同于燃料电池、磁流体发电。

二、实验方法和观察结果

1. 所用器材及材料：（1）长方体塑料容器一个。长约100毫米、宽40毫米、高50毫米。（2）磁体一块，上面有一根棉线。还有铁氧体磁体$\Phi 30\times 23$毫米两块、稀土磁体$\Phi 12\times 5$毫米两块、稀土磁体$\Phi 18\times 5$毫米一块。（3）塑料瓶一个，内装硫酸亚铁。（4）铁片两片（铁片要进行除锈处理，用砂纸、刀片或酸清洗除锈）。用的罐头铁皮，长110毫米、宽20毫米，表面用砂纸处理。

2. 电流表，0至200微安。用微安表，由于要让指针能左右移动，用表头上的调0螺丝将指针向右侧调节一定位置。即通电前指针在50微安的位置作为0，或者不调节。

3. "磁场中的电化学反应"装置是直流电源，本实验由于要使用电流表，一般的电流表指针的偏转方向是按照电流流动方向来设计的（也有随电流流动方向改变，指针可以左右偏转的电流表。本实验报告示意图就是这种电流表），因此本演示所讲的是电流流动方向，电流由"磁场中的电化学反应"装置的正极流向"磁场中的电化学反应"装置的负极，通过电流表指针的偏转方向，可以判断出"磁场中的电化学反应"装置的正、负极。

4. 手拿磁体，靠近塑料瓶，明显感到有吸引力，这是由于塑料瓶中装了硫酸亚铁，说明硫酸亚铁是铁磁性物质。

5. 将塑料瓶中的硫酸亚铁倒一些在纸上，压碎硫酸亚铁晶体，用磁体靠近硫酸亚铁，这时有一部分硫酸亚铁被吸引在磁体上，进一步说明硫酸亚铁是铁磁性物质。

6. 将磁体用棉线挂在墙上的一个钉子上，让磁体悬空垂直不动，用装有硫酸亚铁的塑料瓶靠近磁体，当还未接触到悬空磁体时，可以看到悬空磁体已开始运动，此现象更进一步说明硫酸亚铁是铁磁性物质（注：与用另一个塑料瓶装入硫酸亚铁饱和溶液产生的现象相同）。

7. 通过步骤4、5、6得到硫酸亚铁是铁磁性物质。

8. 将塑料瓶中的硫酸亚铁适量倒在烧杯中，加入蒸馏水溶解硫酸亚铁。然后将饱和的硫酸亚铁溶液倒入一个长方形的塑料容器中。装入长方形容器中的液面高度为40毫米。

9. 将铁片分别放在塑料容器的硫酸亚铁溶液两端中，但要留大部分在溶液之上，以便用电流表测量电流。由于两个电极用的是同种金属铁，因此没有电流产生。

10. 然后，在塑料容器的外面，将铁氧体磁体放在某一片铁片的附近，让此铁片处在磁场中。用电流表测量两片铁片之间，可以看到有电流产生（如果用单方向移动的电流表，注意电流表的正极应接在放磁体的那一端），测量出电流强度为70微安。为什么同种金属作电极在酸、碱、盐溶液中就有电流产生？电位差是怎样形成的？由于某一片铁片处在磁场中，此铁片也就成为磁体，因此，在此铁片的表面吸引了大量的带正电荷的铁离子，而在另一片铁片的表面带正电荷的铁离子的数量少于处在磁场中的铁片带正电荷的铁离子数量，这两片铁片之间有电位差的存在，当用导线接通时，电流由铁离子多的这一端流向铁离子少的那一端（电子由铁离子少的那一端铁片即电源的负极流向铁离子多的那一端铁片即电源的正极），这样就有电流产生。可以用化学上氧化-还原反应定律来看这个问题。处在磁场一端的铁片的表面由于有大量带正电荷的铁离子聚集在表面，而没有处在磁场的另一端的铁片的表面带正电荷的铁离子数量没有那一端多，当接通电源后，处在磁场这一端的铁片表面上的铁离子得到电子（还原）变为铁原子沉淀在铁片表面，而没有处在磁场那一端的铁片失去电子（氧化）变为铁离子进入硫酸亚铁溶液中。因为外接的电流表显示有电流的流动，可以证明有电子的转移，而电子流动方向是由电源的负极流向电源的正极，负极铁片上铁原子失去电子后，就变成了铁离子，进入了硫酸亚铁溶液中。

11. 确定"磁场中的电化学反应"的正、负极，确认正极是处在磁体的这一端。这是通过电流表指针移动方向来确定的。

12. 改变电流表指针移动方向的实验，移动铁氧体磁体实验，将第10步中的磁体从某一片上移开（某一片铁片可以退磁处理，如放在交变磁场中退磁，产生的电流要大一些），然后放到另一片铁片附近，同样有电流的产生，注意这时正极的位置发生了变化，电流表的指针移动方向产生了变化。

如果用稀土磁体，由于产生的电流强度较大，电流表就没有必要调整0到50毫安处，而用改变接线的方式来让电流表移动。改变磁体位置：如果用磁体直接吸引铁片电极没有浸在液体中的部分的方式来改变磁体位置，铁片电极不进行退磁处理也可以。

下图所示（图略）磁体位置改变，电流表指针偏转方向改变。证明电流流动方向改变，"磁场中的电化学反应"成立。电流流动方向说明了磁体在电极的正极位置。

三、实验结果讨论

此演示实验产生的电流是微不足道的，此演示的重点不在于产生电流的强度的大小，而重点是演示出产生电流流动的方向随磁体的位置变动而发生方向性的改变，这就是说此电源的正极是随磁体在电源的哪一极而改变。因此，可以证明，"磁场中的电化学反应"是成立的，此电化学反应是随磁体位置发生变化而产生的可逆的电化学反应。需特别注意"可逆"二字，这是本物理现象的重点所在。

通过磁场中的电化学反应证实：物理学上原电池定律在恒定磁场中是不适用的（原电池两极是用不同金属，而本实验两极是用相同的金属）。

通过磁场中的电化学反应证实：物理学上的洛伦兹力定律应修正，洛伦兹力对磁性运动的电荷是吸引力，而不是偏转力，并且洛伦兹力要做功。

通过实验证实，产生电流与磁场有关，电流流动的方向与磁体的位置有关。电极的两极使用同种金属，当负极消耗后又补充到正极，所以总体来说，电极没有发生消耗。这是与以往电池的区别所在。而且，正极与负极可以随磁体位置的改变而改变，这也与以往的电池不同。

"磁场中的电化学反应"电源的正极与负极可以循环使用。产生的电能大小所用的计算公式应是法拉第电解定律。法拉第电解第一定律指出：在电解过程中，电极上析出产物的质量，和电解中通入电流的量成正比；法拉第电解第二定律指出：各电极上析出产物的量，与各物质的当量成正比。法拉第常数是 1 摩尔质量的任何物质产生（或所需）的电量为 96493 库仑。而移动磁体或移动电极所消耗的功应等于移动磁体或移动电极所用的力乘以移动磁体或移动电极的距离。

四、进一步实验的方向

1. 在多大的铁片面积下，产生多大的电流，具体数字还要进一步实验，从目前实验来看，铁片面积及磁场强度大的条件下，产生的电流强度大。如铁片浸入硫酸亚铁溶液 20 毫米时，要比浸入 10 毫米时的电流强度大。

2. 产生电流与磁场有关，还要做进一步的定量实验及进一步的理论分析。如用稀土磁体比铁氧体磁体的电流强度大，在实验中，最大电流强度为 200 微安，也可以超过 200 微安。由于电流表量程有限，没有让实验电流超过 200 微安。

3. 产生的电流值随时间变化的曲线图 A-T（电流-时间），还要通过进一步实验画出。

4. 电解液的浓度及用什么样电解液较好，还需进一步实验。

参考文献（略）

7.3.2 学位论文的写作

1. 学位论文的概念及分类

（1）学位论文的概念

根据国标规定，学位论文是表明作者从事科学研究取得创造性的结果，或有新的见解，并以此为内容撰写而成，作为提出申请授予相应的学位时评审用的学术论文。

通俗地讲，学位论文就是在教师指导下，学生运用所学的基础理论、专业知识和基本技能，对本专业的某一课题进行独立研究后，为表述研究过程和研究成果而撰写的一种大型作业。它是提供给学位答辩委员会并以此获得相应学位的书面材料。撰写学位论文并进行论文答辩，是高等教育中必不可少的，而且是非常重要的实践性教学环节。其目的是指导学生运用已有知识独立进行科学研究，学习并掌握分析和解决学术问题的方法，培养学生综合运用所学知识和技能解决实际问题的能力。它着眼于研究方法的学习和科研能力的培养，为今后的科学研究奠定基础。

（2）学位论文的分类

《中华人民共和国学位条例》规定，我国学位论文分为学士论文、硕士论文、博士论文三类。

1）学士论文。

条例规定，大学生只要较好地掌握本学科的基本理论、基本知识和基本技能，具有一定的从事科学研究的能力，就可以通过毕业论文答辩，取得学士学位。由此可见，学士论文侧重于考查学生运用所学知识解决某些问题的基本能力。学士论文是在不到半年时间内，在教师指导下首次进行科学研究的实践总结。因此，它的选题一般较小，篇幅在一万字左右，内容不太复杂,但要求有一定的独创性,能够较好地分析和解决学术中的某些问题。对于理工科学生,要求运用计算、绘图、实验等技能,解决一个一般的工程技术问题;通过学位论文的撰写应学会对技术课题进行调查研究,会使用有关技术资料和工具书,了解有关的技术方针和政策,掌握一般的设计程序和方法,学会编制技术资料。写好一篇学士论文,必须有一个较为深入细致的研究过程。作者应了解本学科一些科研信息,阅读与选择有关的、一定数量的中外文参考文献,在论点和论据上有自己的新东西。通过学位论文的撰写,培养自己实事求是,严肃认真、扎实高效的工作作风。学士论文是大学生进行科学研究的首次尝试,既不是高不可攀,也不是轻而易举,在很大程度上是作者才华的第一次表现,所以应该认真对待。

有些同学面对学位论文,心里有一种神秘感,十分紧张,害怕写不好而过不了关,尤其对于从未写过论文的同学,从论文的内容到结构,都感到无从下笔、束手无策。其实只要掌握了学位论文的格式特点和写作要求,依照写作步骤按部就班地进行,在教师的指导下一定能够写好论文。

2)硕士论文。

硕士论文是攻读硕士学位的研究生写的毕业论文,它的学术价值要比学士论文高,它是在研究生导师指导下进行的,但更强调培养作者自己独立思考和独立完成的能力。硕士论文的科学观点和结论应在学术和经济建设上具有一定的理论意义和实践价值,对论文所涉及的问题应具有坚实的理论基础和专门知识,掌握本研究课题的研究方法和技能,它必须能够反映出作者掌握知识的深度,有作者自己的新见解,并有一定的科研成果。

这就要求在培养硕士研究生过程中应贯彻课程与论文、知识与能力并重的原则,对于培养科学研究或担任专门技术工作的能力,则主要是通过硕士学位论文来完成的。

《中华人民共和国学位条例》第五条规定,高等院校和科学研究机构的研究生,或具有研究生毕业同等学力的人员,只有在本学科上掌握坚实的理论基础和比较系统的专门知识,具有从事科研工作和专门技术工作的独立能力,才可通过论文答辩,取得硕士学位。一般来说,硕士论文在5万字左右。通过答辩的硕士论文,基本上达到了公开发表的水平。

3)博士论文。

博士论文是攻读博士学位的研究生毕业时撰写的用以申请博士学位的专业论文,它也是在导师指导下完成的,是作者独立写作的完整而系统的科学著作,是较重要的科研成果。《中华人民共和国学位条例》中明确规定授予博士学位的学位论文的学术水平为在本门学科上掌握坚实广阔的基础理论和系统深入的专门知识,具有独立从事科学研究工作的能力,在学科和专门技术上做出创造性的成果。这就是说,博士论文的基本观点和结论在学术和国民经济建设中应具有较大的学术意义和实践价值。它要求作者必须在某一学科领域中具有坚实而深广的基础理论和系统深入的专门知识。博士论文必须具有独创性和较高的学术水平,在某一学科领域中起先导和开拓作用。作者应能掌握研究课题的方法和技能,表明作者确已在本门学科上具有独立从事科学研究工作的能力。

博士论文一般在五万字以上,有的博士论文长达十几万字,成为一部学术专著。论文摘要不超过六千字,在论文答辩之前部分研究成果要求在公开刊物上发表。经过成果鉴定或由多位同行专家评议通过后才能进行论文答辩,通过博士学位答辩的博士论文具有发表和出版价值。

(3)学位论文的写作要求

1)要有科学性。

科学性就是要求学位论文的作者正确地反映客观事物，揭示事物的本质规律。它侧重于对事物进行抽象和概括的叙述和议论，表现事物发生、发展和变化的规律，以及作者对于这些规律的认识。

2）要有独创性。

独创性是衡量学位论文科学价值的根本标准。论文价值的大小，主要看它是否提出了新技术、新工艺、新见解、新理论，并具有普遍性和公开性。

3）要客观真实。

客观性与科学性是密切相关的。科学性要求实事求是，客观性要求一切从实际出发。客观性要求对于客观事物进行周密的调查研究，从中得出符合实际的结论。客观真实表现在立论的客观和材料的真实上。材料必须是真实的，只有建立在真实材料的基础上，得出的结论才可靠，才能经得起科学的推敲和实践的检验，绝不能带着先入为主的思想去找材料，这是写作学位论文的大忌，因为客观事物十分复杂，随时都可能找到一些例子和个别材料来证明某一观点。

4）论证要严密。

作者提出问题、分析问题和解决问题，要符合客观事物的规律，正确运用科学思维方法，体现出较强的逻辑性，一般来说，文科论文往往是用已知的事实，采用归纳推理的形式，求得对未知的认识。理科论文往往是用已知的科学原理和方法，采用演绎推理的方式，阐明未知的科学问题。不管人文科学还是自然科学，都要用严密的科学论证来阐明观点，说明问题。

5）要有综合性。

综合性指的是学位论文写作过程中的综合性，即知识的综合运用、技能的综合发挥、思维的综合调动、能力的综合培养。它要求在研究课题时要综合运用所学知识，调动各种技能和手段，多方进行论证和说明。

6）体式要规范。

国家标准 GB/T—7713.1—2006 和 GB/T—7713.3—2009 对学位论文的格式作了明确规定，甚至连论文的封面都严格要求按照规定填写。例如学位论文的封面内容有：分类号、密级、编号、题名和副题名、作者姓名、指导教师姓名、申请学位级别、专业名称、论文提交日期、论文答辩日期、学位授予单位和日期、答辩委员会主席、评阅人、填制年月日。论文在层次上分为前置部分、主体部分、附录部分和结尾部分四大块。每一部分又分几个层次，如主体部分分为正文、结论、致谢、参考文献。

2. 学位论文的选题

学位论文的选题，是撰写学位论文的重要环节。题目选得好坏，是论文成败的关键。题目选大了超出作者的科研和写作能力，必然失败；题目选小了又反映不出作者的实际水平，也不成功。课题有意义，写出的论文才有用，才会获得好的效果。如果课题毫无意义，即使精力花得再多，论文表达得再完美无缺，也是没有价值的。选题是撰写学位论文、进入科研领域的开端，其本身也是一项科研工作，有一定的方法和原则可循，这些方法和原则都是从实践中总结出来的，对学位论文的作者很有借鉴和指导意义。

（1）学位论文选题的重要性

1）确定学位论文的研究方向。

选题是对题目的选择，这里的题目并不完全等于标题。标题是论文的名称代号，而题目则是论文的研究方向，相当于常说的"课题"。

2）预测科学发展方向。

对于学士论文和硕士论文来说，要求其预测科学发展方向似乎不是很现实，但对于博士论文则并不过分。因为博士研究生已经进入了高级研究阶段，有能力也有理由对科学的发展进行预测，提出一些科学假想和推断。这就要求作者不仅敢想、敢说、敢做，而且要有严肃的科学态度和正确的方法，更重要的是要正确地、恰当地选题。包括指导教师在内，能否站在科学的前沿给学生提供有价值的选题，是衡量指导教师水平的一个重要指标。

3）预测论文的成果和价值。

学位论文的成果和价值与选题不无关系，选题不仅仅是给论文划定范围或确定题目，还是作者对自己研究方向的确定。有经验的教师根据学生的知识结构和层次，一看题目便知道论文有多大的把握成功。学术论文不同于文学作品，文学作品的题目可以象征含蓄，把主题隐含在题目的背后。而学术论文的题目则要求直观明了，论文的主旨或中心议题甚至主要论点都能在题目里反映出来。所以说，选题本身具有预测性，可以对论文的成果和价值进行预测和评估。

（2）学位论文的选题原则

学位论文的选题应遵循以下原则。

1）要有科学价值。

选择有科学价值的题目是不言而喻的事情。科学是前提条件，价值是结果，具有科学性才有价值，没有科学性自然谈不到价值。学位论文虽然是学生做的论文，但它也是全社会科学研究工作的一部分，也应该像专业研究人员那样有一种责任心和紧迫感，把精力集中于有科学价值的课题上。

2）专业要对口。

无论哪个层次的学位都有专业之分。学位论文的题目必须在自己的专业范围内选择。

3）要有浓厚兴趣。

爱因斯坦曾说："兴趣是最好的老师。"只有产生了兴趣对问题具有强烈的好奇心，才能全身心地投入，才能专心致志、废寝忘食地努力去搜集资料、深入研究，才能调动全部智慧从事学位论文的写作。

4）大小要适中。

题目的大小是相对于作者的主客观条件而言的。同一个题目，主客观条件好的作者也许觉得很小，而主客观条件差的作者可能就觉得很大。主观条件主要指作者的专业知识、基础理论、技能素质等方面。选题的时候，要正确估计自己的主观条件，量力而行，才能达到预期效果。

客观条件也是一个不可忽视的问题。完成选题所需要的时间、课题的理论发展情况、实验的技术条件、有关的研究资料、课题本身的科学性等，都要事先考虑到。

此外，课题的大小、难易程度也应予以充分考虑。课题大了，很难写得深入和透彻，难免失之于肤浅。一篇学术论文不可能反映作者的全部知识，所以不必去追求写全面论述性的大问题，导致大而空。

5）要有可行性。

可行性是指选题是否符合事物发展的客观规律。

（3）学位论文的选题方法

一般来说，学位论文有三种选题方式。一种是完全独立的自选题目；另一种是在参考题目范围内选择题目；第三种是指导教师建议的题目。根据前人的经验，以下几种选题方法对教师和学生同样有参考价值。

1）选择亟待解决的课题。

科学发展到任何程度都会有一些没有解决而又亟待解决的课题，这些课题都是关系到国计民生的重大问题，有一些还是科学发展中的关键问题。解决得好，社会就会前进，科学就会进步，生产力就会发展，人类文明就会提高，人民的物质生活和精神生活也会因此而得到改善。

2）选择开创性课题。

所谓开创性课题，是指那些前人没有研究过的课题，或者指不同学科之间的交叉点或知识的空白区域，是科学领域的处女地，具有很高的开垦价值，许多新理论、新发现、新创造都是在这里获得的。一旦涉足其中，就会发现这里矶珠满地，只要用心耕耘必有丰硕的收获。

3）选择有矛盾的课题。

在科学发展史上，常常出现旧理论与新事实之间的矛盾，不同理论之间的矛盾，以及不同学科之间的矛盾。这些矛盾就是很好的选题，从中可以开辟新的研究方向，建立新的科学分支。

4）选择有争论的课题。

选择有争论性的课题，参与大讨论，也容易获得成功。研究这种带有争鸣性质的课题，有时候要在众说纷纭的情况下提出自己的见解，有时候可以针对某一种说法进行辩论，阐述自己的主张。只要本着坚持真理、纠正错误的精神进行研究，也会在学术上取得突破，促进学术发展。

5）遵循学校规定。

有些大学对学士论文（毕业论文）的选题做了指导性规定，选题时可作为参考。

① 论文的选题应体现教学与科研、生产相结合的原则，应在满足教学基本要求的前提下，尽量结合生产实际、科学研究与实验室建设的任务进行，以利于培养学生严谨的科学态度和认真负责、一丝不苟的工作作风。

② 课题应根据专业培养目标与教学要求拟定，力求与教师的科研任务相结合，利于教学相长和教师的科研工作。

③ 必要的模拟性课题可以克服某些实际课题的局限性，摆脱某些技术条件的限制，增强所学知识的系统性和完整性。该类课题应当题意明确，具有较强的针对性和一定的使用性，避免严重脱离实际，同时要注意对学生实际工作能力的训练。

④ 课题分量要适当，应使学生在规定的时间内经过努力基本完成，或阶段性的完成。既不要任务过重，结束时遗留很多问题，也不要任务过轻，造成学生空闲，达不到基本教学要求。

⑤ 选题确定后，需经教研室主任审定并报系主任核准，一般不予以更换，确有理由需更换者，应征得指导教师和教研室主任同意，报系主任核准。

3. 学位论文的材料的搜集

所谓材料，就是为科学研究和论文写作的需要而搜集的一系列事实和事理。撰写学位论文，首先要占有丰富的材料，这是科研和写作的基础。在这一基础上，对材料进行加工整理、综合分析，然后才能揭示出事物的本质属性和内在规律。

人类的科研活动，往往是以研究已有的材料开始，以创造出新的材料（成果）结束。每个科学工作者，都是以前人的研究所达到的终点作为自己研究工作的起点。通过搜集材料和积累知识，可以掌握前人或他人已经取得的科研成果，从而了解到这些成果所达到的终点，也就找到了自己的起点。

学位论文的材料可分为直接材料和间接材料两种。直接材料是指作者亲自进行科学研究或实地考察而得到的第一手材料。这是生动的、前人没有的材料，往往带有创造性质。间接材料是指从文献资料中搜集到的材料，它是前人实践和研究的成果，对论文写作同样有价值；论文的题目确定后，就要以论题为中心，进行周密的调查研究，从实验观察和浩如烟海的书籍中，搜集那些最能证明论点的直接和间接材料。

（1）直接材料的搜集

直接材料来源于科学观察、科学实验和实地调查。

1）科学观察。

观察是人们对客观现象进行有计划的、周密细致的感觉运动，是为了研究某一课题，有选择、能动地对自然条件下所发生的某种特定过程或现象，所做的系统细致的考察，从而获得初步认识，为进一步的研究工作提供第一手资料。在探索和改造自然界的一切实践中，都离不开观察。

2）实地调查。

实地调查是作者亲临其境，置身于研究对象之中搜集材料的一种活动，它也是在自然发生条件下进行的。它适用于地质调查、矿产资源普查、生态环境调查、动植物习性调查、医学临床调查、各种社会调查等领域。常用的调查方法有普遍调查、重点调查、典型调查、抽样调查等。

普遍调查是在一定的范围内对所有对象进行调查。它所涉及的范围广，要花大量的人力、物力和财力，除了非常重要的科研项目，一般不宜采用。

重点调查是在一定的范围内，选取重点对象进行调查的一种方法。通过对重点对象的调查，能够对总体有个基本的了解。

典型调查是在一定的范围内，选择有代表性的对象进行调查。

（2）间接材料的搜集

间接材料通常指第二手资料，包括图书、期刊、报纸、音像、缩微材料等。它的获得，一般要通过阅读、检索、记录等方式实现。

1）阅读。

通过阅读，可以广泛地搜集本课题所需要的各种相关的材料，加以研究，发现和取得科学的论据，从而帮助和推动论文撰写活动的进行。读书方法多种多样，因人而异。泛读是以浏览的方式阅读资料。速读是从书籍中快速汲取有用信息的一种阅读方法，既可用于精读，也可用于泛读。

搜集材料要博览群书，只有广泛涉猎文献资料，才能从古今中外的书籍中找到对自己的选题有直接或间接关系的材料，达到旁征博引，丰富学位论文内容。对于学位论文的作者，读书是为了搜集论文所需要的资料，它不允许因读书而耽误太长时间，也不能不读书，因此阅读应讲究顺序。阅读一本书，首先要看一遍目录，便于了解书中的主要章节和主要内容，看看有没有所需要的材料。其次要阅读序言和后记。在序言和后记里，作者要讲明由于什么原因、什么目的以及根据什么材料写成了这本书，该书特别强调什么、适用范围和读者对象如何等，这是作者为读者提供的一把打开该书的钥匙，是影响读者阅读的重要信息，不可不读。第三是阅读正文。在阅读正文时，对重点的部分要及时勾画，或加诸眉批，以后阅读时就不需要全篇过目，只需阅读勾画部分就行。

此外，阅读要讲求方法。首先是循序渐进，即根据自己的选题制定一个读书计划。其次是要有选择地阅读。人们常说"开卷有益"，但学位论文的作者必须在规定的时间内提交论文,不可能"有益"的书都看,只能有选择地阅读重点书籍,集中精力打歼灭战。第三是做好记录。第四是阅读时要勤于动脑,对书中的观点、论据、论证等内容,有认同的也有不认同的,都要用自己的大脑去理解、辨别、分析和判断,去其糟粕,取其精华,为我所用。

2)检索。

检索就是按照一定的线索查找自己所需要的图书文献资料的过程。检索是人们尽快搜集和占有资料、吸收和借鉴他人成果、高速度高质量地进行科学研究的有效途径。我国对资料检索工作十分重视,在多数大专院校都开设了情报检索课程。对于学位论文作者来说,不论是选题阶段还是写作阶段都要进行文献检索。在选题阶段,通过文献检索可以了解国内外同类课题的研究情况和发展水平,以确定自己的科研起点,还可避免选题撞车,减少重复劳动。在写作阶段,要用第二手资料来证明自己的观点,丰富论文内容,使之更加有理有据,增强说服力。而几乎所有的第二手资料都是通过文献检索间接得来的。因此,资料检索是学位论文写作中必不可少的一项工作,是科学研究工作的一项基本功,也是学位论文作者必须具备的基本能力之一。其作用如同科学实验、科学观察、实地调查一样重要。

文献检索的途径很多,常用的有分类目录、书名目录、著者目录、主题目录等。

分类目录是根据我国图书分类法,把所有的图书分为五个大的基本部类,二十二大类。根据课题的专业性质在分类目录中查找所需要的图书。

书名目录是按照书名编排的目录。只要知道有某本书,无须知道该书的作者,也不需要知道该书属于哪个图书类别,就可在书名目录中查到这本书。

著者目录是根据图书作者的姓名笔顺组织的目录,它把同一姓氏的作者编排在一个目录名下,再按照名字的笔画安排次序。

主题目录是以主题词的形式揭示图书资料的主要内容,它把具有相同或相近主题的各种图书文献资料集中在同一主题目录下。

报刊论文资料的检索要借助索引完成。索引是将相关书刊内的篇目、主题、人名及地名,按一定的方法编排反映的检索工具。按照反映的出版物类型,索引可分为书籍索引、报纸索引、期刊索引、报刊资料索引等;按照检索的内容和项目,索引又可分为篇目索引、字句索引、主题索引、著者索引、专名索引等。

文献资料的检索方法也很多,针对学位论文作者的特点,这里只介绍几种简便易学的方法,也可以说是文献检索的捷径。

① 追溯查找法。一般情况下,指导教师要给学生指出一些参考资料,这些资料对学位论文写作有直接的参考作用。但如果教师带的学生很多,就不可能给每人提供很充足的资料,这就要求学生自己去查找,以补充资料的不足。这时用追溯法查找资料就很方便。追溯法是按照研究对象的需要,对相关文献提供的资料作跟踪检索。教师指出的资料后面常常附有参考文献,其中肯定有对选题有参考价值的资料信息,据此就可很快查到所需要的文献资料。新查到的文献资料后面还有参考文献,以这个线索还可以继续查到一些有用的资料。

② 直接查找法,可分为顺查、倒查、抽查三种。

顺查,是从该课题有关文献的起始年代查起,直到近期为止。这种方法不会漏检,可以不断筛选,误检的可能性也小,但浪费时间,工作量大,适合于硕士或博士论文写作。如《宋代江南市场初探》,题目较大,资料也比较古老,宋代及其以后的有关资料都可以用,而且必须有宋代的资料才好说明问题,所以要采用顺查法从宋代一直查到现代,工作量虽大,但能够查到几乎所有资料，也是值得的。

倒查，是与顺查相反的一种方法，从近期向早期回溯，直到资料够用为止。这种方法一节省时间，但漏检率较高。

抽查，是针对课题特点，抓住该学科文献发表集中的年代进行检索。

③ 延伸查找法是利用检索工具查找文献资料的一种方法，它依据文献之间的内在联系，把检索手段作合理的延伸，从而查到更多的资料。

在什么情况下采用什么检索方法，这要根据检索的条件、要求、学科特点来确定。重庆大学司有和教授总结出一套方法很实用，他说："如果一时没有检索工具，可用追溯法；如果检索工具比较多，还是直接法为好；如果要求获得某一课题的系统而全面的资料，不能有遗漏，时间又充裕，可用顺查法；如果只是为解决某一技术问题，时间又较紧，用倒查法；如果你要的是某一学科的发生和发展过程的资料，用循环法（即利用文章后面提供的参考文献目录查找文献）可节约时间。至于学科年代不长，有准确可考的起始年代，一般用顺查法；若起始年代早，不知准确的起始年代，用倒查法；对学科发展比较熟悉，知道该学科文献发表的集中年代，重点抽查法是可以获得较好检索效果的。"

3）记录。

记录是各种资料搜集方法的组成部分，研究、调查、实验、阅读、检索等每个过程都离不开记录。在读书或阅读材料过程中，对其中有价值的重要内容，或对某些内容有某种体会或感受，或对一些观点等问题有不同的看法，都可以随手记下来。许多同学没有记录的习惯，不愿意动笔，认为很麻烦，只凭头脑去记且不知好记性不如烂笔头。结果书看了不少，大脑里仍然空空如也，写论文时急得搔首顿足。因此，阅读时做好记录对撰写学位论文也是非常必要的。

作读书笔记的方法很多，使用何种方法因人而异。这里介绍几种常用的方法。

① 记号式是比较简便的一种方法，即用记号把书中的重点、警句、疑问、疑难等处标记出来，或在书的空白处记下书的要点或自己的见解和体会，形成眉批。值得注意的是，这必须是自己的书，图书馆的书不可乱画。画在书上的记号和眉批本身也是资料，是学习的记录，对以后其他课题的研究或许也有用处，所以应该保存。

② 摘录式是把书中对自己撰写学位论文有用的结论、重点、警句、段落摘录下来，以便写作时查找和选用，可以边读边摘，不一定等读完全书再动笔。摘录一般不加入个人意见，应如实地反映原书的论点和内容，做到全面、完整、准确。遇到有明显的错误时，可简要地予以指出。摘录时，一定要注明出处，包括书名、作者姓名、出版社、出版时间、摘录的页码。对于期刊资料，要注明作者、文章题目、期刊名称、发表时间、卷次页码等项目，以便使用时有根有据又有出处，这是一种科学的态度，应认真对待。

③ 提要式是简要说明书籍或文章内容的一种方法。读完一本书或一篇文章后，经过认真综合消化，用自己的语言将其内容概要、中心思想、作者情况、创作时间、创作意图、写作特点等进行概括性的介绍和说明。如书籍的内容提要和故事梗概，就属于提要式的介绍。

④ 心得式是在阅读之中或之后，写出感想、收获、疑问、评论的笔记方式。应当以写自己的体会感受为主，间或可以引用原文，以证明自己对某一问题的认识和看法。心得式笔记可以是零碎的点滴思想，也可以是全面的系统的见解，少则几句，多至成篇，多思多写，少思少写，形式灵活，不拘一格。因为心得式笔记是以自己的认识为主，采用自己的语言，

具有创造性,所以对写作能力也是一种培养和提高。

⑤ 索引式针对篇幅较长,一时难以做详细摘录、概括和点评的资料。通常记下书名或文章类别、题目、页码、作者、版本等项目,以备使用。

(3) 如何整理材料

通过各种手段得到了数量可观的材料后,这些材料常处于零散的互不相关的状态,而且也不是所有的材料都能写到学位论文中去,因此要将这些材料进行认真的阅读、鉴别和整理,使所得的材料条理化、系统化,加深对材料的进一步认识和理解。在整理材料过程中,如发现某方面的材料有欠缺,还可及时搜集和补充。

1) 阅读材料。

现在面前放了一堆材料需要整理,那么从何入手呢?哪些材料有用,哪些材料没用呢?怎么知道有没有用?首先要阅读材料,只有认真阅读一遍,你才能回答上面提出的问题。如何阅读才能省时省事又省力呢?前面讲过的阅读方法在这里均适用,但对于论文写作之前这一堆现实的材料,较好的方法是略读、选读和研读。

略读是粗略地看一遍,把所有的材料浏览一次,分出主要材料和次要材料、近期材料和远期材料、相关材料和无关材料。具体方法是:先看标题,标题往往可揭示全文的基本论点,反映文章研究的主要课题,如果与自己的课题相近,就可往下阅读;然后读摘要或前言,这里会介绍本文的论题、论点和研究本课题的意义目的;接着读中间某些段落,从段落的开头结尾句中了解该段的大意,再浏览中间就可以了;最后读结尾段,这里是文章的结论部分,论述的结果就在这里,所以要认真阅读。以上这种阅读方法对于一篇论文,几分钟内即能了解其大意,方便快捷。

对于书籍的阅读,也可参照这种方法。先看书名,再看目录,有些书可能只有部分内容有用,这从目录上一看便知,所以只读有用的章节即可;书中的提要、序言、各章前面的要点、结束语等也是必读内容。经过阅读,对全书内容有了比较概括的了解,如此就可判断这本书或书中的某些部分有没有选读或研读的必要了。若还是拿不准,也可重点翻阅一些章节。

在略读了所有材料之后,对材料就有了一个大致的了解,分出重点主次和轻重缓急,没用的放一边,有用的挑送出来,然后再决定下一步的阅读方法。

选读是对略读筛选出的材料进行有选择性的阅读。一般是重要的先读,次要的后读,急用的先读,不急用的后读,或只选取文章中有用的部分来读。先读中文材料,后读外文材料,这样花的时间少、收效快。先读综合性材料,使你对本课题的各个部分有个全面了解,然后再读专题性材料,避免盲人摸象,只见树木不见森林,或不识庐山真面目的片面认识。先读近期材料,后读陈旧材料,新材料往往包含有旧材料,而且旧材料的观点、认识或者方法手段也可能已经过时,这样就可以不看旧材料。选读还有个任务就是选择文章或书籍中有用和重点部分进行阅读,抓住文章或书籍的纲领性内容,把其中的主要结论提取出来。

研读就是对重要材料或其中的重点部分,认真地研究细读,充分理解,完全消化,从中选取有用的材料。对没能弄懂、没有充分理解的内容,要反复地阅读,或借助其他资料帮助阅读以加深理解,直到融会贯通、能用自己的语言表述出来,并运用于论文写作中。

2) 材料的鉴别。

材料的鉴别就是在阅读过程中对材料的价值、真伪、先进性所作的分析、比较和研究。在阅读中,要注意对材料内容做出分析和评价,看它的观点是否正确、论据是否充分、论证是否合理,以鉴别其信赖程度和实际价值。

鉴别材料要有较扎实的专业基础、广泛的信息来源和较强的判断能力,这就需要平时的积累,途径是要注意学术界的争鸣和论战。学术界不同的思想和观点经常发生争论,在争论过程中既发展了科学理论,同时也淘汰了一些不科学或旧的错误的理论,这也是一个鉴别过程。另一种鉴别方法是相互比较,即把同类课题或内容相似的材料作比较研究,比较它们的论点、论证、论据、数据、结果等材料,由于实验条件的限制,或其他种种原因,使数据或结论出现偏差,可能形成错误信息。在比较过程中,遇到观点对立、难以判断的资料时,最好的办法是先不要认同或否定一方,可以继续跟踪搜集同类资料,等到资料充足时再作判断;也可请教老师,让有鉴别能力的人帮助判断,绝不可在没弄明白的情况下自以为是地引用到论文里,造成以讹传讹。

3) 材料的分类。

经过阅读、鉴别后的材料就属于"精矿",是可以直接用于学位论文中的材料。这时要对这些精选出来的材料进行归类处理,把不同的材料划归为不同的类别,便于写作时参考。对材料的分类,应能反映出材料的性能和特征。材料的分类有两种,一种是专门研究人员对长期积累的材料进行分类。这种分类类似于图书馆的分类法,有纲有目,越分越细;另一种是针对学位论文写作所用材料的分类,这种分类比较简单,常用的有主题分类和项目分类。

主题分类就是把具有相同主题的材料归入一类,或者以一个观点为统领,把与该观点相关的材料编为一个系列,这样便于系统地考察和利用。

(4) 如何利用材料

占有材料并不等于能够很好地利用材料,只有经过认真领会、理解消化、灵活运用于学位论文写作之中,为说明问题、确立论点服务,才算很好地利用了材料。

在鉴别过程中,已经把与论题无关或关系不大的材料舍弃了,留下的都是有用的材料。但这并不等于留下的材料都能写进论文中,还有一个如何利用的问题。有些同学面对辛辛苦苦搜集来的材料,既概括不出论点,又舍不得放弃,真是左右为难。

所谓利用材料,不是简单地把材料串起来就算万事大吉,而是要经过大脑的理解和消化,把材料变成具有内在逻辑联系的学术论文。学位论文的写作,在利用材料上应注意以下原则。

1) 利用最能证明论点的材料。

利用材料的目的是用事实材料把论题表现得充分、突出和深刻。因此,必须根据论题的需要,选择最能表现作者观点,有助于实现写作意图,具有代表性的典型材料,凡是与论题无关的材料就一定要舍弃。要使材料具有典型性,就要深入挖掘,认真比较,精心选择。证明论点的材料不必很多,但必须是充分、有力、能够说明问题的材料。在写作中,要充分利用典型材料,把典型材料放到显著位置。但次要材料也是必不可少的,对论证观点确立主题具有旁证和辅助作用,不可忽视,但在安排上要居于次要位置,以免喧宾夺主,掩盖了典型材料。

2) 利用真实可靠的材料。

论文中所利用的材料必须真实可靠,完全符合科学,并反映事物的本质,反对伪科学,反对弄虚作假。为了保证材料真实可靠,第一手材料要反复核实,不能凭空想象,不能道听途说,不能合理推测,存在的才是事实,出现的才能相信。调查研究时,要深入下去,了解真相,掌握证据;做实验时,要正确操作,仔细观察,正确记录,不能放过任何异常现象,对结果要经过验证确认无误。对第二手材料要来源可靠,多方考证,引用别人资料时要注意鉴别，核对原文，还要尊重原意，不能歪曲或修改，此外要防止以偏概全现象，有些材料在某种特定条件或局部情况下是真实的，但不具有普遍性，说明不了本质和主流问题。

3) 利用新颖生动的材料。

科学发展很快，理论淘汰也很快，有些旧的材料和理论已不适应新学科的需要，说明不了新的问题，这样的材料就不能利用，因此要选择那些反映新事物、新成果、新发现、新问题，代表学科新发展的材料，作者的新感受、新认识也是很有用的材料。生动的材料可使论文思想内容生动活泼，引人入胜，引起读者的兴趣，产生新鲜感，收到较好的效果。

4) 根据材料确立论点。

作者写文章总有个基本观点，也就是赞成什么，反对什么。这个基本观点表现在学位论文中就是论点，相当于一般文章的主题。大的课题或长篇论文可以有一个中心论点，然后有几个下位论点，也就是阐述中心论点的几个小的观点，这些小的观点都是为中心论点服务的。学位论文的基本论点不是凭空想象的，是人们在科学研究中逐渐产生和形成的，是科学实验和生产实践的产物。是学位论文的作者经过调查研究，对所得到的材料进行分析、归纳，由感性认识上升到理性认识的过程中产生出来的。基本论点是学位论文的灵魂和生命线。材料的取舍、结构的安排、语言的运用、形式的选择等，都要服从于论点的需要。

① 论点来源于材料。

论点是从大量材料中提炼出来的，是对材料的高度概括。作者通过调查、采访、实验、考察、归纳、整理，探求材料中所蕴涵的本质和规律性的东西，从而形成明确的论点。论点的这种形成方式，带有较强的必然性。因为作者在论点形成之前已经有了明确的主观倾向，在自然科学中，有些是先开展研究工作，得出结论最后再写论文，这样的基本论点就是研究得出的结论。还有些是在选题时就确立了论点，实验研究只是对论点的验证，这样的论点就要用验证结果来表达。

如果说论点是文章的灵魂，材料就是文章的血肉，二者是统帅和被统帅的关系。论点来自材料，一旦确立了基本论点，便具有统帅作用；材料也要为论点服务，如果不从材料出发，或者依据的材料不充分不全面，论点就站立不起来，就没有说服人的力量。

② 论点来源于长期积累。

硕士论文和博士论文的写作需要一个较长的时间，因此也有一个较长的积累过程。导师指出了研究方向，并没有给定明确的论题，更没有确定的论点。需要作者在自己的研究领域内，长期从事专门研究，积累丰富的材料，经过反复思考和酝酿，逐步形成比较深刻和明确的观点。

③ 论点来源于客观需要。

客观事物是复杂的，同一个材料可能说明不同的论题，这就要从客观实际需要出发，用这些材料来说明社会上或学术界迫切需要解决的问题，或群众最关心的、科技工作者最敏感的问题，从中概括出文章的论点。

5) 学位论文对材料的要求。

学位论文的作者无论是本科生还是博士生，都是学生，在论证技巧上都不很成熟，主要是靠材料来支持论点帮助论证，所以对材料的要求上就不同于专业研究人员，有其特殊的要求。

① 材料的必要性。

材料的必要性有两层意思。一是，必要的材料不可少；二是入选的材料都应该是必要的、有用的、对确立论点有积极作用的。

② 材料的真实性。

关于真实性，这里想提醒读者注意以下几点：材料要有根据，有出处；尽可能选择第一手材料；对于第二手材料，要与原始资料进行核对，以免引用错误；翻译材料要尽可能核对原文。

③ 材料的新颖性。

材料越新，越有助于产生新的思考，出现新的创造。所谓创新，不外乎如下三种情况：材料是新的，方法是旧的；方法是新的，材料是旧的；材料和方法都是新的。作为学生，研究方法不可能太新，那么就应在材料上下功夫，寻找新的材料。要想在前人研究基础上有所突破，就应该注意挖掘新的材料，在材料上高人一筹。

④ 材料的充分性。

充分性不仅是要有足够的材料，而且要有能说明问题的材料，这就从数量上和质量上提出了要求。同学们的写作技巧可能差些，因此需要充分地占有材料，用大量的材料来充分而有力地证明观点。

⑤ 材料的严密性。

这里的严密性，是指所选择的材料必须和论点相一致，也就是必须能够证明观点，如果选用了与观点相矛盾的材料，就会出现自相矛盾、不能自圆其说的结果。

6）要注意鉴别材料的可靠程度。推论不等于事实，二者应加以区别。

7）不用自相矛盾的材料。

4. 学位论文的写作步骤

学位论文的写作步骤和其他文章写作步骤相似，首先要列出提纲，按照提纲写成初稿，接着对初稿进行修改加工。因为学位论文可能有一些相应的图表材料，自然科学论文还会有实物标本等，所以最后还要进行必要的整理。

（1）提纲的作用

提纲是文章的设计蓝图，是作者总体构思的文字体现，它能帮助作者把握全局，站在更高的位置上纵览论文全貌，分清轻重缓急，安排详略疏密，及时调整思路，形成合理结构。

提纲可以把作者初步形成的思路、观点、想法等用文字形式固定下来。在写作的过程中，随着认识的深化，会有许多新的想法、新的发现，使原来的设想得到修改、补充，使之更臻完善。

在编写提纲过程中，为了把材料组成一个层次清楚、有严密逻辑关系的理论体系，不仅要有大量的材料取舍、增删、调整，而且还要考虑全文的布局、观点与材料的安排、上位观点与下位观点的安排、主要材料与次要材料的安排以及论证的逻辑展开等。

有了提纲，作者写作时就能树立全局观点，从整体出发，检验每一部分在论文中的位置、作用、相互之间的关系，使所有材料都能为主题服务。有了好的提纲，写起来就可以不去考虑结构问题，起承转合尽在提纲之中，避免松散零乱、脱节游离，减少了初稿写成后的大量修改工作。对于大篇幅的论文，例如博士论文，由于不可能一气呵成，只能断断续续地写作，因此如果有了完整的提纲，就不怕因中断写作而影响思路，随时写作随时就可以接上思路。而且，也不一定非按从头到尾的自然顺序来写，可以根据条件的成熟程度，先写其中的某一部分，然后再写其他部分，最后组成一个完整的篇章。

（2）提纲的写法

1）提纲有标题式（或目录式）、论点式、提要式等。

标题式是最简单的一种提纲写法，也就是把拟写的论文题目和各个部分的大标题小标题都列出来，形成论文目录。学术著作、教科书等都有目录，这些目录全面准确地反映了书中的内容，是一个既简洁又明了的写作提纲。

学位论文的标题有两种，一是揭示论点的标题，二是揭示课题的标题。前者是要把论点概括出来。后者则揭示出作者研究的是什么问题。

2）论点式。

论点式提纲也有两种。一种是不写各部分的标题，只把中心论点和各分论点列出来。

这种提纲适合不设小标题的论文，全文只有一个大题目。缺点是显得文字一大片，没有段落和层次，条理性较差。

另一种是在标题式提纲的基础上，加入中心论点和各分论点，这种写法层次性强，结构清楚。

3）提要式。

如果在标题式提纲中，加入论点论据，再插进主要材料和展开部分，以要点的形式概括写出各个层次的基本内容，形成各部分的提要，便成了提要式提纲。这种提纲列起来可能费事，但到写作时省事多了，因为它已基本成形了，再加进一些材料，细化一下便可。当然也有不列标题的，这样的提纲其层次就更不清楚了，甚至可能连作者自己也看不懂，因此要标明顺序号。提纲的写法有定式也无定式，主要根据作者自己的习惯和具体写作对象而定，只要能起到理顺思路、深化主题、突出重点、帮助写作的目的即可。

最后提醒一点，提纲写好后一定要经指导教师审定，因为从提纲上可以了解作者对问题认识的深度和掌握材料的广度，也可以了解作者的基本观点、总体构思和谋篇布局，从而得到导师的及时指导，使提纲更加合理完善。

（3）撰写初稿

1）写作初稿的意义。

前面的调查、研究、实验、收集资料、编写提纲等所有工作，都是学位论文写作的基础工作。而撰写初稿则是写作的实质操作阶段，是把思想和认识转化为文字的过程，是科研成果的总结，是获得学位的重要环节。

在写作初稿的过程中，作者必须细心阅读全部材料，从中可以发现科研工作中可能存在的缺点和错误，在论文定稿和答辩之前加以纠正。同时，经过全部科研环节，并把科研成果最后记录下来，才能获得科研全过程的实践经验，较完整地掌握科研方法的全部内容，从而得到一次很好的锻炼。所以同学们要有耐心和信心把初稿写好。

2）初稿的写法。

在动笔写作之前还应做好的一项工作，就是材料的编排。初稿的写作，可参照下列方法进行。

① 自然顺序。按照提纲上排列的顺序，从开头到结尾、从绪论到本论再到结论的写法。或先写材料，后综合分析，写出抽象概括所得的概念，引出结论，即把材料放在前面，然后提出作者的观点。这是论文写作的一般顺序，符合人们的思维习惯，也符合作者认识客观事物的基本规律，具有较强的说服力。因为人们在思考问题时，总是先提出问题，然后分析问题，解决问题。这种写法的好处是文思贯通，避免材料和内容上的重复。

② 本论优先。先写好本论、结论。然后再回过头来写摘要、前言和绪论。这是因为，本论是作者科研成果的集中反映，是作者在科研过程中深思熟虑的问题，写起来比较顺手。

同时，在本论和结论写好后，再写结论和绪论就有了内容，因为摘要和绪论中都要求提出问题、提示结论和论文要点。

还有一种叫"主句开路"的写法。即在一段的开头或其他适当地方，先提出作者从实际材料中抽象和概括出来的结果，也就是作者的观点，然后再举出一系列事实来加以论证，这也可以收到较好的效果。

③ 一气呵成。这是就写作时间而言的一种写法。不管是自然顺序还是本论优先，动笔之后不要间断，一口气写完为止，这种写法适宜于较短论文的写作，如学士论文。但对于硕士和博士论文，因篇幅较长，则不宜采用这种写法。

④ 分段写作。从时间上说，一篇长的论文不可能一口气写完，总要分阶段一部分一部分地写。从内容上说，根据自己的构思和对论文内容的把握程度，把论文划分成若干个长短不同的部分，然后选择自己觉得最成熟的部分来先写。在写这一部分时可以集中精力考虑这一部分的内容安排，写完后经过修改，则可以初步定稿。如此这般，一段一段地写，最后组装成篇。

学位论文的组织安排有着与其他文章不同的特点，其层次之间既有内在联系，又有相对的独立性，所以分段写作不会太影响论文整体的畅通。而且，在各部分组装成篇后，在部分与部分之间要进行"焊接"，即用一些过渡段或过渡词语进行连接，使其天衣无缝，浑然一体。

3）初稿写作的要求。

① 尊重提纲。既然拟定了提纲，就要围绕提纲，逐章写作，尽可能不打乱原定章节顺序，以便系统地编排材料，使文章条理清楚，不致出现遗漏和重复现象。还要注意，不要先撰写后面的理论分析部分，然后补写前面的材料部分，顺序颠倒，以致使论文的逻辑性受到影响，更不能离开提纲另搞一套。当然，提纲只是一个粗线条的轮廓，不可能把每一个论点、论据和细节都考虑到。因此在写作初稿时，随着认识的深化，对提纲就要做必要的调整和修改。但不管怎样，要尊重提纲，按照提纲拟定的思路进行。

② 面对争议。面对有争议的学术问题，作为学位论文的作者，既要谦虚，又要认真。谦虚，是要虚心向他人学习，尊重他人的学术成就和科研成果；认真，是在真理面前不让步，认真展开讨论。对各种不同的观点，应加以分析，根据自己所掌握的材料和研究这些材料所得的结果，讨论各种观点是否符合客观实际。要摆事实，讲道理，不能轻率地肯定或否定。讨论与自己相悖的观点时，应照抄原句，注明出处，给予客观的分析，而不能断章取义或有意歪曲，这样既不利于学术讨论，也不利于阐明自己的观点，贻害无穷。

③ 纵览全局。在撰写初稿时，要从全局出发，包括如何开头、如何展开、如何结尾，层次段落如何照应、如何衔接等，都要胸有成竹。就像建造一座大楼，要站在更高的位置上俯瞰这座大楼，才能保证其各个部分达到匀称协调一致。

④ 用尽材料。在写作初稿时，要尽可能地使用材料，把能想到的内容都写进去，使论文充分饱满。尤其是学士论文，写论文的时间很短，收集到的材料也不多，甚至把所有的材料都用上也不见得能够说明问题，所以也就不必节省材料。可能有同学会担心，这样做会导致文章很长或显得庞杂。然而这是没必要的，因为在修改时还可以对文章精简。如果初稿就写得很瘦，那么修改时就更不敢"斧正"了。

⑤ 合乎规范。有同学可能认为：初稿只是个草稿，没必要那么规范。然而这是没有写作经验的表现，常写作的人都有体会，初稿写好了，起点很高，可以省很多事。学位论文写作也是这样，要符合文体规范，使文章基本成形，论点、论证、论据等各个项目缺一不可。

⑥ 准确无误。文中引用的数据、资料、参考文献等，在初稿中就一定要核实准确。特别是运用术语和引用他人提出的概念时，必须切实掌握这些术语和概念的准确含义，正确理解原提出者的思想。当作者根据自己的研究结果，认为某个术语有必要修改，或有必要赋予它新的含义时，应说明理由，并写出修改后的内容。参考文献要及时编上序号，注明出处。图表也应放在相应的位置，不能不管前后堆在一起。

⑦ 分类统一。从某一角度对研究对象或某些组成部分进行类别划分时，必须与从另一角度分类划分的系统区别开来，不应把从不同角度的分类名词混在一起，纳入同一分类系统。

（4）修改加工

1）修改的意义。好文章是写出来的，同时也是改出来的，因此学位论文的作者也应该重视修改工作。学位论文涉及的很多新观点需要丰富的材料支撑并进行反复论证，形成一个严密的、完整的、科学的逻辑体系，而这只有经过反复研究、深入思考、认真修改才能达到。

同时，修改也是对读者负责的表现。写出的东西是给别人看的，如果论文中存在很多问题让人看不懂，这就失去了写作的意义。学位论文的读者主要是导师和答辩委员会成员，导师和答辩委员会的人如果都看不懂，那么如何能通过论文答辩呢？从这个意义上说，修改加工也是对自己负责。而且，通过认真修改，对自己也是个提高。每一次修改都是对客观事物的再认识，是对写作规律实践的总结。所以修改不是可有可无的，而是必须完成的一项工作。

2）修改的范围。修改范围包括内容和形式两个方面：内容是指观点和材料；形式则是指结构和语言。

① 内容方面。

观点是学位论文的灵魂，是论文价值的体现，若观点站不住脚，则文章自然就立不起来。所以在修改时，首先要检查写作意图是否表达清楚，论点是否成立，包括中心论点和各分论点，有无偏颇之处，论述得是否严密准确：这就要从事实和逻辑上反复推敲，力求全文的基本观点和说明基本观点的若干从属观点一致。如有问题，应深入思考，反复推敲，矫正偏颇，重新论证。其次是要考虑自己的观点是否深刻和有新意，如果观点和别人的雷同，或陈旧，或流于一般，就需要寻找角度重新论证，提出属于自己的新观点、新见解和新思想。

材料是文章的血肉，血肉丰满匀称，就能产生力量，有美感。对于材料的修改，主要看材料用得是否妥当，有无遗漏和是否有说服力，论据是否充分，材料的安排与论证是否富有逻辑效果，全文的各个部分是否均衡。

如果材料杂乱重复，就要精简材料，以适度为佳，所以关于材料还有个取舍问题。在写作初稿时谈到，要尽可能多地利用材料，那是指在材料不多的情况下；如果材料很多，就要考虑取舍。科研结论的正确与否，首先决定于它所依据的材料是否充足和准确，但这只限于那些对结论必不可少的材料。在理论分析时，所有经过整理、筛选后的材料，都应尽量利用。但在写作阶段，则还可进一步精炼提纯。一篇学位论文的学术价值，不在于它所罗列的材料的多寡，而在于其结论所依据的材料的关键性、代表性和准确性。所以在修改过程中，要毫不犹豫地将那些缺乏代表性、非关键性的材料删去。初稿里写进去的材料不一定都很合适，为了使材料更加准确和更有说服力，有些材料必须更换。一是论文中的材料调换位置，使其更有力地支持论点，增强论证的逻辑效果；二是换掉论文中不太典型和比较陈旧的材料，换上新鲜的具有典型意义的材料，增加论证力度。

② 形式方面。

形式方面的修改主要考虑结构和语言，如从大的部分到小的段落构成是否完整，段与段、部分与部分之间的衔接是否恰当；句子是否正确地表达了内容；用词是否准确；书面格式是否符合规范等。

初稿写完后，首先看看是否符合学位论文的结构和形式方面的要求，层次脉络是否清晰，思想内容是否得到了顺畅表达。其次，看看论文各部分的安排是否妥当，开头、结尾、段落、层次、过渡、照应、主次、详略等结构的各个环节是否合适。如果有不理想的地方，就应进行修改。一般是做部分修改，很少全部打乱从头开始。

结构的修改要从大处着眼，抓住主要矛盾，目的是为了更鲜明、更准确、更生动地表现论文主题。

语言是形式的主要内容，要理想地反映自己的科研成果，用准确的语言把科研成果表达出来，必须在语言上下功夫，进行反复认真的推敲修改。学位论文的语言属于专门科学语体，这是由学位论文的科学性、学术性、创造性决定的。学位论文的语言特征表现为准确、简练、严密。准确就是用语周密、恰当、有分寸；简练是用最经济的字句去表现丰富的内容，使之"文约而事丰"；严密是指语言要合乎规范、表述要符合实际、实事求是。

3）修改的方法。从大处着眼：在动笔修改之前，应反复阅读初稿。在阅读的过程中，注意从大的方面去发现问题，不要纠缠在细枝末节上。

从小处过目：从头到尾对论文进行拉网过目，逐字、逐句、逐段地进行，在哪里发现问题就在哪里解决。通常的方法是边读边改，通过朗读可以发现不顺口不入耳的地方，随手改过来。

4）采取冷处理。论文写好后，由于大脑处于兴奋状态，难以发现问题，搁置一段时间后，让大脑轻松，或者看点有关材料，然后再来修改，就能看出文章的问题来了。

5）求教于导师。初稿写出后，自己的头脑中往往会形成一个框子，而且很难从框子里跳出，所以不容易发现问题。同时，自己辛辛苦苦写出的东西，总有点偏爱，舍不得删改。这时就应向指导老师求教，请他们提意见，这样能够帮助作者提高认识，发现问题，从而改好文章。

（5）整理定稿

整理定稿包括文稿誊清和最后定稿等工作，是学位论文写作的最后一道工序，要认真做好。

文稿誊清：誊清的稿纸都有统一要求，一般选择 20×20＝400 的稿纸，也有 15×20＝300 的稿纸。不管哪一种，都要一格一字，而且中途不要更换稿纸，避免不易统计数字。随着计算机的普及，许多人已经实现了"换笔"，所以学位论文最好用计算机打印，这样既规整又美观大方，是最理想的誊清方式。

书写格式要按照规范要求进行。标题应写在稿纸的正中，上下各空一行。标题下空一行写作者姓名，再空一行写正文。内容摘要应前后各空两格，参考文献也要与正文空一行书写。为了强调引文和公式，可居于稿纸的正中书写。开头空四格，全文前后各空两格，以示与正文相区别。正文中的小标题和序号也要居中书写。

稿子誊清后就可以定稿了。此时还有一些技术性问题要处理。一是抄文献目录，就是将参考文献按照规定顺序抄在论文的后面。二是绘制图片，将文中所附的插图，绘制成标准图，排好序，编上号，在正文中插图位置的下面写上相应的图号、图名、图例和说明等。照片也按同样方法处理，但在照片背后应写上照片名称和说明，以免将来出版时弄乱。学位论文定稿后，就可以答辩了。

5. 学位论文的构成

学位论文的构成是在长期写作实践中形成的，每个作者都试图以最实用、最方便、最明确、最便于理解的方式表达自己的研究经过和科研成果，于是便逐渐形成了大家都已接受的构成形式。由于这些形式符合人们的思维规律和表达习惯，因而被沿用并定式化，成为约定俗成的形式。

（1）学位论文的基本构成

文无定法，学位论文可以有多种形式，但它和其他学术论文一样，具有一个基本构成，这就是绪论、本论、结论的三段式。

1）绪论部分。学位论文的绪论用于说明本课题研究的原因、目的和意义，尤其在科学研究、国民经济或国防建设中的意义。

在论文中，问题的提出要明确具体，也可以进行历史回顾，交代一下关于这个课题，前人已经做了什么工作，进展到什么程度，自己将做些什么工作，取得了哪些进展，与前人有何不同等。同时对本课题的已有文献做出客观评价。此外，还应介绍本文作者所使用的研究方法和途径，以及得出了什么结论。

绪论部分要写得简明扼要，占论文的比重很小。切忌冗长繁杂，写成心得体会或科研总结。

2）本论部分。本论部分应该详细阐述课题的研究经过和所采用的技术路线、方案方法、工具手段以及观测实验的结果。特别是论证作者在论文中所提出的新发现、新思想、新观念、新见解，以及作者的独创性。作者应根据论题的性质，或正面立论，或批驳反面观点，或解决疑难问题，或介绍实验方法和过程等。这部分是学位论文的主体，是论文的核心，应占论文的主要篇幅。所有必要的测试数据、观测结果、实际例证、插图表格等，都应在这一部分中列举出来。这是前人所未做过的实验和未观测到的事实。一篇学位论文，其质量优劣、水平高低，主要取决于这一部分内容的真实性、准确性和严密性，以及内容的充足程度和说服力的大小。如果作者的论点和见解都很好，或者实验也做得很成功，但在本论中却论述得不够充分，那就说明不了问题，也说服不了读者。所以这一部分必须下大功夫认真写好。

3）结论部分。结论部分是学位论文的总结，是作者科研工作的结晶，是作者根据实验观测结果，通过理论分析，对客观事物的新的认识，它要对本论分析、论证的问题加以综合概括，引出基本观点，得出最终结论。结论必须是绪论中提出的、本论中论证的、自然中得出的，而不能牵强附会。结论部分中，除了明确表述研究者的论点之外，还应对前人的论点加以比较和检验，指出它们中哪些与本项研究结果相一致，哪些不一致，分别对它们进行证实、深化和发展，或者修正和批判。因为每个人在某一段时间内对某个问题的研究只能达到一定程度，所以应指出目前没有解决的或尚待解决的问题。特别应指出解决这些问题的努力方向。

（2）学位论文的基本要素

1）标题。标题是学位论文的缩影和代表，对论文内容具有很重要的提示作用。好的标题，能够透射出论文的主要内容，引发读者的注意力和阅读兴趣。论文的标题可以分为总标题和分标题两种。所谓总标题就是学位论文的总题目，分标题是指文章中间的小题目，是各部分的代表。总题目又有正题和副题之分。

2）署名。学位论文的署名是个不言而喻的问题。在论文上署名有三个作用：一是表明作者的劳动；二是表明版权所有；三是规定了相应的责任。

论文的写作是一种重要的创造过程，是脑力劳动的结晶，在论文上署名，是对作者劳动的承认和尊重，同时表明作者对该论文拥有了一种权利。这种权利就是版权，它是作者对论文的出版权和拥有权。学位论文可以发表，但无论发表与否，作者的版权都受到法律保护。其次，反映了文责自负的精神。一是负法律责任，二是负学术责任，三是负道义上的责任。学位论文都是一个人一个题目，所以主要是个人署名，一般不允许两人或多人在同一篇论文上署名。学位论文若要在国外刊物上发表，作者姓名则应附加汉语拼音。

3）指导教师。指导教师在学位论文写作中起主导和指导作用，有些学位论文的题目是导师定的，主要思想是导师提出的，有的实验也是导师帮助做的，整个论文写作过程中都是在导师指导下完成的，即使这样，导师也不能在学位论文上署名。但为了尊重指导教师的劳动，规定教师的责任，应在作者之后署上"指导教师"。

4）目录。学士论文篇幅较短，可以不设目录。但硕士论文和博士论文都比较长，而且一般都有封面，所以应在封面之后列出论文目录，使读者或学位评审委员会的成员们从目录上了解论文主要内容和结构安排，从而对论文的价值做出初步估计。

5）摘要。硕士论文和博士论文少则几万字，多则几十万字，评委们不可能在很短的时间内阅读全文。如果不阅读全文就不可能对论文做出正确评价，也就不利于学位申请者通过学位答辩。摘要则弥补了这一不足。它把学位论文浓缩到很短的篇幅，使评委们能在较短的时间内了解论文全貌，有利于论文的答辩，如果需要发表，写作摘要也是必不可少的。

6）关键词。关键词是将论文中能表达论文内容特征和归属类别的关键性词语或术语选出来，列在正文开始之前，它是论文输入计算机的一种信息符号，用以表示某一个信息数目，便于情报信息检索系统进行检索。一篇论文约选 3～7 个关键词，它不考虑文法上的结构，不一定表达一个完整的意思，只是几个名词、术语或词组，每一个关键词都是一个检索的信息。关键词标引次序应根据其涵义由大到小、由内容到形式排列，中间不用标点，只用空格隔开。

关键词应另起一行排在摘要的左下方。如有可能，尽量用《汉语主题词表》等词表提供的规范词。为了国际交流，应标注与中文对应的英文关键词。

7）前言。前言也叫作引言、序言、绪言、导言，是学位论文的开场白，是读者首先接触到的重要信息。其主要内容有进行本研究的理由、目的、背景，通过本课题的研究希望解决什么问题，前人做了哪些工作，现在的知识空白；本研究的理论依据和实验基础，预期结果及其在相关领域里的地位、作用和意义；对他人已有成果的评价，包括前人对解决本课题采取过什么方法、解决到什么程度、哪些地方还有问题，需要进一步的工作等。

一般学术论文在前言中都是简要地提到本研究课题的现有知识空白，而不作系统的文献综述。但是在硕士论文和博士论文中，却要求对本研究主题范围内已有的文献进行评述。因为研究生在进行科研工作时一般都要翻阅大量的文献资料，这部分内容的写作能够反映出研究生对已有文献的分析、综合、判断能力。这是学位论文的一项重要内容，必不可少。

写前言要突出重点，言简意赅，教科书上已有的和人所共知的知识不要写。在谈到自己的工作时，要实事求是，不应动辄就说"达到了国内先进水平"等不切实际的评价。当然也不能写套话，诸如"水平有限""恳请指教""求教同仁"等；也要注意不能随意贬低别人的研究成果，把人家说得一无是处；前言与摘要不同，所以不能把前言写成摘要，或对摘要进行解释。如果论文中出现了前人没有用过的概念、术语，则应加以定义。

8）正文。正文是学位论文的主体，所有论点、论据、论证都在这一部分中提出并进行，反映了论文所建立的学术理论、采用的技术路线和研究方法所达到的水平，因此它是作者学术水平的集中体现，论文的成败就在于此。

正文一般包括原理、材料、方法、结果、讨论五部分内容，但通常情况下可概括为三部分，即理论分析、材料和方法、结果和讨论。

① 理论分析。理论分析也叫基本原理，包括理论提出的基本依据，对所作的假设、提出的理论和基本观点进行的论证，对分析方法的说明。对于分析方法和计算方法，要写明哪些是已知的，哪些是自己改进或创造的。

学位论文的理论分析部分具有高度的理论性，需要进行严密的论证和分析，所以有人总结出理论分析部分的要点是：假说、前提条件、分析的对象、适用的理论、分析的方法和计算的过程。

② 材料和方法。这一部分在自然科学学位论文中比较重要。它的任务是将使用的材料、实验的原理和方法加以介绍。材料主要指材料的性质、质量、来源、材料的型号、精度和纯度、生产的厂家、材料的选取和处理。方法主要指实验的仪器、设备、条件，尤其对测试精度要做出检验和标定。科学技术成果必须接受检验和重复实验，所以把实验的装置和条件写清楚是对科学负责的一种表现，必要时可采用示意图、方框图、流程图来说明。

材料和方法的论述必须客观、具体、精确、真实，保证论文的科学性。如果采用的是已有的设计方案进行实验，只需简单说明并注明文献出处即可；如果修改了已有的设计，则应说明修改的部分；如果是自己设计的，要详细说明设计方案、工作条件、操作步骤等，并附必要的设计图。

在语言运用上要务求简明扼要，以物为主语，这是因为，以人（实验者）为主语容易产生误解。自然科学论文中多数都是以物为主语的，很少用人称作主语。

③ 结果和讨论。这一部分包括对实验结果的分析与比较，是论文的关键，被人称为"论文的心脏"，论文中的实验和理论分析的成败，均在这里进行讨论。最后结论的推出，也是以此为根据的。结果是指实验中所得出的数据和观察到的现象，讨论是指从理论上对实验结果进行定性和定量的分析，并对其必然性做出解释，是作者根据实验结果发挥自己见解的部分。作者在这里要对所进行的研究和观察到的结果，经过归纳和概括，阐述事物内在的联系和客观规律，进行理论上的论证，对于从结果中得出的推论或结论，应说明其使用范围，并与理论计算的结果加以比较，以验证理论分析的正确性。对于从实验中得出的数据资料，应说明数据的处理方法和误差分析，并制成图表列出，既直观又便于用文字说明。

讨论时应注意以下方面：结果的可靠性、重复性、普遍性如何；数据的误差值是多少；实验结果与理论计算的比较；该实验的适用对象是什么；有何遗留问题，今后应做何工作；有无不符合结论的数据和现象；解释因果关系，说明偶然性和必然性；有没有尚无定论的问题；最后提供重复实验和对结果加以验证的条件。

9）结论。结论是从上述实验结果、理论分析中归纳出的观点，是整篇论文的归结，所谓百川归大海，洋洋洒洒数万言最终归结到了这一点，得出了一个最终的结论。它可以是完全依靠自己的研究结果得到的，也可以是参考别人的研究结果得到的。但属于自己独创的部分一定要写清楚。

结论不是实验结果的简单重复，而是更深一步的认识，是从正文部分的全部材料出发，通过严密的逻辑推理，得出的富有创造性、指导性、经验性的新的总观点。它以其自身的条理性、科学性、客观性，反映了论文研究内容的价值，与摘要一样，可以作为读者阅读和情报人员检索的工具。

这一部分应重点说明以下内容：本文研究结果说明了什么问题，得出了什么规律，解决了什么理论或实际问题；对前人有关该问题的看法做了哪些检验，哪些与本研究结果一致，哪些不一致，本文做了哪些修改、补充、发展、证实或否定；本研究的不足之处，或遗留未解决的问题，以及解决这些问题的可能的关键点和今后的研究方向等。

结论的写作一定要严密准确、符合逻辑、文字具体，要像法律条文那样斩钉截铁，只有一种解释。一句话只能明确地归结为一个认识、一个概念、一条规律、一个结论，绝不能含糊其辞、模棱两可，不能使用"可能""大概""也许""或者"等似是而非的词，造成理解上的混乱；这样的结论显然是不行的。

10）致谢。

致谢是指对那些在学位论文的研究和写作过程中给予过帮助的人，以书面形式致以感谢，以示对他人劳动的尊重。首先对指导教师表示感谢，是他手把手教你如何选题、如何收集材料、如何进行实验、如何确立主题、如何构思成章、如何准备答辩，不辞辛苦认真指导你完成了论文的撰写工作，并获得了学位证书。

其次，对那些直接或间接提供过帮助的人们表示感谢。包括曾经参加过本课题的一部分工作，承担过本研究中某项测试或实验任务，对本研究提出过有益的建议，指导过论文撰写，帮助绘制插图，研究中提供过某种关键性样品或仪器，给本研究以某种方便等。

致谢的言词应真诚恳切，实事求是，恰如其分。可以直书其名，也可以尊称代之，如某某教授，某某老师，某某博士等。

致谢时应注意两点：一是不要仰慕虚名，把与本论文毫无关系的名人拉进来，以抬高论文身价；二是不想致谢。别人对你的论文确实给了很大帮助，为了贪功而只字不提。

11）参考文献。

作者在撰写学位论文中肯定要参考大量文献资料，如别人的文章、数据、图表、材料，甚至论点等，这些文献在论文写作过程中不同程度地对作者形成观点、开拓思路、丰富论据、合理论证都产生过积极影响，为表示对他人的尊重，也表明作者严谨的科学态度，就要把所有参考过的文献在文章后面一一列出。这样做也便于读者了解此项研究领域里前人所做的工作，同时也为继续从事这项研究的人提供一些有益的参考资料。

12）外文摘要。

现在多数学术刊物都要求论文后面附外文摘要，便于和国外交流。因此有些导师也要求硕士论文和博士论文后面附外文摘要。这是一种严格要求的做法，对学生将来从事科学研究很有好处。外文摘要包括论文题目、作者姓名、学校名称、内容提要等。其写法有三种，一是把中文摘要翻译过来，二是扩展或压缩中文摘要，三是直接参考正文重新撰写。

13）附录。

附录是学位论文主体部分的补充项目。其内容包括：比正文更详细更原始的实验数据；

一些重要公式的演绎、推导、证明过程；一些重要的仪器或装备的解释和说明；一些辅助性资料，如计算机框图或程序软件等；一些重要的统计表、曲线图等。附录的取舍原则是：是否有损于正文条理性和完整性；是否篇幅过大；是否第二手资料或属珍贵罕见的材料；是否对本专业同行有重要参考价值的资料。一篇论文可以没有附录，也可以有多个附录。"附录"二字居中书写，单独占一行。

14）注释。

注释也称注解，用于对文中的一些词语进行简短的说明。其类型有夹注、脚注、尾注。

夹注，是在正文中用圆括号，将注释对象加以解释。脚注，就是把解释的内容列于本页的地脚，并用细线与正文隔开。尾注，就是把所有需要解释的内容集中列于正文之后的一种注释方法。它的排列可以以在文中出现的先后为序，也可以以文献的重要程度为序。其符号多用数字，而不用星号，有些也不编号。

（3）学位论文的格式

同其他体裁的文章一样，学位论文也有比较统一的格式。这是学位论文自身特点所形成的，对规范学位论文的写作，有积极的作用。

1）编写要求。

学位论文的中文稿必须用白色稿纸单面缮写或打字，外文稿必须打字，可以用不褪色的复制本。书写纸张宜用 A4（210×297mm）标准大小的白纸。应便于阅读、复制和拍照缩微制品。在书写、打字或印刷时，要求纸的四周留足空白边缘，以便装订、复制和读者批注。每一页的上方（天头）和左侧（订口）应分别留边 25 mm 以上，下方（地脚）和右侧（切口）应分别留边 20mm 以上。

2）封面格式。

因为学位论文一般篇幅较长，而且都是以单行本形式递交给学位评审委员会的，最后又以单行本存档，所以要求有封面。

封面是学位论文的包装，是提供给读者的第一信息，同时对正文也起到保护作用。封面内容有论文标题、作者、单位或学校、指导教师姓名和职称、申请的学位、论文研究方向、论文日期、授予学位单位及授予日期、答辩委员会主席等。如"分类号"，指（中国图书资料分类法）的类号，便于信息处理和信息交换。"UDC"是（国际十进分类法）的类号。"密级"可按国家保密条例确定的密级填写。"编号"为本单位的编号。

标题和副标题用大号字书写，以突出其地位。

如责任者姓名（包括作者、导师、评委等）需要附注汉语拼音时，必须遵照国家规定，即姓在名前，名连成一词，不加连字符，不缩写。

申请学位级别，应按《中华人民共和国学位条例暂行实施办法》所规定的名称进行标注。

专业名称是指学位论文作者主修专业的名称。

3）文内格式。

学位论文的文内书写格式应符合规范，要参照国家标准 GB/T1.1—2009《标准化工作导则》。

6. 学位论文摘要的写作

很多读者反映，摘要比论文还难写。他们可以把论文写得很好，但写摘要时却不知道应该怎样写，写什么？摘要、前言和结论有什么区别？

（1）学位论文摘要的作用

一些即将答辩的硕士研究生对于研究生论文摘要的写作总是很困惑，因为在答辩中通常要求为评委们写一篇不超过三千字的详细摘要。他们的论文一般有四五万字，因而不知道如何下笔写这三千字的摘要。然而恰恰是这三千字左右的摘要，会让评委们知道你研究了什么课题，解决了什么问题，达到什么高度，理论和实践意义如何。那么如何既不损害论文质量，又使评委们了解论文的精华所在，从而做出正确的评判呢。摘要的特点是，比一般学术论文摘要篇幅长而详细，是学位论文的一个变体，也是学位论文的缩微。摘要的一个重要作用，就是为读者选择文章提供一个捷径。一般地讲，读者在决定是否阅读某篇文章之前，总是要先阅读文摘，如果摘要中所反映的内容符合读者的兴趣和需要，他才有可能读下去。可见，文章摘要的好坏，对科技信息的传播和读者的拥有量起着至关重要的作用。同样，学位论文摘要的好坏，也直接影响评委们对该项研究成果的准确理解和对论文水平、作者科研能力的恰当评价。因此，必须予以重视，不可等闲视之，掉以轻心。

（2）学位论文摘要的种类

摘要的种类很多，有指示性摘要、说明性摘要、概述性摘要、报道性摘要、资料性摘要、内容性摘要、倾向性摘要、题释性摘要、电文式摘要、分析性摘要等。虽然名目繁多，但实际上只有两种，即简单摘要和详细摘要。常用的有指示性摘要和报道性摘要，前者属简单摘要，后者属详细摘要。

指示性摘要包括论文的论据和结论，以及研究成果的价值和意义。而报道性摘要信息量大，内容全面而完整。它是综合反映论文具体内容，可使读者免于查阅原文的一种摘要。报道性摘要文字稍长些，内容更详细些。

在实际写作中，纯粹的报道性摘要和纯粹的指示性摘要并不多见，而常见的是二者的结合，即报道/指示性摘要，它兼有报道性摘要和指示性摘要的特征。论文中报道价值高的部分做成报道性摘要，报道价值不高的部分做成指示性摘要。

这里介绍两种编写摘要的方法，利用它们写摘要准确又方便。

① 提纲法。作者写论文之前都要列出一个提纲，该提纲包含了论文的全部内容，作者只要用概括性语言把提纲组成一篇短文，就会形成一篇很好的摘要。

② 标题法。把论文中的一级标题作为摘要的提纲，再把二三级标题加一些组织性语言，加上有代表意义的关键词和词组，使它们能把标题之下的重点内容反映出来，这也会形成一篇很好的摘要。这种方法适用于指示性摘要。

当然，这样做可能会使摘要的词句之间出现不连贯现象，这就要看作者的语言组织能力了。

7.3.3 技师论文写作

1. 什么是技师论文

技师论文就是应用专业知识，对某个技术问题，用说理和讨论的方式加以总结和提高，从而上升到理论高度进行分析的文章。技师论文属于专题性、应用性的论文，它不同于一般的工作总结，更不是一般的自我鉴定或者意识形态上的思想汇报。

2. 技师论文的重要性

1）属于技师考评的重要内容。
2）是提高素质的重要手段。
3）是传播信息，扩大影响的必要手段。
4）是获得奖励的依据。
5）是技师职责的需要。

3. 技师论文的特点、要求和选题原则

（1）技师论文的特点
1）是本人专业水平的代表作。
2）课题应是申报技师工种的专业范围。
3）内容真实、可靠。
4）论述方式应根据内容要求予以确定。

（2）技师论文的写作要求
1）目的性：为什么要写？达到什么目的？
2）科学性：实事求是。
3）实用性：从实践中来，再回到实践中去。
4）创造性：有自己的特色。
5）有理性：要有分析、说服力，要符合不同工种的专业要求，所使用的图形、照片、表格、公式、符号都要符合本工种专业范围的国家标准要求。
6）有序性：深入浅出、布局清晰、条理分明、思路明确、简洁可读。

4. 技师论文的格式

技师论文的格式包括：标题、作者及单位、摘要、关键词、前言、正文、结束语、参考文献资料、附录。

5. 技师论文的结构

一般字数在 3000 字（高级技师为 5000 字）左右。

1）标题：是论文的窗口，用语要简洁、准确。例如"浅谈实际施工中的体会""试谈粤菜的味道"。
2）作者。
3）摘要：又称为"提要""概要"，是全文的高度浓缩，一般包括目的、意义、对象、方法、结果、应用范围及实用价值等。一般以 250 字为宜。
4）关键词：又称主题词，为适应计算机检索而提出，是论文中最能代表论文中心内容特征，起关键作用的词或词组，可从论文题目或论文内容中选取，一篇文章可选出 3~5 个关键词。关键词排列在摘要之后，另起一行书写。
5）前言：主要说明写作目的和预期达到的目标。必须简短精练，一般为 100~200 字。
6）正文：中心明确，重点突出，根据主要论点需要将各种素材、数据、资料进行筛选，应选用准确、可靠、有说服力的资料，抓住重点，写深写透，论据充分，逻辑严密，用已有知识对材料进行分析、概括，自然引出结论，实事求是，阐述清楚，层次分明，所用文字说明、专业术语要准确、规范，如叙述零部件表面粗糙度的术语，旧的国家标准称为"表面光洁度"，而新的国家标准已改称"表面粗糙度"了。

正文内容包括提出问题的原因、目的、理由、必要性；解决问题的过程和方法；根据现状、条件和技术要求，说明解决此问题所选用的材料、设备，确定的研究方案和所选择的技术路线，具体操作步骤等。此部分主要阐明解决问题的技术措施，是正文中的重要内容。

结果与分析包括应用专业知识和基本原理、理论对现象进行分析，得出有别于前人或是新颖的结论，这是写作论文的关键部分。

7）结束语：包括结论和建议两部分。结论是全文的总结，是整个项目的总判断、总评价，是研究结果必然的逻辑发展。语言要准确、鲜明，不要用"大概""可能"等模棱两可的词语。建议部分主要是提出今后的设想、改进方案或解决问题方法、推广应用的范围和可能性。

8）参考文献。

9）附录。

6. 参加技师论文答辩应注意的事项

（1）熟读论文——答辩前的准备

1）写这篇论文的目的、出发点。

2）论文中的关键技术、论点、论据是什么。

3）所拥有的技术经验对解决工作中问题的作用。

4）论文中还有哪些问题待解决和技术前景怎样。

5）写论文报告的发言提纲，在规定时间内展示。

6）练习，注意仪表、姿势。

（2）充分准备好答辩——答辩中的应对

1）沉着冷静，自信。

2）语言流畅，简明扼要。

3）反应敏捷。

4）礼貌退场。

7.3.4 毕业实习报告写作

1. 毕业实习的特点

1）毕业实习的性质和实习目的不同于生产实习和认知实习。毕业实习必须是围绕毕业设计课题而开展的实践活动或实地调查。包括从生产实践活动中收集与课题相关的数据、资料以及具有启示性的材料、案例等。当然，也包括相关文献资料的收集和阅读。从而达到对设计课题有深入的了解、细致的把握。收集到的重要的第一手资料，能使设计更有成效，获得更好的效果。

2）毕业实习开展的方式也不同于生产实习和认知实习。毕业实习是围绕设计课题，并在导师的指导下更具有个人活动特点的实习方式。毕业实习往往不局限于一个单位或一个场所。有时，要跑多个单位或多个场所，有时还要访问多个不同对象。因为它的目的就是要围绕课题收集足够充分的资料。

3）围绕课题而开展的实验研究和调研也应归入到毕业实习的内涵中去。它包括实验的设计、实验进行过程、实验数据分析和讨论，以及为此而进行的相关资料的收集与阅读。

2. 毕业实习报告写法

毕业实习报告是对课题前期准备过程（实习过程）的具体描述。它应包括：

1）描述对课题的理解、进行实习的思路、开展实习的方式，进行资料数据收集的方法。

2）围绕课题进行的各种实践活动的描述。

3）如何开展实验研究，应报告出实验研究的目的、方法、方案、实验过程、结论等。

4）在报告中还应描述实习过程的体会和收获，包括人文收获。

3. 对实习报告的要求

1）描述要真实，过程、结论要清晰、明确。

2）要有实习目的、实习地点、单位、时间、自己的表现等。

3）收获和体会，包括是否达到实习目的，有哪些具体收获（包括思想和实践方面的收获）。

4）字数不能低于 3000 字，最好附有图、表、数据分析等材料。

毕业实习报告的基本形式如下。

毕 业 实 习 报 告

实习单位：_____

实习时间：_____ 至 _____

系　　别：_____
班　　级：_____
姓　　名：_____
学　　号：_____
指导教师：_____

年　　　月　　　日

学生毕业实习计划表

___年___月___日

学生姓名		专业班级		指导教师	
实习时间	_____至_____		实习单位		
实习单位指导教师			联系电话		

实习内容、方式：

具体要求：

同意以上实习计划

系主任：

指导教师评语：   　　　　　　　　　　签名：　　　　　年　月　日
实习单位鉴定：   　　　　　　　　　实习单位盖章 　　　　　　　　　　年　月　日
系实习领导小组鉴定：   　　　　　　　　　　系盖章 　　　　　　　　　　年　月　日

　　　　　　　　（实习报告正文）
　　　　　　　实习报告题目(三号黑体)
　　　　　　　　作者(小四号宋体)

一、基本情况

　（标题用小四号黑体，其他文字用小四号宋体）实习点（单位）的基本情况、个人工作计划执行情况等。

二、思想收获

（标题用小四号黑体，其他文字用小四号宋体）由于个人思想收获差异较大，无统一提纲，要切实根据自己在实习过程中的体会来写，如可从实习的单位及实习的岗位的文化，以及从实习所在地单位领导、同事言行举止中吸取到做人的基本准则和良好的职业道德。

三、业务收获

（标题用小四号黑体，其他文字用小四号宋体）可以总结自己在实习过程中获得哪些业务上的提高和改进。或者可以用某个成功案例来介绍。

四、问题建议

（标题用小四号黑体，其他文字用小四号宋体）希望同学能根据自己的亲身体会，坦诚直言。比如实习单位以及实习岗位的工作存在什么问题，可以提出改进的建议，也可以对学院今后如何更好地进行教学及毕业实习提出合理化建议（首行缩进两个字符，行距为单倍行距，段前段后为 0.5 行，字符间距为标准。页面设置为 A4。实习报告内容不少于 3000 字）。

 知识链接

科技论文投稿全过程及技巧。

1. 投稿主要有三种方式：纸质投稿、E-mail 投稿和网上投稿。纸质投稿一般需要将稿件打印几份，邮寄给期刊编辑部，有的期刊还要求论文的软盘或光盘；E-mail 投稿则是将论文以附件形式发给编辑；网上投稿则是通过期刊的网上投稿系统，将论文在网上提交。前些年，一般国内期刊要求纸质投稿的比较多，而且还有一些国内期刊在纸质投稿后，同时还要将稿件通过 E-mail 发给编辑，国外期刊也有要求纸质投稿的，但越来越少，逐渐被网上投稿所取代。E-mail 投稿国内国外期刊都有，但考虑到网络安全技术的发展，E-mail 投稿也将逐渐被网上投稿所取代。网上投稿是国外期刊所采用的主要形式，有直观、迅速和方便的特点，但在网上投稿前需要在网站注册信息，第一次使用网上投稿会比较麻烦，但有利于以后的投稿。近几年，网上投稿的期刊逐渐增多，随着网络技术的不断发展，网上投稿将会逐渐取代纸质投稿和 E-mail 投稿，这也是大势所趋。

2. 如何投稿主要从四个方面来考虑：一是稿件内容和质量；二是找到适合的期刊；三是熟悉投稿要求和流程；四是经验的积累。稿件的内容自然和研究方向有关，这个不能改变，但与稿件质量相关联的问题如下，比如研究方向的冷与热、实验结果的成与败、文章表达的优与劣、图形处理的好与坏，当中有些还是可以改进的，这在以后如何写好论文中将进行阐述。作者首先要根据自己的文章进行自我评价，或者请导师或别人评价，也可以将自己的文章和与文章相关的文献进行对比，看自己文章质量如何，然后再决定适合投哪个期刊。有的作者受期刊影响因子影响，不能正确评价自己的文章，好高骛远，喜欢投本研究领域影响因子高的期刊，这当然会导致后来的退稿。遭遇退稿是件痛苦的事，一是浪费了那么久的时间，二是打击了自信心，投稿热情受挫。

在正确评价自己的文章后，那又如何找到合适的期刊去投稿呢？有几个比较好的方法：在自己查找的与文章内容有关的文献中找期刊；在数据库中寻找；询问同学老师。在确定多个适合投稿的同类期刊后，要对这些期刊进行比较甄别，以便确定最适合自己的。要比较期刊的审稿周期、期刊知名度（影响因子）、一年出版多少卷、出版速度如何、国内期刊有无审稿费的发票、期刊编辑服务态度等。在最终确定一个投稿的期刊后，要熟悉这个期刊的投稿要求和流程，少走弯路，尽量避免不必要的麻烦。各个期刊的投稿要求不一样，一定要仔细阅读投稿要求，否则稿件很可能不被受理。

一个期刊的投稿流程无非是：投稿（Submit）、编辑处理稿件（With Editor）、审稿（Under Review）、修改（Revise）、结果（Accept or Reject），但这一过程又是漫长的，也是问题出现比较多的，需要耐心和信心，也需要用智慧去对待和解决这个过程中出现的问题。在多次投稿之后，相信大家都有自己的投稿方式和经验，如果愿意，可多交流自己的经历，和别人分享你的经验。

3. 投稿须知。如果不熟悉一个期刊的投稿情况，一定要了解期刊的投稿须知。每个期刊的投稿要求不尽相同，比如投稿内容、页数、字号、字体、行距、标号、公式、图表、参考文献写法等，在基本了解投稿要求后，还可以下载几篇该期刊的文献，看看这些文献的内容和格式。当然，因为文献大多是 PDF 格式，有些投稿要求并不能体现出来，但可以参考。

4. 寻找投稿须知的经验

1）现刊获取投稿须知：如果你（或图书馆）有杂志的现刊，那么一般每一卷的第一期或最后一期中就会有投稿须知。

2）网上获取投稿须知：

① 对已上网的杂志，直接进入其主页。

② 从数据库中获取收录的期刊，可在其数字期刊网页查到相关的信息，包括简介、稿约、征订启事、主要栏目、网上站点链接等，这些信息都是免费的，如果还是其用户，那么还可以看到全文。也可以进入中国知网，去检索想要投稿的杂志。

③ 使用通用搜索引擎，如谷歌、百度等，用"期刊名"＋"投稿须知"或"稿约"，也能快速获取有用信息。

3）直接联系杂志社。从杂志、网络、数据库（网络或光盘）、杂志征订目录等获得相关杂志的联系地址、电话、电子信箱，直接向杂志索要，通过传真、E-mail、信件等方式得到。

4）向他人求助。如果还找不到相关信息，可以利用朋友、同学、同行等资源进行求助。

对于外文期刊，一般网站上都可找到 Author Guide。在各种专业数据库中也会有 about the Journal 的链接，一般都有 for Author 的文档。

5. 稿件状态

投稿（Submit）：有些期刊在投稿时要求稿件的文字、图表要分开上传，还有的要 Cover Letter。上传的稿件是 WORD 或 LaTeX 这样的通用文字编辑软件文件。当然字数、页数、公式、字号、字体等需按照要求去做。在投稿时，文字、图、表通常是在一个 WORD 文件里，在上传稿件时上传整个文档就行。如果要将文字、图、表分开，一般分为文本、图、表就可以了，接下来就是编辑来处理稿件了。如果是用 E-mail 投稿，一定在 E-mail 中要求编辑给你回复，看他（她）是否收到了稿件的 E-mail "附件"，以防止"附件"未收到。

编辑处理稿件（with Editor）：这个状态一般出现在两个星期之内，时间比较短，主要看编辑的处理情况，如果在投稿的时候没有要求选择编辑，稿件就先到主编那，主编会分配给其他编辑。不过有的期刊也许没有这个状态，直接进入"审稿（Under Review）"状态。如果期刊有"编辑处理稿件（with Editor）"状态，但在投稿四个星期后还没出现该状态，最好与主编联系。

审稿（under Review）：这个状态是一个漫长的过程，主要看审稿人。如果被邀请的审稿人不想审，就会拒绝，编辑会重新邀请别的审稿人。这个过程各个期刊的时间长短会不一样，一般简报（Letter）类的期刊会比较快。初投稿的人都希望一投稿就马上有回复，或者没到时间就写信去催，这是很不礼貌的。一般来说，正规期刊不用催，到了承诺的时间就会给你回信。因此，务必保持耐心。

修改（Revise）：一旦这个过程是值得稍稍高兴的。这说明文章问题不大，因为有修改就很可能被录用。一般情况下，期刊会限定你在多长时间内将修改稿上传，修改总的原则是按照审稿意见逐条回答。建议采用不亢不卑和自信的语气，编辑不希望作者表现得太软弱，当然也不希望遇到一个没礼貌的人。编辑的工作都是程式化的东西，其时间有限，一眼看去却没有看到想看的解释，难免影响审稿结果。所以建议一两句必要的客套话后，直接进入主题。

6. 作者投稿须知

作者投稿之前，一定要先了解所投期刊的大致情况，做到有的放矢，符合规范等。此外，还应注意以下几个主要问题。

（1）一稿多投问题

一稿多投是违反学术道德的，但又没有明确的界定。绝大多数期刊都要求作者申明不一稿多投。如果投稿人觉得不能接受，可以选择不在这个期刊投稿，但是如果投稿人同意了，那就要实践自己的承诺，这是基本诚信问题。刚写文章的作者，投稿时会同时投向很多期刊，在 E-mail 的抄送栏里输入很多 E-mail 地址，编辑最忌一稿多投，因此看到这种投稿情况，基本不会采纳。每一种刊物都有鲜明的办刊特色，一篇稿件不可能"放之四海皆可用"。关于投稿，把一篇论文的中文版、英文版分别投向国内刊物和国外刊物，即使有所改动，但是编辑一般都具备专业背景，一旦发觉，即可以论文缺乏创新性的理由而退稿。随着科技与网络的不断发展，一稿多投现象会得到遏制。

（2）电子投稿需要注意的问题

稿件以附件形式发送，不要直接粘贴在"内容"里，导致下载麻烦，且原文格式也无法显现；稿件中一定要写清联系电话、通信地址、邮编等个人信息，便于编辑部联系，以及稿件刊用之后邮寄样刊。作者联系信息很重要，如果作者不留联系方式，将有可能耽误稿件及时发表。邮件名称避免只写"投稿"二字，最好直接写明文章标题、所投栏目。也就是把文章标题作为信件名称，写在"收信人"下面的"主题"栏内。编辑检索时一目了然。投稿后，作者都非常希望能尽快得到回复，编辑部大部分情况下是没有时间一一回复的。除非这个稿子需要修改，需要跟作者交流。如果不需要修改，一般会在稿子审定后通知作者，或发用稿通知，这是投稿的基本常识。

（3）注意写好参考文献

参考文献是为研究、撰写或编辑论著而引用的有关图书资料。在学术论文后列出参考文献的目的：①反映出真实的科学依据；②体现严肃的科学态度，分清是自己的观点或成果，还是别人的观点或成果；③对前人的科学成果表示尊重，同时也是为了指明引用资料出处，便于检索。参考文献写得好不好，是编辑决定是否接受投稿的重要衡量标准之一。参考文献选择的准则是：代表性、相关性、重要性和实时性。从作者的投稿来看，参考文献符合要求的寥寥无几，大部分作者所列参考文献都不符合规范，或者标点符号不规范，或者少项目，甚至纯粹是为了凑参考文献条数，以显示文章的科学性。但是，有经验的编辑一眼即可看穿作者的意图，反而不利于文章的录用。

（4）要学会跟编辑交流

编辑若离开了作者，那么其水准再高也没办法展现；作者若离开了编辑，那么文章写得再好也只能自娱自乐。所以，编辑要尊重作者的劳动，作者也要理解编辑的辛苦。经常发表文章的作者，大都很善于跟编辑交流，他们在投稿前会给编辑打电话，交流沟通。投稿落选，作者不必自怨自艾，进而怀疑自己的写作水平，也没有必要责怪编辑，打电话或发电子邮件"兴师问罪"。稿件没有被采用，原因是多方面的，每个编辑部一般都会对文章进行专家审稿，所以，建议作者多跟编辑沟通，询问审稿意见，"有则改之，无则加勉"。这样也有利于作者对文章的修改，以及今后的论文写作，提高论文的科研水平，加大论文的被录用率。任何刊物都会考虑自己的信誉，真正有生命力的刊物在用稿上一定会坚持认稿不认人的原则，只要稿件对路、时机合适，质量上乘，任何编辑都没有舍优求次的道理。

（5）结束语

要快速发表科技论文，除了必要的格式规范之外，还应掌握必要的投稿策略；但作者真正应下工夫的不是囿于投稿策略和人际关系，而是要多参加科研实践、收集素材、勤于笔耕，保证论文的学术价值。只有以颇具学术价值的论文投向期刊媒体，才能真正赢得论文发表的先机。

 习题

1. 名词解释

（1）科技论文

（2）学位论文

（3）学术性论文

（4）技术性论文

（5）硕士论文

（6）博士论文

2. 填空

（1）科技论文就其发挥的作用来看可分为三类，即（   ）、（   ）、（   ）。

（2）对正文部分写作的总的要求是：（   ）、（   ）、（   ）及（   ）。

（3）科技报告按类型可分为（   ）(Report)、（   ）(Note)、（   ）(Paper)、（   ）(Memo)和通报(Bulletin)五种。从内容可分为可行性报告、（   ）、进展报告、考察报告、（   ）等。

（4）学位论文的材料可分为（   ）和间接材料两种。

（5）文献检索的途径很多，常用的有（   ）、书名目录、著者目录、（   ）等。

（6）报告与论文由（   ）、（   ）两大部分构成。

（7）标题的拟定要点 1.（   ），题要独创；2.（   ），涵义确切；3.（   ），体例规范。

3. 简答题

（1）简述按研究的方式和论述的内容对科技论文的分类。

（2）简述科技论文的特点和写作要求。

（3）简述参考文献的类型及代表的符号。

（4）简述科技实验报告的格式。

（5）简述学位论文的构成。

（6）简述参加技师论文答辩应注意的事项。

（7）简述毕业实习报告的写法。

4. 操作题

在自己的专业内选定一个毕业设计（论文）题目，并写出其绪论、主体、结论的具体内容。

参 考 文 献

[1] 刘素萍. 科技论文写作[M]. 北京：中华书局，2007.
[2] 吴福成. 科技论文写作[M]. 郑州：黄河水利出版社，1998.
[3] 何军，石泉长. 科技写作知识[M]. 沈阳：辽宁科学技术出版社，1985.
[4] 萧庆元，强亦忠. 科技写作教程[M]. 北京：高等教育出版社，2005.
[5] 张孙伟. 科技论文写作入门[M]. 3版. 北京：化学工业出版社，2007.
[6] 周姬昌. 写作学高级教程[M]. 武汉：武汉大学出版社，1989.
[7] 司有和. 大学写作教程[M]. 北京：高等教育出版社，1987.
[8] 胡开林，叶燎原，王云珊. 现代科技文写作教程[M].北京：化学工业出版社，2011.
[9] 花芳. 文献检索与利用[M]. 北京：清华大学出版社，2009.
[10] 洪全. 信息检索与利用[M]. 北京：清华大学出版社，2008.
[11] 刘培兰. 现代信息检索与利用教程[M]. 北京：清华大学出版社，2009.
[12] 伍丽娜. 现代化工文献检索项目教程[M]. 北京：化学工业出版社，2010.
[13] 朱俊波. 实用信息技术[M]. 成都：西南交通大学出版社，2007.
[14] 龚斌，宋茜. 信息技术[M]. 天津：天津大学出版社，2010.